AVANT-PROPOS.

J'Avois tracé le tableau des deux guerres que nous avons faites en Siléfie & en Bohème; c'étoit l'ouvrage d'un jeune homme, & la fuite de cette démangeaifon d'écrire qui, en Europe, eft devenue une efpèce de maladie épidémique. Depuis la paix de 1746 j'avois renoncé à l'hiftoire, parce que des intrigues politiques, fi elles ne mènent à rien, ne méritent pas plus de confidération que des tracafferies de fociété; & quelques détails fur l'adminif-tration intérieure d'un état ne fourniffent pas une matière fuffifante à l'hiftoire. La guerre qui furvint en 1756, me fit changer de fentiment; elle avoit été préparée avec tant d'art & d'artifice; le nombre des ennemis qui nous la firent, étoit fi fupérieur aux forces pruffiennes, qu'un fujet auffi important ne me parut pas indigne d'être tranfmis à la poftérité. Pour cet effet, à la fin de chaque campagne je dreffai des mémoires fur les événemens qu'elle avoit produits & dont j'avois le fouvenir tout récent; mais ces faits se trouvant fort liés avec la politique, je fus obligé de la faire entrer dans mon plan. J'ai eu en vue dans cet ouvrage deux objets principaux : l'un de prouver à la postérité, & de mettre en évidence, qu'il n'a pas dépendu de moi d'éviter cette guerre ; que l'honneur & le bien de l'état m'ont empêché de consentir à la paix sous d'autres conditions que celles qui l'ont fait conclure : l'autre de détailler toutes les opérations militaires avec le plus de clarté & de précision qu'il m'a été possible, pour laisser un recueil authentique des situations avantageuses, ou peu favorables, qui se trouvent dans les provinces & dans les royaumes où la guerre sera portée, toutes les fois que la maison de Brandebourg aura des démêlés avec celle d'Autriche.

Le succès d'une guerre dépend en grande partie de l'habileté du général, de la connoissance des lieux qu'il occupe, & de l'art avec lequel il sait tirer avantage du terrein, soit en empêchant l'ennemi de prendre des postes qui pourroient le favoriser, soit en choisissant

OEUVRES

POSTHUMES

DE

FRÉDERIC II,

ROI DE PRUSSE.

Sixième Édition.

HISTOIRE

DE

LA GUERRE DE SEPT ANS,

Et des événemens depuis 1746, jusqu'à la
Paix de Hubertsbourg en 1763.

TOME I.

A POSTDAM,

AUX DÉPENS DES ASSOCIÉS.

====

1805.

ŒUVRES

POSTHUMES

DE

FRÉDERIC II.

TOME III.

lui-même les plus convenables à fes deffeins ; la lecture de ces mémoires en four-
nira quantité d'exemples. Pour peu qu'on
y prête attention, on appercevra le parti
que les Autrichiens ont tiré de certaines
pofitions, & celui que les Prufliens ont
tiré de quelques autres. A Dieu ne plaife
qu'on revoie une feconde guerre auffi
compliquée & auffi difficile que celle que
nous venons de terminer ! Il n'eft pas
probable qu'un pareil enchaînement de
caufes ramène de long-temps les mêmes
conjonctures que celles où nous nous
fommes trouvés. Lorfque la Pruffe n'aura
pas à combattre contre tant de puiffances,
elle pourra toujours couvrir l'électorat
de Brandebourg & la Siléfie, en entrant
tout de fuite avec l'armée en Bohème.
C'eft dans une occafion femblable où
les camps de la Saxe & de la Bohème,
dont j'ai parlé avec détail, pourront
être d'ufage, & abrégeront le travail de
ceux qui conduiront les armées ; car une
des chofes les plus difficiles à la guerre,
c'eft, lorfqu'on la porte dans quelque contrée peu connue, de favoir s'y orienter

d'abord. On eſt ſouvent contraint de prendre des poſitions au haſard., faute de connoître les bonnes, qui ſe trouvent quelquefois dans le voiſinage; on ne fait que tâtonner, & ſi l'on ſe campe mal, on s'expoſe aux plus grands riſques ; au-lieu qu'en trouvant des campemens reconnus bons par l'expérience , on a jeu plus ſûr, & l'on procède plus méthodiquement. J'obſerverai cependant que les camps ſont bons ou mauvais relativement aux circonſtances ; par exemple , celui de Torgau eſt admirable quand vous avez 70,000 hommes pour le remplir ; il eſt défectueux , ſi vous n'avez que 30,000 hommes contre 60,000 , parce qu'il vous étend trop, vous affoiblit par conſéquent , & que l'ennemi, s'il veut, pourra percer de côté ou d'autre à l'endroit que vous aurez le moins garni. Un camp eſt comme un vêtement , il ne doit être ni trop large, ni trop étroit pour celui qui le porte. Cependant, s'il faut choiſir, il vaut mieux avoir du monde de reſte qu'on ne peut placer , que d'en avoir trop peu. Il eſt d'autres camps qui couvrent une partie du terrein, mais qui deviennent défectueux, fi l'ennemi par fes mouvemens change de direction; par exemple, le camp de Landshut, tout admirable qu'il eft pour couvrir la baffe Siléfie, devient mauvais & de défenfe nulle, auffi-tôt que les impériaux tiennent Glatz & Wartha, parce qu'ils le tournent tout-à-fait. Dans des cas femblables, le jugement doit dicter le parti qu'il faut prendre; il doit empêcher fur-tout que l'imitation ne devienne fervile, & par cela même mauvaife; pourquoi? parce que deux hommes ne fe trouvent jamais dans une fituation tout-à-fait femblable. Il y aura quelque chofe de comparable dans leurs pofitions, je le veux; mais examinez-les bien, ces pofitions, vous trouverez des variétés infinies dans le détail, parce que la nature, féconde en tout fens, ne fait pas les mêmes phyfionomies, & ne répète pas les mêmes événemens. Ce feroit donc mal raifonner que de dire : Mr. de Luxembourg s'eft trouvé dans le cas où je fuis; il s'en eft tiré de cette manière; donc je ferai la

même chofe. Les faits paffés font bons
pour nourrir l'imagination & meubler la
mémoire. C'eft un répertoire d'idées qui
fournit de la matière, que le jugement
doit paffer au creufet pour l'épurer. Je le
répète donc, les détails de la dernière
guerre ne doivent fervir qu'à augmenter
le magafin des idées militaires, & à conf-
tater quelques pofitions principales, qui
demeureront fixes, tant que les pays ne
changeront pas de forme, & que la nature
ne fera pas bouleverfée. Il eft très-probable
que les généraux Autrichiens ne s'écarte-
ront pas de la méthode du maréchal Daun
(qui eft fans contredit la bonne), & qu'à
la première guerre on les trouvera auffi
attentifs à fe bien pofter, qu'ils l'ont été
dans celle - ci. Cela m'oblige d'obferver
qu'un général aura tort, s'il fe hâte d'attaquer l'ennemi dans des poftes de montagnes, ou dans des terreins coupés. La
néceffité des conjonctures m'a forcé quelquefois d'en venir à cette extrêmité ; mais
lorfqu'on fait une guerre à puiffance égale,
on peut fe procurer des avantages plus
fûrs par la rufe & par l'adreffe, fans s'ex-

poser à d'auffi grands rifques. Accumulez
beaucoup de petits avantages, leur fomme
en produira de grands. D'ailleurs l'attaque
d'un pofte bien défendu eft un morceau
de dure digeftion ; vous pouvez facilement être repouffé & battu. Vous ne
l'emportez qu'en facrifiant des 15 & des
20,000 hommes ; ce qui fait une brèche
cruelle dans une armée. Les recrues, fup-
pofé que vous en trouviez en abondance,
réparent le nombre, mais non pas la qualité des foldats que vous avez perdus.
Votre pays fe dépeuple en renouvelant
votre armée ; vos troupes dégénèrent, &
fi la guerre eft longue, vous vous trouvez
enfin à la tête de payfans mal exercés,
mal difciplinés, avec lefquels vous ofez à
peine paroître devant l'ennemi. A la bonne
heure qu'on s'écarte des règles dans une
fituation violente ; la néceffité feule peut
faire recourir aux remèdes défefpérés ;
comme on donne de l'émétique au malade, lorfqu'il ne refte aucune autre reffource pour le guérir. Mais ce cas excepté,
il faut, felon moi, procéder avec plus de
ménagement, & n'agir qu'avec poids &

mesure, parce que celui qui à la guerre donne le moins au hasard, est le plus habile.

Il ne me reste plus qu'un mot à dire sur le style que j'ai adopté. J'ai été si excédé du *Je* & du *Moi*, que je me suis décidé à parler en troisième personne de ce qui me regarde. Il m'auroit été insupportable, dans un aussi long ouvrage, de parler toujours en mon propre nom. Du reste, je me suis fait une loi de m'attacher scrupuleusement à la vérité, & d'être impartial, parce que l'animosité & la haine d'un auteur n'instruit personne, & qu'il y a de la foiblesse, & de la pusillanimité même, à ne pas dire du bien de ses ennemis, & à ne leur pas rendre la justice qu'ils méritent. Si malgré moi je me suis éloigné de cette règle que je me suis prescrite, la postérité me le pardonnera, & me corrigera où je mérite d'être repris. Tout ce que je pourrois ajouter à ce que je viens de dire, seroit superflu; & peut-être qu'un ouvrage fait, comme celui-ci, pour être lu par peu de personnes, pouvoit se passer tout-à-fait d'avant-propos.

A Potsdam, le 3 de mars 1764.

HISTOIRE

DE

LA GUERRE DE SEPT ANS.

CHAPITRE PREMIER.

Des arrangemens intérieurs de la Prusse & de l'Autriche durant la paix.

LA paix dont jouiſſoit l'Europe permit à toutes les puiſſances de tourner leur attention ſur l'intérieur de leurs états. Le Roi commença par réformer les abus qui s'étoient introduits dans la police générale. Il travailla, à l'aide de nouveaux établiſſemens, à l'augmentation de ſes finances; il s'appliqua à raffermir la diſcipline militaire, à perfectionner les fortereſſes, & à faire pour ſon armée des amas de toutes les armes & fournitures néceſſaires, dont il ſe fait dans la guerre une ſi prodigieuſe conſommation.

La juſtice, mal adminiſtrée durant le règne précédent, & qui étoit devenue très-injuſte, mé-

ritoit des foins , & une attention particulière.
L'on s'étoit accoutumé à éluder les loix. Les
procureurs faifoient un trafic honteux de la bonne
foi ; il fuffifoit d'être riche pour gagner fa caufe ,
& d'être pauvre pour la perdre. Ces abus devenant de jour en jour plus intolérables , demandoient néceffairement une réforme , tant pour
les perfonnes des juges , des avocats & des
procureurs , que pour les loix mêmes , qu'il
falloit éclaircir , & dont fur-tout il falloit retrancher ces formalités , qui ne touchant point au
fond de la caufe , prolongent les procédures.

Le Roi chargea fon grand-chancelier de Coc-
ceji de ce travail : c'étoit un homme d'un caractère intègre & droit , dont la vertu & la pro-
bité étoient dignes des beaux temps de la république Romaine ; favant & éclairé , il fembloit
comme Tribonien être né pour la légiflation ,
& pour le bonheur des hommes. Ce favant
jurifconfulte entreprit avec tant de zèle cet ouvrage pénible & délicat , qu'après un an d'un
travail affidu , les cours fouveraines de juftice ,
purgées de tous les fujets qui en avoient fait
la honte , furent remplies par des magiftrats
vertueux. Le nouveau code des loix, pour toutes
les provinces de la domination pruffienne , fut
achevé , & après qu'il eut été approuvé par
les états , ces loix furent promulguées. On
étendit fes vues jufques fur l'avenir , & comme

l'expérience des chofes humaines apprend que les meilleures inftitutions fe corrompent, ou deviennent inutiles, fi l'on en détourne les yeux, & fi l'on ne ramène pas ceux qui doivent les obferver aux premiers principes qui en ont pofé les fondemens, on régla qu'il fe feroit tous les trois ans une vifite générale des cours fouveraines de juftice, pour tenir la main à l'obfervation des nouvelles loix, & pour punir les officiers de juftice qui auroient prévariqué : cet ordre nouveau, introduit dans la juftice, raffermit le bonheur des citoyens, en affurant les poffeffions de chaque famille ; chacun put vivre en paix à l'abri des loix, qui régnèrent feules.

Quelques foins que le feu roi fe fût donnés pour régler & arranger les finances de l'état, il n'avoit pu tout faire ; il n'eut ni le temps ni les moyens d'achever un auffi grand ouvrage, & ce qui reftoit à perfectionner étoit immenfe, tant pour les terres à défricher que pour les manufactures à établir, le commerce à étendre, & l'induftrie à encourager. Les premières années du règne du Roi furent données à la guerre, & il ne put tourner fon attention fur l'intérieur, qu'après avoir affuré la tranquillité au dehors. Il y avoit le long de l'Oder, depuis Swinemunde jufqu'à Kuftrin, de vaftes marais, qui peut-être de tout temps avoient été incultes. On forma le projet de défricher cette contrée,

On tira un canal depuis Kuſtrin juſqu'à Wrietzen, qui ſaigna ces terres marécageuſes, où
deux mille familles furent établies. On continua
depuis Schwedt juſqu'au delà de Stettin, ces
établiſſemens, & douze cens familles y trouvèrent une vie aiſée & abondante ; cela fit une
nouvelle petite province, que l'induſtrie con-
quit ſur l'ignorance & ſur la pareſſe. Les fa-
briques de laine, qui étoient aſſez conſidé-
rables, manquoient cependant de fileurs ; on
en fit venir des pays étrangers, & l'on en forma
différens villages de deux cens familles chacun. Dans le duché de Magdebourg c'étoit
un uſage immémorial, que les habitans du
Vogtland vinſſent y faire la récolte, après laquelle ils s'en retournoient chez eux. Le Roi
leur donna des établiſſemens dans le duché,
& fixa ainſi dans ſes états un grand nombre
de ces étrangers. Par les différentes opérations
que nous venons de rapporter, le pays s'accrut
pendant cette paix de 280 nouveaux villages.
Le ſoin des campagnes ne fit pas négliger celui
des villes. Le Roi en bâtit une nouvelle ſur la
Swine, dont elle tire ſon nom, & en fit en
même temps un port, nommé Swinemunde, à
l'embouchure de l'Oder, en creuſant davantage
le canal, & en nettoyant ce baſſin. La ville de
Stettin y profita le péage qu'elle payoit autrefois aux Suédois en paſſant à Wolgaſt par la
Peene,

Peene, ce qui contribua beaucoup à rendre son commerce plus florissant, & y attira des étrangers. On établit dans toutes les villes de nouvelles manufactures ; celles d'étoffes riches & de velours trouvèrent la place qui leur convenoit le mieux à Berlin ; les velours légers & les étoffes unies s'établirent à Potsdam ; Splittgerber fournit à toutes les provinces le sucre qu'il raffinoit à Berlin. Une fabrique de basin rendit la ville de Brandebourg florissante. A Francfort-sur-l'Oder on fabriqua du cuir de Russie ; à Berlin, à Magdebourg & à Potsdam, des bas & des mouchoirs de soie. La fabrique de Wegely s'accrut du double. Les plantations de mûriers furent encouragées dans toutes les provinces ; les personnes attachées aux églises donnèrent l'exemple aux cultivateurs, & leur enseignèrent à élever cet insecte précieux, qui originairement vient des Indes, & dont le duvet fait la soie. Dans des lieux où il y avoit du bois en abondance, que l'éloignement des rivières empêchoit de débiter, on établit des ferronneries, qui dans peu fournirent aux forteresses, & aux besoins de l'armée, des canons de fer, des boulets & des bombes. On trouva dans la principauté de Minden & dans le comté de la Mark, de nouvelles salines, qui furent raffinées. On perfectionna celles de Halle, en y construisant, pour la gradation du sel, des bâtimens qui

épargnent le bois. En un mot, l'induſtrie fut en‑
couragée dans la capitale & dans les provinces.
Le Roi remit en vigueur le droit d'étappe, que
les Saxons avoient difputé à la ville de Magde‑
bourg ; & par le moyen de quelques douanes
établies fur les frontières, le commerce des
provinces Pruſſiennes fut prefque en équilibre
avec celui de la Saxe. La compagnie d'Emden
établit un négoce important à la Chine. En
diminuant les droits d'exportation à Stettin,
Kœnigsberg & Colberg, les revenus des douanes
augmentèrent du double. Il réfulta de ces di‑
verfes opérations de finances, que, fans compter
les revenus de la Siléſie & de l'Oſt‑Frife, &
fans que le Roi chargeât fes peuples d'un denier
de nouvel impôt, les revenus de la couronne
fe trouvèrent augmentés en 1756 de 1,200,000
écus ; & d'après un dénombrement que l'on
fit des habitans de toutes les provinces, leur
nombre fe monta à 5 millions d'ames. Comme
il eſt certain que le nombre des fujets fait la
richeffe des états, la Pruffe pouvoit alors fe
compter du double plus puiſſante qu'elle ne
l'avoit été dans les dernières années de Fré‑
deric Guillaume, père du Roi.

Les finances & la juſtice n'abforbèrent pas
toute l'attention du Roi ; le militaire, cet inf‑
trument de la gloire & de la confervation des
états, ne fut pas négligé. Le Roi le furveilla de

près , pour que la difcipline & la fubordina-
tion fuffent rigoureufement maintenues dans
chaque province. Les troupes fe raffembloient
réguliérement toutes les années dans des camps
de paix , où on les dreffoit aux grandes évo-
lutions & aux manœuvres. L'infanterie s'exerçoit aux différens déploiemens , aux formations,
aux attaques de plaines , aux attaques de poftes ,
aux défenfes de villages & de retranchemens ,
aux paffages de rivières , aux marches couvertes à colonnes renverfées, aux retraites , &
enfin à toutes les manœuvres qu'il faut faire
devant l'ennemi. La cavalerie s'exerçoit aux
différentes attaques ferrées & à intervalles ,
aux reconnoiffances , ou fourrages verds &
fecs, aux différentes formations , & à prendre
des points de vue fur des alignemens prefcrits.
On pouffa , dans quelques régimens dont les
cantons étoient les plus peuplés , le nombre
des furnuméraires par compagnie à 36 hommes ,
& à 24 au moins : quoiqu'on ne fît aucune
nouvelle levée, le nombre de ces furnuméraires
faifoit fur le total de l'armée , une augmentation de 10,000 combattans. Tous les bataill-
lons , tous les régimens de cavalerie avoient à
leur tête de vieux commandeurs , officiers
éprouvés , pleins de valeur & de mérite. Le
corps des capitaines étoit compofé d'hommes
mûrs , folides , & braves. Les fubalternes étoient

choisis ; plusieurs étoient pleins de capacité &
dignes d'être élevés à des grades supérieurs.
En un mot, l'application & l'émulation qui
régnoient dans cette armée, étoient admirables.
Il n'en étoit pas de même des généraux, quoiqu'il y en eût quelques-uns d'un vrai mérite.
Le plus grand nombre avoit, avec beaucoup
de valeur , beaucoup d'indolence. On suivoit
l'ordre du tableau pour l'avancement, de sorte
que l'ancienneté du service & non les talens
décidoient de la fortune. Cet abus étoit ancien ; il n'avoit porté aucun préjudice dans les
guerres précédentes, parce que le Roi n'agis-
sant qu'avec une armée, n'avoit pas besoin de
faire beaucoup de détachemens , & que les
troupes & les généraux Autrichiens, auxquels
il eut à faire , n'étoient que médiocres, &
avoient entiérement négligé la tactique. Le
Roi fit une bonne acquisition, en attirant de
Russie le maréchal Keith à son service. C'étoit
un homme doux dans le commerce, ayant des
vertus & des mœurs, habile en son métier, &
qui avec la plus grande politesse, étoit d'une
valeur héroïque dans un jour de combat. Le
corps de l'artillerie avoit été augmenté. Le
Roi le porta à trois bataillons, dont le dernier étoit destiné pour les garnisons. Il étoit
bien exercé & en bon état, mais trop peu
nombreux pour la profusion d'artillerie & de

bouches à feu, que la mode introduifit bientôt dans les armées. Il auroit fallu le doubler ; mais comme cela n'avoit point été ufité dans les guerres précédentes, & que ces deux bataillons avoient fuffi au fervice qu'on en demandoit, on ne fongea pas d'abord à l'augmenter. Durant la paix on conftruifit les ouvrages de Schweidnitz, & l'on perfectionna ceux de Neifse, de Cofel, de Glatz & de Glogau. Schweidnitz devoit fervir de dépôt pour l'armée, au cas que la guerre fe portât en Bohème fur cette frontière ; & comme les Autrichiens avoient montré peu de capacité dans la dernière guerre pour l'attaque & la défenfe des places, on fe contenta de conftruire légérement ces ouvrages ; ce qui étoit dans le fond très-mal raifonné, car les places ne fe conftruifent pas pour un temps, mais pour toujours ; & qui pouvoit garantir d'ailleurs que l'impératrice-reine n'attirât pas quelque habile ingénieur à fon fervice, qui apportant avec lui un art qui manquoit à l'armée Autrichienne, le lui enfeignât & le rendît commun ? Mais fi l'on fit des fautes, on eut dans la fuite fujet de s'en repentir, & d'apprendre à raifonner plus folidement.

D'autre part on prévit qu'une armée en bon état & bien entretenue, ne fuffit pas pour faire la guerre, mais qu'il faut de groffes provifions

de réferve, pour l'armer, pour l'habiller, &
la renouveller, pour ainfi dire ; ce qui donna
lieu à faire de grands amas de toutes fortes de
fournitures, de felles, étriers, mords, bottes,
gibernes, ceinturons, &c. On confervoit dans
l'arfenal 50,000 fufils, 20,000 fabres, 12,000
épées, autant de piftolets, de carabines & de
bandoulières ; en un mot, tout ce qu'il faut
fans ceffe renouveller, & que le temps ne
donne pas toujours le moyen d'avoir affez
promptement dans le befoin. On avoit fait
fondre de la groffe artillerie, confiftant en 80
pièces de batterie, & en 20 mortiers, qui fut
dépofée dans la forterefle de Neifse. Les amas
de poudre à canon que l'on avoit faits, mon-
toient à 56,000 quintaux, répartis dans les
différentes places du royaume. Les magafins
d'abondance étoient remplis de 36,000 winfpels
de farine & de 12,000 d'avoine ; de forte que
par ces mefures & par ces arrangemens préa-
lables, tout étoit préparé pour la guerre qu'on
prévoyoit, & qui ne paroiffoit pas éloignée.
Dans l'année 1755, le Roi fit même une augmentation dans les régimens de garnifon. Ceux
de Siléfie furent portés à huit bataillons, ceux
de Pruffe à trois, ceux de la marche électorale à deux ; ce qui fait en tout 13 bataillons. Dans un pays pauvre, le fouverain ne
trouve pas de reffources dans la bourfe de fes

fujets, & fon devoir eft de fuppléer par fa
prudence & fa bonne économie aux dépenfes
extraordinaires, qui deviennent indifpenfables.
Les fourmis amaffent en été ce qu'elles con-
fomment en hiver, & le prince doit ménager
durant la paix les fommes qu'il faut dépenfer
dans la guerre. Ce point, malheureufement fi
important, n'avoit pas été oublié, & la Pruffe
fe trouvoit en état de faire quelques campagnes de fes propres fonds ; en un mot, elle
étoit prête à paroître dans l'arène au premier-
fignal, & à fe mefurer avec fes ennemis. Vous
verrez dans la fuite combien cette précaution
fut utile, & la néceffité où fe trouve un roi
de Pruffe, par la fituation bizarre de fes provinces, d'être armé & préparé à tout événement, pour ne pas fervir de jouet à fes voifins & à fes ennemis. Il auroit fallu au contraire
en faire davantage, fi les facultés de l'état
l'avoient permis ; car le Roi avoit dans la perfonne de l'impératrice-reine, une ennemie am-
bitieufe & vindicative, d'autant plus dangereufe, qu'elle étoit femme, entêtée de fes
opinions, & implacable.

Cela étoit fi vrai, que dès-lors elle préparoit
dans le filence du cabinet les grands projets qui
éclatèrent dans la fuite. Cette princeffe, dévorée
d'ambition, vouloit aller à la gloire par tous les
chemins ; elle mit dans fes finances un ordre

inconnu à fes ancêtres, & non-feulement répara
par de bons arrangemens ce qu'elle avoit perdu
par les provinces cédées au roi de Pruffe & au
roi de Sardaigne, mais même augmenta confidérablement fes revenus. Le comte Haugwitz
devint contrôleur-général de fes finances. Sous
fon adminiftration, les revenus de l'impératrice
montèrent à 36 millions de florins ou 24 millions
d'écus. L'empereur Charles VI, fon père, pof-
feffeur du royaume de Naples, de la Servie &
de la Siléfie, n'en avoit pas eu autant. L'empereur fon époux, qui n'ofoit fe mêler des affaires
du gouvernement, fe jeta dans celles du négoce;
il ménageoit tous les ans de groffes fommes de
fes revenus de Tofcane, & les faifoit valoir
dans le commerce. Il établiffoit des manufactures, & prêtoit fur gages ; il entreprit la livrai-
fon des uniformes, des armes, des chevaux, &
des habits d'ordonnance pour toute l'armée
impériale ; affocié avec un comte Boltza & un
marchand, nommé Schimmelmann, il avoit pris
à ferme les douanes de la Saxe ; & en l'année
1756, il livra même le fourrage & la farine à
l'armée du Rôi, qui étoit en guerre avec l'impératrice fon époufe. Durant la guerre, l'empereur avançoit des fommes confidérables à
cette princeffe fur de bons nantiffemens. Il étoit
en un mot le banquier de la cour.

L'impératrice avoit fenti dans les guerres

précédentes la néceſlité d'une meilleure diſcipline; elle choiſit des généraux actifs, & capables de l'introduire dans ſes troupes; de vieux
officiers, peu propres aux emplois qu'ils occupoient, furent renvoyés avec des penſions, &
remplacés par de jeunes gens de condition,
pleins d'ardeur & d'amour pour le métier de la
guerre. On formoit toutes les années des camps
dans les provinces, où les troupes étoient
exercées par des commiſſaires inſpecteurs bien
verſés dans les grandes manœuvres de la guerre;
l'impératrice ſe rendit elle-même à différentes
repriſes dans les camps de Prague & d'Olmutz,
pour animer les troupes par ſa préſence & par
ſes libéralités; elle ſavoit faire valoir mieux
qu'aucun prince ces diſtinctions auxquelles on
attache tant de prix; elle récompenſoit les officiers qui lui étoient recommandés par ſes généraux, excitant par-tout l'émulation, les talens,
& le déſir de lui plaire. En même temps ſe
formoit une école d'artillerie ſous la direction du
prince de Lichtenſtein; il porta ce corps à ſix
bataillons, & l'uſage des canons, à cet abus inoui,
auquel il eſt parvenu de nos jours; par zèle
pour l'impératrice, il dépenſa pour cet objet au-
delà de cent mille écus de ſon propre bien. Enfin,
pour ne rien négliger de ce qui pouvoit avoir
rapport au militaire, l'impératrice fonda près
de Vienne un collège où la jeune nobleſſe étoit

inftruite dans tous les arts qui ont rapport à la guerre ; elle attira d'habiles profeffeurs de géométrie, de fortification, de géographie & d'hiftoire, qui formèrent des fujets capables ; ce qui devint une pépinière d'officiers pour fon armée. Par tous ces foins, le militaire acquit dans ce pays un degré de perfection, où il n'étoit jamais parvenu fous les empereurs de la maifon d'Autriche, & une femme exécuta des deffeins dignes d'un grand homme. Cette princeffe, qui portoit fes vues fur toutes les parties de l'adminiftration, peu fatisfaite de la manière dont les affaires étrangères & politiques s'étoient jufques-là traitées ; fit choix du comte de Kaunitz fur la fin de l'année 1755. Elle lui donna la patente de premier miniftre, pour qu'une feule tête réunît toutes les branches du gouvernement ; nous aurons lieu dans fon temps de faire connoître plus particuliérement cet homme, qui joua un fi grand rôle ; il entra dans tous les fentimens de fa fouveraine ; il eut l'art de flatter fes paffions, & de s'attirer fa confiance. Dès qu'il parvint au miniftère, il travailla à former des alliances, & à ifoler le roi de Pruffe, pour préparer les voies à ce projet, que l'impératrice avoit tant à cœur, de recouvrer la Siléfie, & d'abaiffer ce prince ; mais comme c'eft là proprement la matière du chapitre fuivant, nous n'en dirons pas davantage fur ce fujet.

Voilà comment ces deux puiſſances durant la paix ſe préparoient à la guerre, telles que deux athlètes, qui aiguiſent leurs armes, & qui brûlent de l'impatience de s'en ſervir.

CHAPITRE II.

De la Guerre & de la Politique depuis 1746 juſqu'à 1756.

LA paix de Dresde eut le deſtin de la plupart des traités qui ſe font faits entre les ſouverains ; elle ſuſpendit les hoſtilités, ſans déraciner les germes de diſcorde qui ſubſiſtoient entre l'Autriche & la Pruſſe. Quelque diſſimulation qu'employât la cour de Vienne, elle avoit le cœur trop ulcéré de la perte de la Siléſie, pour que les effets de ſon animoſité & de ſa haine ne lui échappaſſent point, & ne ſe manifeſtaſſent pas enfin. La guerre entre ces deux puiſſances n'avoit donc point été terminée proprement, mais elle avoit changé de forme ; & quoique les armées ne ſe combatiſſent plus en campagne, les Autrichiens continuoient les hoſtilités du fond de leur cabinet. La ruſe, l'intrigue, l'artifice, étoient les armes dont ils ſe ſervoient, pour brouiller les Pruſſiens avec toutes les cours de l'Europe,

1746.

& pour leur fufciter, s'il étoit poffible, des ennemis jufques aux extrêmités de notre globe ; nous en rapporterons des témoignages fuffifans ; mais pour mettre plus d'ordre & plus de clarté dans ce que nous allons dire, nous parcourrons fucceffivement les événemens principaux qui arrivèrent dans les différentes cours de l'Europe. Et comme après la paix de Dresde, la guerre ne laiffa pas de continuer entre la cour de Vienne & l'Angleterre d'une part, & la France & l'Efpagne de l'autre, nous nous voyons obligés d'en faire un tableau raccourci, pour ne rien omettre de ce qui peut fervir à l'intelligence de cette hiftoire.

Guerre.
Autriche
&
France.
1746.

Les armées impériales & alliées ne profpérèrent pas en Flandre, où elles avoient le maréchal de Saxe en tête. A la fin de cette année, ce maréchal gagna la bataille de Rocoux. On en attribua la perte en partie au prince de Waldeck, qui s'étoit mal pofté, & en partie aux Autrichiens, qui ne foutinrent pas les Hollandois. Le prince Charles de Lorraine, après avoir été fpectateur de la défaite des Hollandois, envoya le prince Louis de Brunfwick pour couvrir leur retraite ; il s'en acquitta fi bien, que les alliés gagnèrent Maeftricht, fans que les François, qui les pourfuivoient, puffent les entamer.

1747.

Le maréchal de Saxe ouvrit la campagne fuivante par la prife de la plûpart des places de

la Flandre Hollandoife. Louis XV fe rendit
en perfonne à l'armée. La préfence du roi &
de fes miniftres fut un furcroît d'embarras pour
le comte de Saxe, & une charge pour l'armée.
Les courtifans rempliffoient le camp d'intrigues, & contrecarroient le général; une cour
auffi nombreufe demandoit par jour 10,000
rations pour les chevaux des équipages. Mais
ni la cour de Verfailles, ni les ennemis de la
France ne purent empêcher le comte de Saxe
de conferver la fupériorité durant cette campagne. Il avoit d'abord formé le projet d'affiéger Maeftricht; pour en impofer à l'ennemi,
il feignit d'en vouloir à Berg-Op-Zoom. Le
duc de Cumberland s'apperçut de la feinte, fe
mit en marche, & gagna promptement les environs de Maeftricht. Le comte fe voyant prévenu,
quitta en hâte fon camp de Malines, & fe porta
au-delà de St-Trond, fur les hauteurs de Hen-
deren. Les alliés, qui fe trouvoient dès la veille
à la commanderie de Yons, négligèrent d'occuper cette hauteur importante; indécis fur le
choix de leur champ de bataille, & vacillant
dans leurs réfolutions, ils mirent le feu à des
villages & l'éteignirent; garnirent ces villages de
troupes, qu'ils retirèrent enfuite; & après avoir
embrafé le village de Lawfelt, le matin de l'action,
ils l'éteignirent encore, & y placèrent du monde,
quoiqu'à 2,000 pas au-devant de leur front.

Ce fût à ce village où la bataille s'engagea. Le
maréchal de Saxe, témoin des mouvemens
inconféquens des alliés, crut que Lawfelt étoit
vuide de troupes ; il fe propofa de s'en faifir ; &
le trouva garni d'ennemis. L'attaque commença
fur le champ, & à force de la renouveller &
de facrifier du monde, les François emportèrent le village, ce qui décida l'action. Les
alliés fe retirèrent à Maeftricht, fans que le
maréchal de Saxe les pourfuivît, parce que
Mr. de Clermont Tonnerre fe difpenfa de charger l'ennemi avec fa cavalerie, malgré les ordres
réitérés qu'il avoit reçus ; cette défobéiffance à
fon général lui valut le bâton de maréchal de
France Louis XV ne gagna donc proprement
par cette victoire que le ftérile avantage de
camper fur le champ de bataille ; & le duc de
Cumberland, quoique battu, garantit Maeftricht
d'un fiège. Pour ne pas laiffer néanmoins écou-
ler inutilement la campagne, le comte de Saxe
fe rabattit fur Berg-Op-Zoom. Il chargea Mr.
de Lœwendahl de cette difficile entreprife. Les
excellens ouvrages de Cœhorn, & l'art admirable avec lequel il avoit conftruit les mines
de cette place, la défendirent prefque feuls.
Mr. de Cronftrom en étoit gouverneur ; il avoit
90 ans ; fon efprit étoit caduc & fon corps in-
firme. La garnifon n'étoit pas des meilleures,
& les officiers fans expérience ne favoient s'ils

devoient employer les mines ou l'inondation
pour leur défenfe ; ils eurent le fort de cet âne
fameux dans l'école , qu'on dit être mort de
faim entre deux boiſſeaux d'avoine , pour n'avoir
pu faire un choix. Les François donnèrent l'affaut à la place , & l'emportèrent fans trouver
prefque de réſiſtance ; à peine le gouverneur
eut-il le temps de fe fauver en bonnet de nuit
& en robe-de-chambre. Cet exploit termina pour
cette année les fuccès des François en Flandre.

La fortune fut moins contraire aux impériaux
en Italie & en Provence. La révolution arrivée
à Gènes, fit à la vérité manquer l'expédition du
comte de Braun fur Toulon. Cette révolution
fe fit par hafard. Les Autrichiens maltraitoient
quelques bourgeois qui travailloient à embar-
quer de l'artillerie pour Antibes. Le peuple
s'ameuta , foutint fes concitoyens infultés , &
dans les premiers accès de fa fureur , chaffa de
Gènes le marquis de Botta & toute la garnifon
Autrichienne. Ce contre-coup fit manquer l'armée de Provence de vivres & de munitions ,
& obligea Mr. de Braun à vider cette province.
Il mit à fon retour le fiège devant Gènes ; mais
cette ville le foutint fans fuccomber ; la France
y envoya des fecours fous Mr. de Bouflers ,
& depuis fous le duc de Richelieu ; ils prirent
tous deux de fi juftes mefures, qu'ils rendirent
les efforts des Autrichiens inutiles. Les troupes

Françoifes & Efpagnoles, combinées fous Mr.
de Belle-Isle , voulurent après la retraite de
Mr. de Braun fe rouvrir le chemin de l’Italie.
·Les François s’approchèrent les premiers du
Col de l’affiette ; Mr. de Belle-Isle trouvant
ce pofte foiblement défendu , jugea qu’il pourroit l’infulter ; il manda les Efpagnols pour
l’attaquer à forces réunies , & les Efpagnols
différèrent trois jours avant de le joindre. Cela
donna le temps au roi de Sardaigne de renforcer ceux qui défendoient cette gorge , qu’il lui
importoit fi fort de conferver : fur cela les
Efpagnols arrivèrent , & quoique les conjonctures ne fuffent plus les mêmes que lorfque
Mr. de Belle-Isle avoit mandé ce renfort , il
n’en voulut point avoir le démenti ; il attaqua
donc les Sardes avec beaucoup de vigueur , &
après avoir employé tout ce que lui pouvoit
infpirer le courage & l’audace , il fe fit tuer en
arrachant de fes mains une paliffade du retranchement ennemi ; ne pouvant furmonter les
obftacles que la nature & l’art lui avoient oppofés , fes efforts ne fervirent qu’à augmenter
fes pertes. Les troupes des deux couronnes
furent par-tout repouffées , & le nombre d’officiers de condition & des plus grandes maifons
qui périrent , mit toute la France en deuil. Le
public , fouvent injufte , rempli de préjugés ,
& apparemment mal inftruit , taxa cette entreprife

prife de témérité ; elle n'étoit que hardie, & n'auroit pas manqué, fi Mr. de Belle-Isle eût pu exécuter fon projet lorfqu'il le conçut, & fi la lenteur des Efpagnols ne lui eût pas fait perdre les lauriers qu'il étoit près de cueillir.

Cependant les François fe dédommageoient en Flandre des mauvais fuccès qu'ils avoient eus vers les Alpes. Le génie du comte de Saxe avoit pris de l'afcendant fur tous les ennemis de la France. Ce maréchal ouvrit la campagne en mettant fon armée en marche fur plufieurs colonnes. L'une menaçoit Luxembourg, l'autre Bois-le-Duc, une autre Venlo ; leurs mouvemens vinrent fe réunir à Maeftricht, dont elles formèrent l'inveftiffement & firent le fiège. Mais quelque brillans que fuffent les fuccès du comte de Saxe, fes triomphes mêmes commençoient à devenir onéreux à la France. On en étoit à la huitième campagne, & la durée d'une guerre, dont les commencemens avoient été funeftes, épuifoit la nation. Toutes les puiffances belligérantes s'en laffoient de même ; après avoir fouvent changé de caufe, elle n'en avoit aucune à la fin. Le moment de la frénéfie étoit paffé ; elles penfèrent férieufement à la paix, & entrèrent en négociation ; chacune fentoit fes plaies fecrètes, & avoit befoin de tranquillité pour les guérir. Les Anglois craignoient d'augmenter leurs dettes nationales, chef-d'œuvre du

1748.

Paix
d'Aix-la-
Chapelle.

crédit idéal, dont l'abus pronoſtique une faillite entière. La cour impériale, ſoutenue des ſubſides de l'Angleterre, auroit à la vérité continué la guerre auſſi long-temps que ſes alliés lui en auroient fourni les moyens ; cependant elle conſentit à la paix, afin de ménager les reſſources pour un projet qui lui tenoit plus à cœur que la guerre de Flandre. La France ſe reſſentoit de ſes grandes dépenſes ; elle avoit de plus à craindre que la diſette n'occaſiónnât la famine dans ſes provinces méridionales, dont les ports étoient bloqués par les flottes Angloiſes. A ces raiſons d'état, que le miniſtère de Verſailles alléguoit en public, ſe joignoient des cauſes ſecrètes, qui furent ſes plus puiſſans motifs. Depuis peu, madame de Pompadour étoit devenue la maîtreſſe du roi ; elle appréhendoit que la continuation de la guerre n'engageât Louis XV à ſe mettre tous les ans à la tête de ſon armée. Les abſences ſont dangereuſes pour les favoris & pour les maîtreſſes ; elle comprit que pour fixer le cœur de ſon amant, il falloit écarter tout prétexte qui pût l'éloigner d'elle ; en un mot, qu'il falloit faire la paix ; & dès-lors elle y travailla de tout ſon pouvoir. Lorſque Mr. de St-Séverin partit de Verſailles pour Aix-la-Chapelle en qualité de plénipotentiaire, elle lui dit ces propres mots : *Au moins ſouvenez-vous, monſieur, de ne pas*

revenir fans la paix, le roi la veut à tout prix.
Le congrès s'affembla donc à Aix-la-Chapelle.
La ville de Maeftricht fe rendit, & la paix fut
publiée. Par ce traité, la France rendit à la
maifon d'Autriche toutes fes conquêtes en
Flandre & en Brabant ; moyennant quoi l'impératrice céda les duchés de Parme & de Plai-
fance à Dom Philippe , réverfibles toutefois
à la maifon d'Autriche, puifqu'il étoit ftipulé
que lorfque Dom Carlos monteroit fur le trône
d'Efpagne ; Dom Philippe lui fuccéderoit au
royaume de Naples ; & il eft remarquable que
cet article ainfi conçu fut ratifié fans la parti-
cipation ni le confentement du roi d'Efpagne,
de celui de Naples, & de Dom Philippe. Auffi
témoignèrent-ils leur mécontentement, en pro-
teftant contre toutes les mefures prifes à Aix-
la-Chapelle, contraires à l'indépendance de
leurs couronnes. Les intérêts de la France &
de l'Angleterre furent réglés dans le feptième
article, où l'Angleterre s'engage à rendre le
Cap-Breton aux François, & où les deux couronnes fe garantiffent leurs poffeffions refpec-
tives en Amérique, felon la teneur du traité
d'Utrecht ; elles convinrent toutefois de nommer des commiffaires pour vider quelques différens fur les limites du Canada. Enfin l'article
22 contient la garantie de la Siléfie par toutes
les puiffances.

Il est visible, pour peu qu'on y donne d'attention, que cette paix faite à la hâte étoit l'ouvrage d'un mouvement précipité, & que les puissances sacrifioient, à l'embarras présent de leurs affaires, les intérêts de l'avenir. On éteignoit d'une part l'incendie qui embrasoit l'Europe, & de l'autre, on amassoit des matières combustibles, propres à prendre feu à la première occasion. Il ne falloit que la mort du roi d'Espagne pour exciter de nouveaux troubles, & les limites indéterminées du Canada ne pouvoient manquer de mettre un jour les François aux prises avec les Anglois. Quelquefois une campagne de plus, ou de la fermeté dans les négociations, termineroit pour long-temps les querelles des souverains; mais on préfère les palliatifs aux topiques, & une trève que l'on signe par impatience, à une paix solide.

La cour de Vienne avoit perdu par cette guerre les duchés de Siléfie, de Parme & de Plaisance; elle souffroit impatiemment cette diminution de puissance; & comme elle en rejetoit la faute principale sur les Anglois, qu'elle n'accusoit pas sans raison de sacrifier les intérêts de leurs alliés aux leurs propres, cela la dégoûtoit de cette alliance, & la portoit à sonder le terrein à la cour de Versailles, afin d'essayer de détacher cette puissance de la Prusse, & en même temps de trouver quel-

que expédient pour concilier les intérêts des
deux cours. Le comte de Kaunitz, duquel ce
projet venoit particuliérement, étant plénipotentiaire de l'impératrice-reine à Aix-la-Chapelle,
ne tarda pas à en faire les premières ouvertures
à Mr. de St-Séverin, en lui difant par manière d'infinuation, que fi la France vouloit
s'entendre avec la maifon d'Autriche, il y
auroit des engagemens de bienféance à prendre
entre les deux cours, moyennant lefquels la
Flandre & le Brabant pourroient demeurer en
propriété à fa majefté très-chrétienne, pourvu
qu'elle voulût obliger le Roi de Pruffe à ref-
tituer la Siléfie à l'impératrice-reine. L'appât
étoit bien propre à tenter la cour de Verfailles;
fi Louis XV, excédé de la guerre qu'il venoit
de terminer, n'eût craint d'en recommencer une
nouvelle pour exécuter ce projet; de forte que
Mr. de St-Séverin déclina ces offres, tout
avantageufes qu'elles étoient.

Le comte de Kaunitz ne s'en tint pas là ; cet *De la* homme, fi frivole dans fes goûts & fi profond *France.* dans les affaires, fut envoyé comme ambaffadeur à Paris. Il y travailla avec une affiduité
& une adreffe infinie à faire revenir les François
de cette haine irréconciliable, qui depuis François I & Charles-Quint, fubfifte entre les maifons de Bourbon & de Habspourg ; il répétoit
fouvent aux miniftres, que l'agrandiffement des

Pruffiens étoit leur ouvrage, qu'ils en avoient été payés d'ingratitude, & qu'ils ne tireroient aucun parti d'un allié, qui n'agiffoit que pour fes propres intérêts ; d'autres fois il leur difoit, comme fi la force de la conviction lui eût arraché ces paroles. » Il eft temps, mef- » fieurs, que vous fortiez de la tutelle où les »| rois de Pruffe & de Sardaigne & nombre » de petits princes vous tiennent ; leur poli- » tique ne tend qu'à femer la zizanie entre les » grandes puiffances, ce qui leur procure des » moyens d'agrandiffement : nous ne faifons » la guerre que pour eux ; il n'y a qu'à nous » entendre, & à nous prêter mutuellement à » des arrangemens, qui en ôtant tout fujet de » différent entre les premières puiffances de » l'Europe, fervent de bafe à une paix folide » & permanente ». Ces idées parurent d'abord bizarres à une nation qui avoit pris l'habitude, par une longue fuite de guerres, de regarder la maifon impériale comme fon ennemie per- pétuelle. Quoique le miniftère François fe fentît flatté de l'idée de ces grandes puiffances qui donneroient des loix à l'Europe, & de cette paix perpétuelle, cependant d'autres confidérations le retenoient encore. Le comte de Kaunitz fans fe rebuter, revint fouvent à la charge ; à force de répéter les mêmes propos, la cour de France fe familiarifant avec ces idées, vint à fe perfuader infenfiblement que ces deux grandes maifons, n'étoient pas auffi incompatibles que leurs ancêtres l'avoient cru. Il falloit du temps à ce germe pour fe développer & pour fe fortifier. Toutefois la doctrine du comte de Kaunitz fit des profélytes , & caufa quelques refroidiffemens entre la cour de Verfailles & celle de Berlin. On le remarqua fur-tout à la miffion de milord Tirconel à Berlin: Ce miniftre , effaroüché de cette idée de tutelle , que le comte de Kaunitz avoit tant rebattue, parloit fans ceffe avec affectation de l'indépendance des grandes puiffances. Un jour il tint même des propos affez imprudens , dont le fens étoit : *Pour peu que le Roi de Pruffe tergiverfe avec nous, nous le laifferons tomber , & il fera écrafé.* Les François confervèrent cependant les dehors d'une amitié de bienféance vis-à-vis du Roi , quoique la cour de Verfailles ne regardant pas des liaifons à prendre avec l'impératrice-reine comme impoffibles, ne fe fentît plus d'éloignement pour elle. Les chofes reftèrent en France fur ce pied, jufqu'à ce que les vexations des Anglois obligèrent Louis XV à recourir aux armes.

La cour de Vienne ne trouvant pas dans celle de Verfailles autant de facilité qu'elle fe l'étoit promis , toujours occupée cependant à lier fa partie, fe tourna vers celle de Péters-

De la Ruffie.

bourg, où elle mit tout en mouvement pour rendre son union plus étroite avec la Ruffie, & pour brouiller l'impératrice Élisabeth avec le Roi de Pruffe ; un miniftre Ruffe étoit fûr que fa haine contre la Pruffe lui étoit payée, & les Autrichiens en augmentoient le falaire, à mefure qu'il y mettoit plus d'aigreur. Ceux qui étoient à la tête du gouvernement, ne cherchoient donc qu'à femer la difcorde entre les cours de Pétersbourg & de Berlin , & une chofe innocente par elle-même leur en fournit le prétexte. La néceffité d'établir une balance dans le nord avoit déterminé la France, la Pruffe & la Suède, à faire une triple alliance. Le comte de Beftuchew affecta d'en prendre ombrage ; il remplit l'impératrice d'appréhenfions, & porta les chofes au point, que tout de fuite les Ruffes formèrent des camps confidérables en Finlande, fur les frontières des Suédois, & en Livonie vers celles de la Pruffe. Ces démonftrations fe renouvellèrent depuis toutes les années. Dans des conjonctures auffi critiques, il s'éleva un différent entre la Ruffie & la Suède touchant les limites de la Finlande, qu'on n'avoit pas affez exactement déterminées par le traité d'Abo. Ce prétexte fâcheux donnoit aux Ruffes la liberté de commencer la guerre, lorfqu'ils le jugeroient à propos. La cour de Vienne fomenta ces diffentions, dans

1750.

le deſſein d'inquiéter le Roi de Pruſſe, & de l'induire à quelque fauſſe démarche, qui pût le commettre avec la Ruſſie. Cependant l'impératrice-reine ſe contenta de fournir des alimens à l'aigreur des deux cours, ſans précipiter le moment de la rupture. La ſituation où le Roi ſe trouvoit, étoit délicate & embarraſſante ; elle auroit pu devenir dangereuſe, s'il n'eût pas eu le bonheur d'être informé des deſſeins les plus ſecrets de ſes ennemis, en ſe procurant toute la correſpondance des miniſtres de Saxe, avec les cours de Vienne & de Pétersbourg. Le comte de *** ſe ſentoit humilié par la paix de Dresde ; il étoit jaloux de la puiſſance du Roi, & travailloit de concert avec la cour de Vienne à Pétersbourg, pour y communiquer la haine & l'envie dont il étoit dévoré. Ce miniſtre ne reſpiroit que la guerre ; il ſe flattoit de profiter des premiers troubles de l'Europe, pour abaiſſer un voiſin dangereux de la Saxe ; il comprenoit que cet électorat ne ſeroit pas épargné, & que les premiers efforts des Pruſſiens s'y porteroient, & toutefois il laiſſoit dépérir l'état militaire. Nous n'examinerons pas ſi ſa conduite fut bien conſéquente ; il ne devoit pas ignorer que tout état ſe trompe, qui au-lieu de ſe repoſer ſur ſes propres forces, ſe fie à celles de ſes alliés.

Il n'y avoit donc rien de caché pour le Roi,

& les fréquentes nouvelles qu'il recevoit, lui
fervoient comme de bouffole pour fe diriger
au milieu des écueils qu'il avoit à éviter, &
l'empêchoient de prendre de pures démonftrations, pour un deffein formé de lui déclarer
inceffamment la guerre. L'afcendant de la cour
de Vienne fur celle de Pétersbourg augmentoit cependant de jour en jour ; il devoit s'ac-
croître rapidement, parce que l'efprit du miniftre étoit préparé à recevoir favorablement
les impreffions qu'on pouvoit lui donner des
Pruffiens. Le comte de Beftuchew avoit foup-
çonné Mr. de Mardefeld, miniftre du Roi,
d'être d'intelligence avec Mr. de la Chétardie,
pour lui faire perdre fon pofte. Afin de fe venger
de ces offenfes particulières, il engagea l'impératrice à conclure une alliance avec les cours
de Vienne & de Londres. Ce traité étoit avantageux à la Ruffie par deux raifons ; premiérement parce que l'union de la maifon d'Autriche étoit convenable à la Ruffie, pour s'oppofer conjointement aux entreprifes de la Porte ;
& en fecond lieu, par les fubfides de l'Angleterre, qui depuis inondèrent Pétersbourg. Les
chofes étant ainfi difpofées, il ne fut pas difficile à l'impératrice-reine de rompre toute correfpondance entre la Pruffe & la Ruffie ; ni
les ménagemens que le Roi gardoit dans ces
circonftances fcabreufes, ni une conduite tou-

Traité
de 1746.

jours mefurée qu'il tint vis-à-vis de la cour de
Pétersbourg , ne purent empêcher que les
chofes n'en vinffent bientôt à un éclat.

Un homme d'une extraction obfcure , revêtu 1753.
du caractère de miniftre de Ruffie, fut l'inf-
trument dont Mr. de Beftuchew fe fervit pour
brouiller les deux cours. Ce miniftre , chargé
de faifir la première occafion d'en venir à une
rupture , prit le premier prétexte qui fe préfenta pour remplir les intentions de fa cour.
Le Roi donnoit des fêtes à Charlottenbourg , à
l'occafion du mariage du prince Henri avec la
princeffe de Heffe. Les miniftres étrangers y parurent ; le fourrier de la cour eut ordre de les
inviter tous à fouper ; il s'acquitta de fa commiffion , mais il ne put trouver le miniftre Ruffe,
qui étoit parti exprès une demi-heure avant
les autres. Ce miniftre déclara le lendemain
qu'il ne paroîtroit plus à la cour après l'affront
fait à l'impératrice en fa perfonne , & qu'il
attendroit le retour de fon courier de Pétersbourg , pour régler fa conduite ultérieure fur les
ordres qu'il en recevroit ; ce courier arriva,
le miniftre Ruffe partit fur le champ & furti-
vement de Berlin , efcorté , pendant qu'il traverfoit la ville , par les fecrétaires de légation Autrichiens & Anglois. L'évafion de ce miniftre
obligea le Roi à rappéller également fon miniftre de Pétersbourg. Dès que les Autri-

chiens furent délivrés en Ruffie d'un miniftre Pruffien qui les gênoit, ils lâchèrent
la bride à leur mauvaife volonté, & n'eurent
point honte de débiter les menfonges & les
calomnies les plus atroces, pour envenimer
l'efprit de l'impératrice Élifabeth contre le Roi.
Ils lui perfuadèrent que ce prince avoit tramé
un complot contre fa vie, afin d'élever le prince
Iwan fur le trône. L'impératrice, qui étoit
d'un caractère indolent & facile, les crut fur
leur parole, voulant s'épargner la peine d'examiner la chofe ; & conçut pour le Roi une
haine irréconciliable. La France n'avoit dans
ce temps aucun miniftre à Pétersbourg ; celui
que la Suède y entretenoit, étoit plus Ruffe que
Suédois, & par conféquent peu propre à fervir le Roi ; de forte qu'il n'y avoit aucune
voie pour parvenir à l'impératrice, & pour la
tirer de l'erreur où la jetoient le miniftre d'Autriche & fes créatures. La cour de Vienne,
fatisfaite des fentimens de haïne & d'animofité
dont elle avoit rempli la cour de Pétersbourg
contre la Pruffe, étoit trop habile pour pouffer
les chofes plus loin ; elle fe contenta d'avoir
difpofé les efprits à la rupture, mais n'en voulut pas précipiter l'événement, pour achever
fes arrangemens intérieurs, & pour attendre
qu'une occafion favorable lui permît de mettre
au jour fes vaftes projets. C'étoit ainfi que la

cour de Vienne agitoit toute l'Europe , & tramoit fourdement contre la Pruffe une confédération , que le premier événement important devoit faire éclater.

Cependant les différens que la Suède avoit avec la Ruffie pour les frontières de la Finlande , furent terminés à l'amiable ; mais vers la fin de l'année 1756 , il fe fit dans ce royaume une efpèce de révolution , dont nous ne faurions nous difpenfer de parler en peu de mots , parce que fes fuites influèrent fur les affaires générales de l'Europe : voici ce qui y donna lieu. La cour s'étoit depuis long-temps brouillée avec les fénateurs du parti François , à caufe d'une place de major-général vacante , que le roi deftinoit à Mr. de Lieven , & le fénat à Mr. de Ferfen. Le fénat l'emporta. La cour, vivement piquée de cet affront , contraria depuis dans toutes les occafions le parti François. Les comtes de Brahé & de Horn, & le Sr. de Wrangel , avec nombre de feigneurs des premières familles du royaume , attachés au parti de la cour , lui firent efpérer la fupériorité à la diète , en faifant élire un maréchal qui fût entièrement à fa dévotion. Cependant l'événement tourna d'une manière toute oppofée , & le comte de Ferfen , ennemi de la cour, obtint cette charge par les intrigues & l'appui de la faction Françoife. Dans cette diète ,

commencée le 17 octobre 1755, le fénat, fier
de fa fupériorité, préfenta un mémoire aux
états, pour décider le grand différent qui fub-
fiftoit entre lui & le roi au fujet de la diftribution des charges. Comme les juges étoient
à la difpofition de l'ambaffadeur de France, le
fénat triompha ; il abufa de fa victoire, & s'en
fervit pour diminuer cette ombre d'autorité,
dont le roi avoit joui jufqu'alors, felon les
loix du royaume. L'infolence de ces magiftrats
alla même jufqu'à dépouiller la reine des joyaux
de la couronne, & de ceux qui lui avoient
été donnés ; il s'en fallut peu qu'au mépris
de la majefté fouveraine, ces fénateurs féditieux
n'entrepriffent de renverfer le trône. Ces procédés outrageans firent de vives impreffions
fur la cour, & fur ceux qui lui étoient attachés, principalement fur l'efprit des comtes
Brahé & Horn, & du Sr. de Wrangel. Ces
feigneurs s'affemblèrent dans les premiers mouvemens de leur indignation, & réfolurent de
changer par un coup hardi, la forme du gouvernement. Le roi n'eut pas affez d'afcendant fur eux, pour les engager à tempérer le
parti violent qu'ils avoient pris ; leurs mefures,
concertées tumultuairement, furent plus mal
exécutées encore ; & par un mélange d'audace & de timidité, ils héfitèrent au moment
de l'exécution. Une entreprife différée eft d'or-

dinaire découverte ; quelques amis foibles ,
auxquels ils s'étoient confiés , les trahirent. Le
fénat prit des mefures vigoureufes , pour fe
mettre à l'abri de toute entreprife. Le comte
Brahé fut arrêté ; le Sr. de Wrangel & quelques autres feigneurs de ce parti eurent le
bonheur de fe fauver. Le nom du roi parut
dans la dépofition des conjurés. Enfin le comte
Brahé , & plufieurs perfonnes d'une naiffance
obfcure , périrent fur l'échafaud , & le roi
fut entiérement dépouillé des prérogatives dont
fon prédéceffeur & lui avoient joui felon la
forme de gouvernement établie depuis la mort
de Charles XII. Dès-lors Mr. d'Hâvrincourt,
ambaffadeur de France , fut véritablement roi
de Suède ; il gouverna defpotiquement cette
nation , & l'engagea depuis dans la guerre d'Allemagne d'une manière irrégulière , & oppofée
aux conftitutions du gouvernement ; ce qui
ne feroit pas arrivé , fi le roi légitime avoit
confervé l'autorité dont il devoit jouir felon
les loix. Tout le fervice que le Roi de Pruffe
put rendre à fon beau-frère , fut de repréfenter
à la cour de Verfailles , qu'il feroit féant de
faire changer de conduite au miniftre arrogant
qui mettoit toute la Suède en combuftion ; mais
la France aimoit mieux voir Mr. d'Havrin-
court à la tête de ce royaume , que celui qui
en étoit le roi légitime.

Du Da-
nemarck.
1754.

L'année précédente il étoit survenu un autre démêlé, mais moins fâcheux, entre la Prusse & le Danemarck. C'étoit au sujet d'un procès que la comtesse de Bentinck avoit avec son mari. Cette femme avoit cédé au comte de Bentinck une terre située sur la frontière de l'Ost-Frise, & depuis elle s'étoit repentie du contrat formel qu'elle avoit passé pour cet objet. Les juges ordonnèrent le séquestre ; le Roi, en qualité de directeur du cercle de West-phalie, devoit en être chargé ; la cour de Vienne en donna la commission au roi de Danemarck. Ce prince y envoya des troupes ; les Prussiens les prévinrent ; le roi de Danemarck prit feu, & il auroit employé des menaces, si sa modération ne l'avoit retenu. Cependant cette affaire fut appaisée par la médiation de la France. Tout le monde étoit content ; mais la comtesse de Bentinck, qui aimoit à chicaner, rompit l'accord qu'on avoit moyenné ; elle alla plaider à Vienne, d'où elle retourna dans son comté ; & comme personne ne parut disposé à se mêler de ses affaires, son procès demeura indécis.

De l'An-
gleterre.
1754 &
1755.

Il sembloit qu'il se fût répandu en Europe durant cette paix un esprit de discorde qui divisoit toutes les cours. Il survint au Roi des différens avec l'Angleterre, qui pensèrent le commettre avec cette couronne. Durant la dernière

nière guerre les armateurs Anglois avoient enlevé quelques vaiffeaux appartenant à des
marchands Pruffiens. Les Anglois étoient juge
& partie dans leur propre caufe, de forte que
le tribunal de leur amirauté déclara ces vaiffeaux de bonne prife. Le Roi, après avoir fait
les repréfentations convenables à la cour de
Londres, mit l'affaire en négociation. Les Anglois ne fe relâchèrent point, & tinrent peu
de compte de ce qu'on alléguoit fur l'illégalité
de leurs procédés ; enfin, après avoir inutilement épuifé toutes les voies de conciliation, il
ne refta d'autre expédient, pour indemnifer
les fujets Pruffiens, que de mettre en féqueftre
la fomme que le Roi devoit aux Anglois,
felon qu'il s'y étoit engagé par la paix de Breslau. C'étoit le rembourfement de 1,800,000
écus, que la maifon d'Autriche avoit em-
pruntés fur la Siléfie, pour foutenir la guerre
contre la Porte en 1737 & 1738. Le dernier
terme qui reftoit à acquitter des 300,000 écus
fut arrêté. Les Anglois en furent irrités ; cela
donna lieu à des déclarations affez vives de part
& d'autre : le miniftre d'Autriche à Londres fe
donna de grands mouvemens pour envenimer
cette affaire, & peut-être auroit-elle eu des
fuites, fi une querelle beaucoup plus grave entre
la France & l'Angleterre, au fujet du Canada,
n'y eût fait diverfion.

Tome I. D

Il n'y eut pas jufqu'au duc de Mecklenbourg
qui, fe repofant fur la protection dont il jouif-
foit de la part de la cour impériale, ne s'éman-
cipât à chicaner le Roi. Il s'agiffoit des levées
de foldats, dont les ançêtres du Roi avoient
été en poffeffion de temps immémorial dans le
Mecklenbourg. Le duc, à l'inftigation de la
cour de Vienne, s'y oppofa, & le Roi fe fit juftice à lui-même ; on enleva quelques foldats
Mecklenbourgeois, & l'on arrêta quelques bail-
lis qui s'étoient oppofés aux enrôlemens. Le
duc fit grand bruit ; mais voyant que fes éclats
n'aboutiffoient à rien, il prit le parti de s'ac-
commoder, & l'affaire fut terminée à l'amiable.
Bientôt après, lorfque l'impératrice-reine vit
la guerre fur le point de s'allumer entre l'Angleterre & la France, cherchant un prétexte
pour rompre avec la Pruffe, elle perfuada au
duc de Mecklenbourg de porter fes plaintes à
la diète de Ratisbonne. La cour de Vienne auroit voulu faire paffer la chofe pour une violation de la paix de Weftphalie, & fe fervir de
ce prétexte pour déclarer la guerre au Roi,
& pour réclamer en même temps le fecours des
puiffances qui avoient garanti cette paix. Nous
verrons dans la fuite de cet ouvrage, que ce
prétexte ayant manqué à la cour de Vienne,
il ne lui fut pas difficile d'en trouver un autre.
L'occafion qu'elle défiroit avec impatience,

Duc de
Meck-
lenbourg
1755.

1756.

ne tarda pas à fe préfenter ; elle la faifit avec empreffement. Lorfque les fouverains veulent en venir à une rupture, ce n'eft pas la matière du manifefte qui les arrête ; ils prennent leur parti, ils font la guerre, & laiffent à quelque jurifconfulte laborieux le foin de les juftifier.

Si nous n'avons pas fait mention de la Hollande dans cet ouvrage, c'eft que depuis la guerre de 1740, fur-tout depuis la mort du ftadhouder, elle ne jouoit aucun rôle en Europe. Il ne nous refte qu'à rapporter fuccinctement une calamité fingulière, dont le Portugal fe reffentit, & qui faillit à bouleverfer ce royaume. Il éprouva un tremblement de terre, dont les fecouffes furent fi violentes, qu'elles détruifirent la ville de Lisbonne ; les maifons, les églifes, les palais, tout fut bouleverfé, englouti, ou dévoré par les flammes échappées des entrailles de la terre. Il y périt entre 15 & 20,000 ames ; beaucoup d'autres villes & villages de ce royaume furent ébranlés ou renverfés. Ce tremblement de terre fe fit fentir le long des côtes de l'Océan jufqu'aux frontières de la Hollande. On ne peut attribuer la caufe de ce malheur qu'aux efforts d'un feu fouterrain, qui refferré dans les entrailles de la terre, s'eft creufé un canal, & a formé un gouffre fous le Portugal, d'où il tend à s'échapper & à fe mettre en liberté ; & peut-être qu'un jour la poftérité verra naître un volcan à la place où Lisbonne a fubfifté jufqu'ici. Mais on eût dit que ce n'étoit pas affez des fléaux du Ciel pour affliger ce malheureux globe ; peu après la méchanceté des hommes arma leurs mains impies ; ils fe déchirèrent pour un vil amas de boue ; la haine, l'obftination, la vengeance fe portèrent aux derniers excès. Toute l'Europe nagea dans le fang, & le mal moral, dont le genre humain fut la victime, furpaffa de beaucoup le mal phyfique, dont Lisbonne avoit éprouvé la rigueur.

CHAPITRE III.

Cauſe de la rupture entre la France & l'An-
gleterre ; négociation de Mylord Holderneſs ;
alliance de la Pruſſe & de l'Angleterre ; offres
de Mr. Rouillé ; ambaſſade du Duc de
Nivernois ; la France piquée ; guerre déclarée
aux Anglois ; le Duc de Richelieu prend le
Cap-Breton ; bateaux plats qui épouvantent
les Anglois ; ils font venir des Hanovriens &
des Heſſois ; les Ruſſes ſe renforcent ſur la
frontière de la Pruſſe ; les Autrichiens raſ-
ſemblent deux armées en Bohème ; intelligence
dans les archives de Dresde, où tout le myſ-
tère d'iniquité ſe découvre ; brouilleries avec
l'Autriche ; raiſons pour déclarer la guerre,
première diſpoſition des troupes ; projet de
campagne.

APrès nous être fait une idée de la ſituation 1755.
où ſe trouvoient les puiſſances de l'Europe au
commencement de l'année 1755, il faudra nous
mettre ſous les yeux les cauſes des diſſentions
qui donnèrent lieu à la guerre entre la France
& l'Angleterre. Les affairés préſentes tiennent
ſi fort aux événemens paſſés, qu'il faut remon-
ter au traité d'Utrecht pour arriver aux ſources

de ces brouilleries. Elles tirent leur origine d'anciens démêlés que les François avoient eus avec les Anglois sur les limites du Canada. Louis XIV, preffé de conclure le traité d'U-trecht, afin de détacher la reine Anne de la grande alliance, ordonna à fes plénipotentiaires de figner fans chicane. Ces plénipotentiaires fe fervirent de termes équivoques, pour marquer les limites du Canada, fur lefquelles rouloit le différent. Ce que la France gagnoit par ce traité, valoit plus que toutes fes poffeffions dans cette contrée ftérile. Mais dès que les troubles de l'Europe furent appaifés, les Anglois & les François interprétèrent chacun à leur avantage l'article des limites de leurs poffeffions en Amérique. Il y eut quelques débats entre les colonies de ces deux nations, fans cependant que ces querelles fourdes dégénéraffent en hoftilités ouvertes. Par le traité de paix d'Aix-la-Chapelle, on auroit dû applanir toutes les difficultés. Mr. de St-Séverin & fes collègues, obligés par les ordres réitérés de la cour de France d'accélérer la fignature des préliminaires, renvoyèrent la difcuffion des limites de ces colonies à l'examen des commiffaires, que les deux cours nommeroient après la conclufion de la paix : ces commiffaires s'étant affemblés, loin que leurs conférences rapprochaffent les efprits des deux nations, le mécontentement & l'aigreur n'allèrent qu'en augmentant. L'ambaſſade du duc de Mirepoix, & la négociation qu'il entama à Londres, ne produiſit rien ; on ſe reprochoit mutuellement de la mauvaiſe foi ; les troupes Angloiſes & Françoiſes dans l'Amérique en venoient à des hoſtilités ; elles s'enlevoient des forts, & on ſe faiſoit déjà la guerre ſans ſe l'être déclarée. Dans les relations de ces contrées, les officiers Anglois ne manquoient pas de rejeter la faute de leurs violences ſur les François ; ils envoyoient de part & d'autre des factums, pour juſtifier leur conduite ; la ville de Londres en étoit inondée. La nation Angloiſe, facile à s'enflammer lorſqu'elle croit avoir à ſe plaindre de la France, déjà mécontente de la paix d'Aix-la-Chapelle, ne reſpiroit que la guerre ; la conduite du duc de Cumberland acheva de rendre cette fermentation générale. Il voyoit que le grand âge du roi ſon père l'approchoit des bornes de la vie ; pour augmenter ſon crédit, & pour avoir plus d'influence dans le règne ſuivant, il avoit formé le deſſein de remplir le conſeil de ſes créatures, & de faire paſſer tous les grands emplois de la couronne, à des perſonnes qui lui fuſſent entiérement dévouées. Il s'étoit déterminé dans ſon choix en faveur du Sr. Fox, qu'il deſtinoit à la place de chef de la tréſorerie, & à tous les emplois dont le duc de Newcaſtle étoit revêtu. Mais cette élévation du Sr. Fox ne pouvoit avoir lieu qu'en déplaçant le duc de Newcaſtle,

& cela étoit d'autant plus difficile, que ce seigneur jouissoit d'un grand crédit sur l'esprit du roi, qu'il étoit considéré dans le parlement par ses longs services, par sa vertu, & par son bon naturel; qu'il étoit estimé de la nation à cause de ses immenses richesses, de toutes les places qu'il avoit à donner, & enfin du nombre de membres du parlement que ses possessions lui donnoient le droit d'élire. Le duc de Cumberland imagina que le meilleur moyen pour faire abandonner au duc de Newcastle ses grands emplois, seroit d'engager la nation dans une guerre avec la France, par où il mettroit le ministre dans la nécessité d'ajouter de nouvelles dettes à celles dont le gouvernement étoit déjà surchargé; ce qui fourniroit des griefs à l'opposition: ou bien il se flattoit de profiter des mauvais succès possibles au commencement d'une guerre, pour en rejeter la faute sur le ministre, & le déterminer, à force d'inquiétudes & de persécutions, à renoncer de lui-même à ses emplois. Ce projet étoit vaste & compliqué. Pour le mettre en exécution, il falloit commencer par envenimer les querelles des deux nations, & les porter à rompre la paix. Cela fut facile; au seul nom de François le peuple de Londres entre en fureur; les matières combustibles étoient rassemblées, elles s'embrasèrent bien vite; ce peuple fougueux obligea le roi George à faire quelques armemens. Une démarche en

entraîna infenfiblement une autre ; on en vint à
des voies de fait ; des violences donnèrent lieu
à des repréfailles , & dès la fin de 1754, la guerre
entre les deux nations parut inévitable. On
remarqua cependant que le miniftère de Verfailles agit avec plus de mefure & de modération , & que les mauvais procédés venoient
tous de la part des Anglois.

Les deux rois fe voyant menacés de la
guerre, tâchèrent chacun de leur côté de fortifier leur parti , en refferrant les anciennes
alliances, ou en en formant de nouvelles. Le Roi
fut alors recherché par les François & les Anglois. Son alliance avec la cour de Verfailles
n'étoit point expirée ; toutefois les poffeffions
des François aux Indes étoient exceptées des
garanties de la Pruffe ; & dans ces conjonctures
il paroiffoit que le partage des Pruffiens feroit
de demeurer neutres pendant ces troubles, &
d'en être les fimples fpectateurs. Ce n'étoit pas
ce que l'on penfoit à Verfailles ; la cour paroiffoit croire que le Roi de Pruffe étoit à l'égard
de la France , ce qu'eft un defpote de Valachie
à l'égard de la Porte ; c'eft-à-dire, un prince
fubordonné, & obligé de faire la guerre dès
qu'on lui en envoie l'ordre. Elle fe perfuadoit de
plus, qu'en portant la guerre dans l'électorat de
Hanovre, elle feroit mollir le roi de la Grande-
Bretagne , & termineroit ainfi au centre de
l'Empire les différens qui fubfiftoient aux Indes

entre elle & les Anglois. Mr. Rouillé, alors
miniftre des affaires étrangères, dit un jour à
Mr. de Knyphaufen, dans l'intention d'engager le Roi à contribuer à cette diverfion :
» Écrivez, monfieur, au Roi de Pruffe, qu'il
» nous affifte dans l'expédition de Hanovre ;
» il y a là de quoi piller, le tréfor du roi d'An-
» gleterre eft bien fourni, le Roi n'a qu'à le
» prendre ; c'eft, monfieur, une bonne cap-
» ture ». Le Roi lui fit répondre que de pareilles propofitions étoient convenables pour
négocier avec d'autres, & qu'il efpéroit qu'à
l'avenir, Mr. Rouillé voudroit bien apprendre
à diftinguer les perfonnes avec lefquelles il avoit
à traiter. Ces négociations devinrent plus vives
fur la fin de 1755. Le roi George, informé
du deffein des François, alarmé de l'orage qui
menaçoit fon électorat, fe perfuada que la manière la plus fûre de le conjurer, étoit de conclure une alliance défenfive avec la Pruffe ; il
favoit que les liens qui uniffoient le Roi de Pruffe
au roi de France étoient fur le point de finir,
parce que le terme du traité de Verfailles ex-
piroit au mois de mars de l'année 1756, & il
chargea mylord Holdernefs, fon fecrétaire d'é-
tat, d'entamer la négociation avec la cour de
Berlin. Mylord Holdernefs, incertain des difpofitions du Roi de Pruffe fur cette alliance,
pour ne point expofer fon maître à un refus
direct, en hafarda les premières propofitions

par le duc de Brunſwick. Ces ouvertures ſe
firent ſous le prétexte d'aſſurer le repos de
l'Allemagne contre le danger dont la menaçoit
une guerre prochaine. On demandoit au Roi
d'entrer dans des meſures qui puſſent aſſurer
& affermir la tranquillité publique. Cette pro-
poſition tiroit à grande conféquence : dans la
ſituation où ſe trouvoit alors la Pruſſe, le parti
qu'elle alloit prendre, influoit ſur la paix &
ſur la guerre. Si l'on renouvélloit le traité avec
la France, il falloit attaquer l'électorat de Hanovre ; ce qui étoit s'attirer ſur les bras les
forces des Anglois, des Autrichiens & des
Ruſſes. Si l'on concluoit une alliance avec l'Angleterre, il étoit probable que les François ne
porteroient point la guerre dans l'Empire, &
que la Pruſſe ſe trouveroit liée avec la Grande-
Bretagne & avec la Ruſſie ; ce qui ſembloit
obliger l'impératrice-reine à demeurer en paix,
quelque envie qu'elle eût de reconquérir la
Siléſie, & quelques préparatifs qu'elle eût faits
pour agir auſſi-tôt que l'occaſion le lui permet-
troit. Avant que de ſe déterminer, le Roi jugea
néanmoins à propos de s'aſſurer de la façon de
penſer de la cour de Ruſſie ; mais comme il
avoit dans la perſonne du chancelier Beſtuchew
un ennemi déclaré, il ne fut pas poſſible de
tirer des éclairciſſemens directs de Pétersbourg
même, où toute intelligence entre les deux
cours étoit rompue ; il eut donc recours au

Sr. de Klinggræff, fon miniftre à la cour impériale, & à mylord Holdernefs lui-même, pour
favoir dans quels termes la Ruffie étoit avec
l'Angleterre , & fur-tout fi c'étoit la cour de
Vienne ou celle de Londres qui avoit plus
d'influence à Pétersbourg. Le Sr. de Klinggræff répondit que les Ruffes étant une nation
intéreffée , il n'y avoit aucun doute qu'ils ne
fuffent plus attachés à ceux qui pouvoient les
acheter , qu'à ceux qui n'avoient rien à leur
donner ; que l'impératrice-reine manquoit fouvent de reffources pour fes propres dépenfes ;
qu'ainfi les Ruffes s'en tiendroient aux Anglois,
que des richeffes immenfes mettoient en état de
leur payer de gros fubfides. La réponfe de
mylord Holdernefs portoit que l'intelligence
entre l'Angleterre & la Ruffie étant parfaite ,
le roi George comptoit fermement fur l'amitié
de l'impératrice Élifabeth. Les informations
que le Roi tiroit de fon miniftre à La Haye ,
fe trouvèrent quadrer fi bien avec ce qu'on
lui avoit écrit de Vienne & de Londres , qu'il
crut que tant de perfonnes ne pouvoient fe
tromper toutes fur le même fujet , & que leurs
conjectures étant les mêmes, elles devoient
être juftes. Ce fut ce qui le détermina ; il entra
en négociation avec l'Angleterre , & fit répondre
à mylord Holdernefs, qu'il n'étoit pas éloigné
de prendre avec le roi de la Grande-Bretagne
des mefures innocentes, défenfives, & uniques.

ment relatives à la neutralité de l'Allemagne.
Ces deux puiffances fe trouvant d'accord fur
les principes de leurs liaifons, elles parvinrent
bientôt à la conclufion du traité, qui fut figné
à Londres le 16 janvier 1756. Ce traité contenoit quatre articles, dont les trois premiers
étoient relatifs aux garanties réciproques que
ces deux puiffances fe donnoient pour la fûreté
de leurs propres états ; le dernier regardoit
directement l'Allemagne, & portoit des engagemens pour empêcher que des troupes étrangères n'y entraffent. Il y avoit deux articles
fecrets ; on convenoit par l'un, que les Pays-
Bas Autrichiens feroient exceptés de la garantie de l'Allemagne, & par l'autre, l'Angleterre
s'engageoit à payer 20,000 livres fterlings aux
négocians Pruffiens, qui avoient à prétendre
un dédommagement des prifes non reftituées,
que les Anglois avoient faites fur eux pendant
la dernière guerre. Ce traité arriva figné à
Berlin environ un mois après que le duc de
Nivernois s'y fut rendu. Louis XV envoyoit
ce feigneur au Roi, pour renouveller l'alliance
de Verfailles, dont le terme alloit finir, & plus
encore, pour faire entrer la Pruffe dans le projet que la France méditoit contre l'électorat
de Hanovre. L'argument le plus fort qu'employa le duc de Nivernois, pour engager le
Roi dans cette alliance & dans cette guerre,
fut de lui offrir la fouveraineté de l'ifle de

Tabago. Il faut favoir qu'après la guerre de
1740, les François avoient donné cette ifle au
comte de Saxe ; & comme les Anglois en
parurent très-mécontens, il fut ftipulé qu'elle
demeureroit déferte, & ne pourroit être cul-
tivée par aucune nation. Cette offre étoit trop
fingulière pour être reçue. Le Roi tourna la
chofe en plaifanterie, & pria le duc de Nivernois de jeter les yeux fur quelqu'un qui fût
plus propre que lui à devenir gouverneur de
l'ifle de Bárataria ; il déclina de même le renou-
vellement d'alliance & la guerre dont il avoit
été queftion, & pour agir avec la plus grande
candeur vis-à-vis de la France, pour la con-
vaincre de l'innocence des nouveaux engagemens
qu'il avoit pris avec l'Angleterre, il ne fit point
difficulté de montrer en original au duc de
Nivernois, le traité qui venoit d'être figné à
Londres. La nouvelle de cette alliance caufa
une vive fenfation à Verfailles dans l'efprit de
Louis-XV & de fon confeil ; peu s'en fallut
qu'ils ne diffent que le Roi de Pruffe s'étoit
révolté contre la France. Examiné par un
efprit impartial, le fait étoit différent. L'alliance de la Pruffe avec la France alloit expi-
rer dans deux mois ; le Roi en qualité de fouverain étoit autorifé à contracter des liaifons
avec des peuples qui pouvoient affurer à fes
états leur plus grand avantage. Il ne manquoit
donc ni à fa parole ni à fon honneur en s'unif-

fant avec le roi d'Angleterre, fur-tout dans la vue de maintenir en paix par ces nouveaux arrangemens & fes états & toute l'Allemagne. Mais les François n'entendirent pas raifon ; il ne s'agiffoit à Verfailles que de la défection du Roi de Pruffe, qui abandonnoit perfidement fes anciens alliés ; & la cour fe répandit en reproches, qui firent juger qu'elle ne borneroit pas fon reffentiment à de fimples paroles.

Nous avons vu dans le chapitre précédent par combien de rufes & de foupleffe la cour de Vienne tâchoit de fe rapprocher de celle de Verfailles, & avec quelle application le comté de Kaunitz avoit profité de fon féjour à Paris, pour familiarifer l'efprit de la nation Françoife avec l'idée de l'alliance autrichienne. Un moment d'humeur de Louis XV, & la mode qui s'introduifoit dans le confeil de Verfailles de déclamer contre le Roi de Pruffe, firent tout d'un coup germer cette femence. La vivacité extrême de la nation Françoife lui fit envifager une alliance avec la maifon d'Autriche comme un raffinement fupérieur de politique. Sur cela le comte de Staremberg fut chargé par l'impératrice-reine de propofer l'alliance entre les deux cours. On fut bientôt d'accord, parce qu'on vouloit la même chofe des deux côtés ; elle fut fignée au nom du roi très-chrétien, par Mr. Rouillé & l'abbé de Bernis, le 9 de mai 1756. Ce fameux traité de Verfailles, annoncé avec tant d'oftentation, nommé l'union des grandes puiffances, étoit de fa nature défenfif, & contenoit en fubftance la promeffe d'un fecours de 24,000 hommes, au cas qu'une des puiffances contractantes fût attaquée. Ce fut cependant cette alliance qui encouragea l'impératrice-reine à l'exécution du grand projet qu'elle méditoit depuis long-temps.

L'union que les maifons d'Autriche & de Bourbon venoient de former, commençoit à faire foupçonner que le traité de Londres pourroit ne pas maintenir la tranquillité de l'Allemagne. La paix ne tenoit plus qu'à un cheveu ; il ne s'agiffoit que d'un prétexte, & quand il ne faut que cela, la guerre eft comme déclarée ; bientôt elle parut inévitable, car on apprit que tous les politiques s'étoient trompés fur le compte de la Ruffie. Cette puiffance, chez laquelle les intrigues des miniftres Autrichiens prévalurent, rompit avec l'Angleterre, à caufe de l'alliance que le roi de la Grande-Bretagne avoit conclue avec le Roi de Pruffe. Mr. de Beftuchew s'étoit trouvé un moment indécis entre fa paffion pour les guinées, & la haine qu'il avoit pour le Roi ; mais la haine l'emporta. L'impératrice Élifabeth, ennemie de la nation Françoife, depuis la dernière ambaffade de Mr. de la Chétardie, aima mieux fe liguer avec elle, que de conferver une ombre d'union avec une puiffance qui

avoit

avoit la Pruſſe pour alliée. La cour de Vienne agiſſant dans toutes les cours de l'Europe, profitoit des paſſions des ſouverains & de leurs miniſtres, pour les attirer à ſoi, & les gouverner ſelon les fins qu'elle ſe propoſoit.

Durant ces reviremens de ſyſtêmes ſi ſubits & ſi inattendus, les vaiſſeaux Anglois ne gardoient plus de meſures avec les François; leurs vexations & les attentats qu'ils commettoient, pouſsèrent le roi de France, preſque malgré lui, à leur déclarer la guerre; les François annoncèrent avec oſtentation qu'ils ſe préparoient à faire de leur côté une deſcente en Angleterre; ils répandirent des troupes le long des côtes de la Bretagne & de la Normandie; ils firent conſtruire des bateaux plats, pour tranſporter ces troupes, & aſſemblèrent quelques vaiſſeaux à Breſt. Ces démonſtrations épouvantèrent les Anglois; il y eut des momens où cette nation qui paſſe pour ſi ſage, ſe crut perdue. Le roi George, afin de la raſſurer, eut recours à des troupes Hanovriennes & Heſſoiſes, qu'il fit paſſer dans le royaume. On prit ainſi le change à Londres; les François y trouvèrent leur compte, & tandis qu'ils faiſoient cet appareil pour un débarquement vis-à-vis des côtes de la Grande-Bretagne, ils firent une deſcente dans l'iſle de Minorque. Le duc de Richelieu, chargé de cette expédition, mit le ſiège devant Port-Mahon. Les Anglois ne s'apperçurent du deffein des François, que lorfqu'ils l'eurent exécuté ; ils envoyèrent néanmoins une flotte dans la Méditerannée au fecours de la place affiégée ; leur amiral Byng fut battu par l'efcadre Françoife. Le gouvernement Anglois, pour fe difculper aux yeux d'une populace furieufe du malheur qui venoit d'arriver, fut obligé de lui facrifier une victime, & fit arquebufer l'amiral Byng, dont bien des perfonnes fenfées prétendoient prouver l'innocence. Le duc de Richelieu effaya en vain de faire brèche à Port-Mahon, dont les ouvrages font taillés dans le roc ; impatient de ce que le fiège tiroit en longueur, il fit donner un affaut général à la place ; les François l'efcaladèrent & la prirent.

Pendant que la fortune favorifoit les François dans le fud de l'Europe, les affaires du nord devenoient de jour en jour plus critiques ; les Ruffes formoient en Livonie des camps plus forts & plus confidérables que tous ceux qu'ils y avoient eus les années précédentes. La cour de Ruffie étoit induite à ces démarches par celle de Vienne, qui réclamoit le traité de Pétersbourg, comme fi la guerre étoit déclarée, & comme fi le cas de l'affiftance avoit lieu. Une armée de 50,000 Mofcovites fur la frontière de la Pruffe devenoit un objet important ; quelle que fût la caufe de cet armement, l'effet en paroiffoit redoutable. Le Roi

De l'année 1746.

avoit un canal, par lequel il tiroit des avis
certains fur les projets de fes ennemis, qui
étoient près d'éclater ; c'étoit un commis de
la chancellerie fecrète de Dresde, qui remet-
toit toutes les femaines au miniftre Pruffien,
les dépêches que fa cour recevoit de Pétersbourg & de Vienne, ainfi que la copie de
tous les traités qu'il avoit trouvés dans les
archives. Il parut par ces écrits que la cour
de Ruffie s'excufoit de ne pouvoir entreprendre la guerre cette année, à caufe que fa
flotte n'étoit pas en état d'entrer en mer ;
mais elle promettoit en revanche de plus grands
efforts pour l'année prochaine. Sur ces éclair-
ciffemens, le Roi prit le parti d'envoyer, en
guife de réferve, un corps en Poméranie,
compofé de 10 bataillons & de 20 efcadrons.
Ces troupes fe cantonnèrent aux environs de
Stolpe, où elles ne pouvoient donner aucune
jaloufie à la Ruffie, & où néanmoins elles
étoient à portée de renforcer le maréchal de
Lehwald, dès qu'il feroit dans le cas d'ap-
préhender quelque entreprife de la part des
ennemis.

Bientôt la cour de Vienne raffembla plus
de troupes en Bohème qu'à fon ordinaire : elle
en forma deux armées ; l'une, fous les ordres
du prince Piccolomini, campa près de Kœnigsgrætz ; la principale, commandée par le maréchal Braun (Broune), s'établit près de Prague.

Ce n'étoit pas affez ; la cour amaffa en Bohème
des magafins de guerre ; elle fit raffembler des
chevaux pour le tranfport des vivres, & pour
la nombreufe artillerie qu'elle vouloit employer
dans fon armée ; en un mot, elle faifoit de ces
préparatifs, qui d'ordinaire n'ont lieu que lorfqu'une puiffance fe propofe d'en attaquer une
autre. Les dépêches de Dresde qui venoient
au Roi, étoient remplies des projets que formoit la cour de Vienne d'attaquer les états du
Roi, & apprenoient que faute d'un meilleur
prétexte, l'impératrice-reine s'en tiendroit à
celui que fourniffoit le différent que le Roi
avoit eu avec le duc de Mecklenbourg. Ce
différent étoit une bagatelle, & l'affaire étoit
accommodée & affoupie ; il s'étoit agi du droit
de faire des recrues. Le duc s'étoit avifé de
trouver mauvais qu'on l'exerçât ; après qu'on
lui eut prouvé la juftice de la chofe, comme
il ne vouloit pas fe rendre, le Roi fe fit juftice
à lui-même. Quoiqu'il ne fût plus queftion de
cette misère, l'impératrice voulut la rappeller ;
elle prétendoit faire envifager les procédés du
Roi, comme contraires aux loix de l'Empire,
& comme une violation de la paix de Weftphalie ; ce qui devoit l'engager à prendre fait &
caufe pour le duc de Mecklenbourg, & à réclamer l'affiftance de tous les garans de cette paix
de Weftphalie. La connoiffance qui vint au
Roi de ce deffein, jointe aux mouvemens de

trois armées fur fes frontières , qui menaçoient
d'un jour à l'autre d'une rupture ouverte ,
donna lieu à l'explication que demanda le Roi
à la cour de Vienne fur la caufe de ce grand
armement ; on pria cette cour de faire une
réponfe cathégorique , pour qu'on fût fi elle
avoit intention de maintenir la paix avec le
Roi , ou de la rompre. La réponfe du comte de
Kaunitz fe trouva conçue en termes équivoques
& ambigus ; mais il s'expliqua plus ouvertement avec le comte de Flemming , miniftre du
roi de Pologne à Vienne, lequel rendit compte
de cet entretien dans une relation à fa cour.
La copie de cette dépêche fut envoyée incontinent de Dresde à Berlin ; le comte de Flemming y dit : « Le comte de Kaunitz fe propofe
» d'inquiéter le Roi par fes réponfes , & de
» le pouffer à commettre les premières hoftili-
» tés ». Il eft vrai que le ftyle en étoit fi arrogant
& fi fier , qu'il en réfultoit affez clairement que
l'impératrice-reine vouloit la guerre , & même
qu'elle vouloit que le Roi pafsât pour l'agreffeur. Il étoit néanmoins probable que cette année s'écouleroit encore, fans que les ennemis
de la Pruffe en vinffent aux dernières extrêmités,
parce que la cour de Pétersbourg vouloit différer la guerre jufqu'à l'année fuivante , & qu'il
étoit apparent que l'impératrice-reine attendroit que tous fes alliés fuffent prêts , pour
attaquer le Roi à forces réunies. Ces confidé-

rations donnèrent lieu d'examiner ce problême :
S'il étoit plus avantageux de prévenir ſes ennemis en les attaquant incontinent, ou s'il valoit mieux attendre qu'ils euſſent achevé leurs
grands préparatifs, en remettant à leur diſcré-
tion les entrepriſes qu'ils trouvéroient bon de
former. Quelque parti que l'on prît dans ces
conjonctures, la guerre étoit également ſûre
& inévitable ; il falloit donc calculer s'il y auroit
plus d'avantage à la différer de quelques mois,
ou à la commencer inceſſamment ? Vous verrez
par la ſuite de cette hiſtoire, que le roi de Pologne étoit un des plus zélés partiſans de l'union
que l'impératrice-reine avoit formée contre la
Pruſſe. L'armée Saxonne étoit foible ; on ſavoit
qu'elle montoit à peu près à 18,000 hommes ;
mais on ſavoit auſſi que pendant l'hiver même
cette armée devoit être augmentée, & qu'on
vouloit la porter au nombre de 40,000 combattans. En différant la guerre, le Roi donnoit donc le temps à ce voiſin mal intentionné
de ſe rendre plus formidable ; ſans compter
que la Ruſſie ne pouvant pas entrer en action
cette année, & la Saxe n'ayant pas achevé de
perfectionner ſes arrangemens, ces conjonctures paroiſſoient favorables, pour gagner ſur
les ennemis, en les prévenant dès la première
campagne, des avantages qu'on perdroit par
une délicateſſe déplacée, ſi l'on renvoyoit les
opérations à l'année ſuivante. De plus, par

cette inaction on facilitoit aux ennemis le moyen
de fondre à forces réunies fur les états du Roi,
qui auroient fervi de théâtre aux combats dès
l'ouverture de la première campagne ; au-lieu
qu'en portant la guerre chez les voifins dont
les mauvais deffeins étoient mis en évidence,
on l'établiffoit chez eux, & l'on ménageoit par-
là les provinces de la domination pruffienne.
Quant à ce nom fi terrible d'agreffeur, c'étoit
un vain épouvantail, qui ne pouvoit en impofer qu'à des efprits timides : il n'y falloit faire
aucune attention dans une conjonéture importante, où il s'agiffoit du falut de la patrie ; puif-
que le véritable agreffeur eft fans doute celui
qui oblige l'autre à s'armer, & à le prévenir
par l'entreprife d'une guerre moins difficile,
pour en éviter une plus dangereufe, parce
que de deux maux il faut choifir le moindre.
Après tout, que les ennemis du Roi l'accu-
faffent d'être agreffeur, ou qu'ils ne le fiffent
point, cela revenoit au même, & ne changeoit
rien au fond de l'affaire, la conjuration des
puiffances de l'Europe contre la Pruffe étant
toute formée. L'impératrice-reine, celle de
Ruffie, le roi de Pologne étoient d'accord &
fur le point d'entrer en action ; de forte que le
Roi n'en auroit eu ni un ami de moins, ni
un ennemi de plus. Enfin il s'agiffoit du falut
de l'état & du maintien de la maifon de Brandebourg ; n'auroit-ce pas été dans un cas auffi

E 4

grave, auffi important, commettre en politique
une faute impardonnable, que de s'arrêter à
de vaines formalités, dont on ne doit pas s'écarter dans le cours ordinaire des chofes, mais
auxquelles il ne faut pas fe foumettre dans des
cas extraordinaires comme celui-ci, où l'irré-
folution & la lenteur auroient tout perdu, &
où l'on ne pouvoit fe fauver qu'en prenant
une réfolution vigoureufe & prompte, & en
l'exécutant avec activité?

Les différentes raifons que nous venons d'al-
léguer, déterminèrent le Roi à prévenir fes ennemis ; il fit fignifier à la cour de Vienne, qu'il
prenoit fa réponfe pour une déclaration de
guerre, & qu'il fe préparoit à la lui faire ; il
travailla enfuite aux difpofitions néceffaires pour
mettre les troupes en mouvement. Pour cette
année, la Pruffe n'avoit rien à craindre de la
part de la Ruffie par les raifons que noüs avons
rapportées plus haut ; de forte que le maréchal
Lehwald fe contenta de raffembler aux environs
de Kœnigsberg les troupes qu'il avoit fous fes
ordres, afin de les avoir à portée, & de pouvoir les mettre en campagne, fi les circonftances l'exigeoient.

Le Roi fe propofa d'attaquer les Autrichiens
avec deux armées. Le maréchal Schwérin, qui
reçut le commandement de celle de Siléfie,
devoit pénétrer dans le cercle de Kœnigsgratz ;
l'autre, oppofée aux Saxons & aux Autrichiens

Août.

en même temps , devant être naturellement la
plus forte , fut formée des régimens de la Poméranie , de l'électorat , du duché de Magdebourg , & des provinces de la Weſtphalie. Le
Roi voulut la commander en perſonne ; ſon
deſſein étoit d'entrer en Saxe ſur pluſieurs colonnes en même temps ; ou pour déſarmer les
troupes , ſi on les trouvoit répandues dans leurs
quartiers ; ou pour les combattre , ſi on les
trouvoit raſſemblées en corps , afin de ne point
garder un ennemi à dos en avançant en Bohème ,
& s'expoſer à une perfidie ſemblable à celle des
Saxons en l'année 1744. Le Roi ſe trouvoit
autoriſé à cette démarche par l'expérience du
paſſé , par les engagemens que les Saxons avoient
avec la maiſon d'Autriche , enfin par leurs mauvaiſes intentions , qui ſe manifeſtoient dans les
dépêches de tous leurs miniſtres , que le Roi
avoit en main ; ainſi des raiſons tirées du droit ,
de la politique & de la guerre , appuyoient &
juſtifioient ſa conduite. Il fut en même temps
réſolu de gagner dans cette première campagne
le plus de terrein qu'on pourroit , pour mieux
couvrir les états du Roi , en éloigner la guerre
autant qu'il ſeroit poſſible , & la porter en
Bohème , pour peu que cela parût faiſable.
Telles furent les diſpoſitions générales qu'oppoſa le Roi à la ligue des plus grandes puiſſances de l'Europe , qui alloient l'aſſaillir ; bientôt les troupes Pruſſiennes ſe mirent en marche ,

& commencèrent leurs opérations en Saxe & en Bohème, comme nous en rendrons compte dans le chapitre fuivant.

CHAPITRE IV.

Marche en Saxe ; fameux camp de Pirna ; entrée en Bohème ; bataille de Lowofitz ; campagne du Maréchal Schwérin ; fecours de Schandau battu ; prife des Saxons ; quartiers d'hiver ; cordon.

EN commençant cette guerre il falloit préalablement ôter aux Saxons les moyens de s'en mêler & de nuire aux Prufliens. Pour porter la guerre en Bohème, on avoit l'électorat de Saxe à traverfer ; fi l'on ne s'en rendoit pas maître, on laiffoit un ennemi derrière foi, qui en ôtant la libre navigation de l'Elbe aux Pruffiens, les obligeoit à quitter la Bohème auffitôt que le roi de Pologne le voudroit. Les Saxons en avoient ufé ainfi dans la guerre de 1744, où en interdifant cette navigation aux troupes du Roi, ils rendirent fon expédition infructueufe. On ne fe fondoit pas fur des conjectures vagues, pour leur fuppofer le même deffein. On avoit en main les preuves de leur mauvaife volonté ; ainfi ç'auroit été commettre

une faute irrémiſſible en politique, que de ménager par foibleſſe un prince allié de l'Autriche,
qui n'attendoit à ſe déclarer ouvertement pour
elle que le moment où il le pourroit impunément : de plus, comme le Roi prévóyoit
que la plus grande partie de l'Europe ſe préparoit à l'attaquer, il ne pouvoit couvrir la
Marche électorale de Brandebourg qu'en occupant la Saxe, où il valoit mieux établir le
théâtre de la guerre qu'aux environs de Berlin.
Il fut donc réſolu de porter la guerre en Saxe,
de s'aſſurer de l'Elbe, & de tâcher, pour peu
que l'occaſion s'en préſentât favorable, de déſarmer les troupes Saxonnes.

Au mouvement que quelques régimens firent
pour ſe rendre de la Poméranie dans l'électorat, les troupes Saxonnes prirent une poſition
entre l'Elbe & la Mulde ; elles entrèrent peu
après dans leurs quartiers ordinaires, & bientôt elles ſe raſſemblèrent de nouveau en can-
tonnant. Toutes ces marches & contremarches
ne donnèrent point le change ; le Roi ſavoit
poſitivement que le deſſein de la cour étoit
d'aſſembler l'armée au camp de Pirna, où les
Saxons occupant une poſition inattaquable,
croyoient pouvoir attendre en ſûreté les ſecours
que les Autrichiens leur avoient fait eſpérer,
& cependant ils ſe flattoient d'amuſer les Pruſſiens par de frivoles négociations ; de ſorte que
ſans faire attention aux différentes marches de

ces troupes, on s'en tint au projet de fe porter inceffamment avec l'armée au déboucher de
la Bohème.

Le Roi divifa fon armée en trois corps. La
marche de ces trois colonnes fe dirigea fur
Pirna, qui fut le centre de leur réunion commune. La première partit de Magdebourg aux
ordres du prince Ferdinand de Brunfwick ; elle
prit le chemin de Leipfick & paffa par Borne,
Chemnitz, Freyberg & Dippoldiswalda, pour
fe rendre à Cotta. La feconde colonne, où fe
trouvoit le Roi, marcha fur Pretfch, tandis que
le prince Maurice de Deffau fe rendit maître de
Wittenberg ; après quoi ce détachement, réuni
au refte du corps, paffa l'Elbe à Torgau, d'où
le Roi fe porta par Strehlen & Lommatfch à
Wilsdruf. Ce fut là qu'on apprit avec certitude que toutes les troupes Saxonnes s'étoient
rendues à Pirna, que le Roi y étoit en perfonne,
qu'il n'y avoit point de garnifon à Dresde, mais
que la reine y étoit demeurée. Le Roi fit
complimenter la reine de Pologne, & les troupes
Pruffiennes entrèrent dans cette capitale, en
obfervant une fi exacte difcipline, que perfonne
n'eut à s'en plaindre. L'armée campa près de
Dresde, d'où elle s'avança le lendemain vers
Pirna, & fe pofta entre l'Elbe, Sédelitz & Zeft.
La troifième colonne, fous le commandement du
prince de Bévern, traverfa la Luface, où ayant
été jointe à Elfterwerda par 25 efcadrons de

cuiraffiers & de houfards venant de la Siléfie, elle fe porta fur Bautzen, fur Stolpen, & enfin fur Lohmen. Le prince Ferdinand arriva en même temps à Cotta ; de forte que par la jonction de ces trois colonnes aux environs de Pirna, les troupes Saxonnes fe trouvèrent entiérement bloquées. Cependant le voifinage de tant d'armées ne donna lieu à aucun incident ; on ne commit aucune hoftilité. Les Saxons fouffrirent avec beaucoup de civilité qu'on les affamât, & chacun de fon côté tâcha d'affurer fon établiffement le mieux qu'il put: Le roi de Pologne, dans l'intention de gagner du temps, entama une négociation ; il étoit plus aifé pour les Saxons d'écrire que de fe battre ; ils firent à plufieurs reprifes des propofitions, qui n'ayant rien de folide, furent rejetées ; leur but étoit d'obtenir une parfaite neutralité, & le Roi ne pouvoit y donner les mains, parce que les engagemens du roi de Pologne avec la cour de Vienne & la Ruffie lui étoient trop bien connus. Les Saxons cependant faifoient retentir toute l'Europe de leurs cris ; ils répandoient les bruits les plus injurieux aux Pruffiens fur leur invafion dans cet électorat : il étoit néceffaire de défabufer le public de toutes ces calomnies, qui n'étant point réfutées, s'accréditoient, & rempliffoient l'Europe de préjugés contre la conduite du Roi. Depuis long-temps il poffédoit la copie des traités du roi de Pologne & des relations de ſes miniſtres aux cours étrangères. Quoique ces pièces juſtifiaſſent pleinement les entrepriſes de la Pruſſe, on ne pouvoit en tirer parti. Si on les eût publiées, les Saxons les auroient taxées de pièces ſuppoſées & forgées à plaiſir, pour autoriſer une conduite audacieuſe, qu'on ne pouvoit ſoutenir que par des menſonges. C'eſt ce qui obligea d'avoir recours aux pièces originales, qui ſe trouvoient encore dans les archives de Dresde. Le Roi donna des ordres pour qu'on s'en ſaisît ; elles étoient toutes emballées & prêtes à être envoyées en Pologne. La reine, qui en fut informée, voulut s'y oppoſer ; on eut bien de la peine à lui faire comprendre qu'elle feroit mieux de céder par complaiſance pour le Roi de Pruſſe, & de ne point ſe roidir contre une entrepriſe qui, quoique moins meſurée qu'on n'auroit ſouhaité, étoit cependant la ſuite d'une néceſſité abſolue. Le premier uſage qu'on fit de ces archives, fut d'en donner l'extrait connu au public, ſous le titre de *Mémoire raiſonné ſur les deſſeins dangereux des Cours de Vienne & de Dresde, avec les pièces juſtificatives.*

Pendant que cette ſcène ſe paſſoit au château de Dresde, les troupes Pruſſiennes & Saxonnes demeuroient dans l'inaction, le roi de Pologne s'amuſant de l'eſpérance des ſecours autrichiens qui devoient lui venir, & le Roi de Pruſſe ne pouvant rien entreprendre contre un

terrein, vis-à-vis duquel le nombre & la valeur
devenoient inutiles. Il ne fera pas hors de propos, pour l'intelligence des événemens que
nous aurons à rapporter dans la fuite, que
nous entrions dans un détail circonftancié fur
le fameux camp de Pirna, & fur la pofition
que les troupes Saxonnes y occupoient. La
nature s'étoit complue, dans ce terrein bizarre,
à former une efpèce de forterefſe, à laquelle
l'art n'avoit que peu ou rien à ajouter. A
l'orient de cette pofition, coule l'Elbe entre des
rochers, qui en rétréciſſant fon cours la ren-
dent plus rapide ; la droite des Saxons s'appuyoit à la petite forterefſe de Sonnenftein, près
de l'Elbe ; dans un bas-fond, au pied de ces
rochers, eft fituée la ville de Pirna, dont le camp
tire fon nom ; le front, qui fait face au nord,
s'étend jufqu'au Kohlberg ; celui-ci fait comme
le baftion de cette courtine, devant laquelle
règne un ravin de 60 à 80 pieds de profondeur,
qui delà tournant vers la gauche, entoure
tout le camp, & va aboutir au pied du Kœnigftein. Du Kohlberg, qui forme une efpèce
d'angle, une chaîne de rochers, dont les Saxons
occupoient la crête, ayant l'afpect tourné vers
l'occident, va, laiſſant Rottendorf devant foi,
& fe rétréciſſant vers Struppen & Léopoldsheim, fe terminer aux bords de l'Elbe à Kœnigftein. Les Saxons, trop foibles pour remplir
le contour de ce camp, qui préfentoit de tous

côtés des rochers inabordables, se bornèrent à bien garnir les passages difficiles, & cependant les seuls par lesquels on pût venir à eux; ils y pratiquèrent des abatis, des redoutes & des palissades; à quoi il leur étoit facile de réussir, vu les immenses forêts de pins dont les cimes de ces monts sont chargées. Ce camp, un des plus forts de l'Europe, ayant été examiné & reconnu en détail, fut jugé à l'abri des surprises & des attaques; & comme le temps & la disette pouvoient seuls vaincre tant d'obstacles, on résolut de le bloquer étroitement, pour empêcher que les troupes Saxonnes ne tirassent des vivres des environs, & d'en user en tout comme dans un siège en forme. Dans cette vue, le Roi destina une partie de son monde à faire la circonvallation de ce camp, & l'autre fut employée à former l'armée d'observation. Cette disposition, la meilleure qu'on pût imaginer dans ces conjonctures, étoit d'autant plus sage, que les Saxons s'étant réfugiés en hâte sur ces rochers, n'avoient pas eu le temps d'amasser beaucoup de subsistances, & que ce qu'ils en avoient, ne pouvoit les mener tout au plus qu'à deux mois. Bientôt les troupes du Roi occupèrent tous les passages par lesquels les secours ou les vivres auroient pu arriver aux Saxons. Le prince de Bévern avec sa division prit les postes de Lohmen, Wehlen, Oberswaden & Schandau tout le long de l'Elbe; sa droite communiquoit à la

division

divifion du Roi par le pont qui fut conftruit proche de la briqueterie ; 10 bataillons & 10 efcadrons, qui campoient auprès du Roi, occupoient l'emplacement depuis l'Elbe & le village de Sédelitz jufqu'à Zeft, où commençoit la divifion du prince Maurice, qui s'étendoit au-delà de Cotta, par des détachemens qu'il avoit pouffés à Léopoldsheim, Markersdorf, Hennersdorf & Nœllendorf : en tout 38 bataillons & 30 efcadrons fervoient à former cette circonvallation, dont nous venons de parler.

D'autre part le maréchal Keith eut le commandement de l'armée d'obfervation ; elle confiftoit en 29 bataillons & en 70 efcadrons. Le prince Ferdinand de Brunfwick entra le premier en Bohème avec l'avant-garde ; ayant paffé Péterswalde, il rencontra à Nœllendorf Mr. de Wied, général Autrichien, avec 10 bataillons de grenadiers & de la cavalerie à proportion ; il le délogea du village ; l'Autrichien prit la fuite, & le prince pourfuivit fa marche. Le maréchal Keith approcha immédiatement après d'Auffig, & fe campa à Johnsdorf, d'où il détacha Mr. de Mannftein, qui s'empara du château de Tetfchen, pour affurer la navigation de l'Elbc. Les chofes en reftèrent là en Saxe & dans cette partie de la Bohème jufqu'à la fin du mois. D'un autre côté, Mr. de Piccolomini campoit avantageufement près de

Septembre.

Tome I. F

Kœnigsgraetz, fur les hauteurs fituées entre le confluent de l'Adler & de l'Elbe. Son camp, de figure angulaire, n'étoit abordable d'aucun côté. Le maréchal de Schwérin venoit de déboucher avec fon armée par le comté de Glatz, d'où il s'avança d'abord à Nachod, puis fur les bords de la Métau, & enfin fur Aujeft, où il défit Mr. de Buccow, qui venant au-devant de lui avec un corps de cavalerie, fe fit bien battre, & perdit 200 hommes. Le maréchal de Schwérin ne pouvoit rien entreprendre fur Mr. de Piccolomini dans le pofte où fe tenoient les Autrichiens; il n'y avoit aucun grand projet à former, ni pour des fièges, ni pour des batailles; & comme la faifon étoit d'ailleurs affez avancée, il fe contenta de confommer toutes les fubfiftances qu'il trouva en Bohème, & fourragea jufques fous les canons de l'armée impériale, fans que Mr. de Piccolómini fît mine de s'en appercevoir. Un détachement de houfards Pruffiens défit 400 dragons ennemis proche de Hohenmaut, & en ramena la plus grande partie prifonniers. C'eft à quoi fe bornèrent les entreprifes du maréchal de Schwérin, par la raifon que Mr. de Piccolomini fe gardant bien de faire des mouvemens, demeura fcrupuleufement renfermé dans fon camp, qui valoit mieux qu'une infinité de places de guerre.

Les grands coups ne purent fe porter cette année que par l'armée du Roi. Cette armée

avoit les Saxons à prendre, & les fecours qui
pouvoient leur venir, à éloigner. Les chofes
s'embrouilloient de jour en jour davantage de
ce côté-là ; quoiqu'on eût enfermé le camp de
Pirna de manière à empêcher l'entrée des vivres
& des fecours, il avoit été toutefois impoffible
d'occuper tous les fentiers qui traverfent les
forêts & les rochers des environs. Cela faifoit
que le roi de Pologne entretenoit encore, quoiqu'avec peine, une correfpondance avec la
cour de Vienne ; & l'on apprit fur la fin de
feptembre, que le maréchal Braun avoit reçu
des ordres de fa cour de dégager à tout prix
les troupes Saxonnes que les Pruffiens blo-
quoient à Pirna. Le maréchal Braun, qui
s'étoit avancé avec fon armée à Budin, avoit
trois moyens d'exécuter ce projet ; l'un, de
marcher contre le maréchal Keith, & de battre
cette armée, ce qui n'étoit pas facile ; le fecond, de prendre le chemin de Billin & de
Tœplitz, & d'entrer en Saxe, foit par le Basberg, foit par Nœllendorf ; mais ce mouvement l'obligeoit à prêter le flanc au maréchal
Keith, & expofoit à être ruinés tous les magafins qu'il avoit entre Budin & Prague. Le
troifième moyen qui lui reftoit, étoit d'envoyer
un détachement à la rive droite de l'Elbe, qui
prenant par Bœhmifch - Leippa, Schlukenau
& Rumbourg, fe rendît à Schandau. Cette der-
nièr expédition ne pouvoit mener à rien de

décifif, parce que les Pruffiens, par le moyen de leur pont de Schandau, pouvoient envoyer des fecours dans cette partie, & que le terrein du côté d'Oberrathen & Schandau, coupé, difficile, & fufceptible de chicanes, fournit des paffages affez impraticables, pour qu'un bataillon y puiffe arrêter une armée entière. Comme ce moment critique alloit décider de toute la campagne, le Roi jugea que fa perfonne feroit néceffaire en Bohème, pour s'oppofer aux entreprifes que fes ennemis pouvoient former. Il arriva le 28 au camp de Johnsdorf ; les troupes y étoient poftées fur un terrein étroit, dominé par des éminences, le dos appuyé contre un efcarpement de rocher fi ferré, qu'on auroit eu de la peine, dans le cas d'une action, à porter des fecours d'une partie de ce camp à l'autre, fans s'expofer à de grands embarras. Cette pofition fe trouvant telle, qu'il falloit l'abandonner à l'approche de l'ennemi, elle fut quittée le lendemain. On étoit trop éloigné du maréchal Braun, pour en avoir des nouvelles, & comme il étoit important d'obferver fes mouvemens de plus près, le Roi fe mit à la tête de l'avant-garde, compofée de 8 bataillons & de 20 efcadrons, & s'avança à Tirmitz, où il apprit que le maréchal Braun pafferoit le lendemain l'Éger, proche de Budin ; c'étoit précifément le temps de l'approcher, pour éclairer fes démarches, & de le combattre même, fi l'occafion s'en préfentoit. Dans la fituation où fe trouvoient les chofes, les projets de ceux qui commandoient ces armées étoient fi oppofés, qu'il falloit néceffairement qu'ils en vinffent à une décifion, foit que le maréchal Braun voulût fe frayer le paffage en Saxe l'épée à la main, foit qu'il n'agît que par des détachemens. Le 30, l'armée du Roi le fuivit fur deux colonnes; à peine l'avant-garde eut-elle gagné la croupe du Pascopol, qu'elle découvrit un camp dans la plaine de Lowofitz; la droite s'en appuyoit à Wielhotta; Lowofitz étoit devant fon front; Sulowitz fe trouvoit devant fa gauche, dont l'extrêmité fe prolongeoit derrière l'étang de Schirkowitz. L'avant - garde pourfuivit fa marche; elle délogea de Welmina quelques centaines de pandours; ils occupoient un pofte d'avertiffement. Ce village eft fitué dans un baffin entouré de rochers, dont la plupart font taillés en forme de pain de fucre; cependant cette hauteur & le baffin même dominent les plaines des environs. Le Roi fit avancer en diligence fon infanterie, pour occuper les vignes & les débouchés du côté de la plaine de Lowofitz. Les troupes arrivèrent vers les dix heures, & paffèrent la nuit au bivouac, à peu de diftance derrière l'avant - garde, qui étoit poftée vis-à-vis de l'ennemi. Le lende- main, premier d'octobre, on fut reconnoître dès la pointe du jour ce camp qu'on avoit découvert

F 3

la veille ; un brouillard épais étendu fur la plaine empêcha de diftinguer les objets. On voyoit comme à travers un crêpe la ville de Lowofitz, & à côté, de la cavalerie en deux troupes, dont chacune paroiffoit être de cinq efcadrons. Sur cela on déploya l'armée ; une colonne d'infanterie fe forma par la droite, l'autre par la gauche ; la cavalerie fe mit en feconde ligne ; car le terrein, trop étendu pour la petite armée du Roi, l'obligea d'employer 20 bataillons pour fa première ligne, de forte qu'il ne lui en refta qu'une réferve de 4. Les autres fe trouvoient, ou à la garde des magafins, ou en détachemens. Le champ de bataille fur lequel les troupes du Roi fe formèrent, alloit en s'élargiffant par la gauche. Le penchant des montagnes vers Lowofitz eft couvert de vignes divifées en petits enclos de pierre, à hauteur d'appui, qui diftinguent les limites des propriétaires ; Mr. de Braun avoit garni ces enclos de pandours, pour arrêter les Pruffiens ; ce qui fit qu'à mefure que les bataillons de la gauche fe formoient, ils s'engageoient avec l'ennemi auffi-tôt qu'ils entroient en ligne. Cependant ce feu étoit mal nourri ; & comme les pandours ne faifoient pas une réfiftance vigoureufe, l'on fe confirma dans l'opinion où l'on étoit, que ce détachement qu'on avoit vu la veille campé dans ces environs, fe préparoit à la retraite, & que les pandours qui

tirailloient dans ces vignes & les troupes de
cavalerie répandues dans la plaine, étoient def-
tinés à faire l'arrière-garde des autres. Cela
paroiſſoit d'autant plus plauſible, que l'on ne
découvroit aucune trace d'une armée. On ſe
trompoit fort dans ces ſuppoſitions ; car les
premières troupes qu'on avoit vues à Lowoſitz, étoient l'avant-garde de Mr. de Braun.
Les Autrichiens ignoroient la marche de l'armée du Roi, & n'en furent informés qu'en la
voyant déboucher de Welmina ; le maréchal
Braun en fut averti par le général qui commandoit ſon avant-garde ; ſur quoi la nuit même
il vint le joindre avec ſon armée à Lowoſitz.
Le brouillard dont nous avons parlé, dura
juſques vers les 11 heures, & ne ſe diſſipa
tout-à-fait que lorſque l'action fut près de finir.
En ſuppoſant toujours qu'on n'avoit à faire
qu'à une arrière-garde, on fit tirer quelques volées de canon contre la cavalerie Autrichienne ;
ce qui l'inquiéta & la fit changer de poſition &
de forme à pluſieurs repriſes ; tantôt elle ſe
mettoit en échiquier, quelquefois ſur trois
lignes, puis en ligne contiguë, quelquefois
cinq ou ſix troupes tirant vers leur gauche diſ-
paroiſſoient, bientôt après elles paroiſſoient plus
nombreuſes qu'elles ne ſembloient être, au commencement ; enfin ennuyé de cette manœuvre
oiſeuſe, qui faiſoit perdre le temps & n'avançoit
point les affaires, le Roi crut qu'en faiſant char-

ger cette cavalerie par une vingtaine d'efcadrons de dragons, cette arrière-garde feroit bien vite diffipée, & le combat terminé. Sur quoi les dragons defcendirent des hauteurs, & fe formèrent au bas fous la protection de l'infanterie Pruffienne ; ils choquèrent & renverfèrent tout ce qu'ils trouvèrent vis-à-vis d'eux. En pourfuivant les fuyards, ils reçurent du village de Sulowitz, en flanc & de front, un feu de petites armes & d'artillerie, qui les ramena à la pofition où ils s'étoient formés au pied des vignes. On jugea dès-lors qu'il ne s'agiffoit plus d'arrière-garde, mais que le maréchal Braun fe trouvoit avec les Autrichiens vis-à-vis de l'armée. Le Roi voulut retirer fa cavalerie, pour la remettre en feconde ligne fur la hauteur ; mais par des quiproquo, malheureufement trop fréquens les jours de bataille, il arriva que tous les cuiraffiers s'étoient joints aux dragons, & qu'avant que l'aide-de-camp pût leur apporter les ordres du Roi, s'abandonnant à leur impétuofité & au défir de fe fignaler, ils donnèrent pour la feconde fois ; ils eurent bientôt culbuté la cavalerie ennemie, & quoiqu'ils reçuffent le même feu qui avoit ramené les dragons à la première charge, ils pourfuivirent les Autrichiens jufqu'à trois mille pas ; emportés par leur ardeur, ils franchirent un foffé large de 50 pieds, à trois cents pas au-delà duquel un autre foffé plus profond en-

.core couvroit l'infanterie impériale. Mr. de
Braun fit auffi-tôt jouer 60 pièces de fes batteries contre la cavalerie Pruffienne , & la força
de revenir fe former de nouveau au pied de
la montagne ; ce qu'elle exécuta avec ordre ,
n'étant point pourfuivie. Le Roi ne voulant
plus rifquer qu'elle fe livrât à de pareilles
faillies , la fit repaffer en feconde ligne derrière fon infanterie. Pendant que cette cavalerie revenoit , le feu de la gauche commençoit
à devenir & plus vif & plus confidérable : le
maréchal Braun vouloit changer l'état de la
queftion ; fe voyant fur le point d'être affailli,
il aima mieux attaquer lui-même. Dans cette
vue il avoit fait filer 20 bataillons derrière
Lowofitz, qui s'étant gliffés fucceffivement le
long de l'Elbe , vinrent foutenir les pandours
qui fe battoient dans les vignes , & tâchèrent
même de tourner le flanc gauche des Pruffiens. L'infanterie les repouffa vigoureufement ;
elle força les enclos des vignes les uns après
les autres , & defcendant dans la plaine , elle
pourfuivit quelques bataillons ennemis , qui de
frayeur fe précipitèrent dans l'Elbe. Une autre
troupe de fuyards fe jeta dans les premières
maifons de Lowofitz, faifant mine de s'y défendre ; alors quelques bataillons de la droite
furent détachés , pour renforcer la gauche de
manière que la gauche des Pruffiens s'appuyât
à l'Elbe , & dans cette difpofition elle s'avança

fiérement d'un pas déterminé fur Lowofitz ;
fans que la droite de l'armée du Roi quittât
la hauteur où elle étoit appuyée. Les grenadiers tirèrent dans les maifons par les portes
& les fenêtres ; ils y mirent enfin le feu, pour
achever plus vite ; & quoique ces troupes
euffent confumé toute leur poudre, cela n'empêcha pas que les régimens d'Itzenplitz & de
Manteufel n'entraffent dans Lowofitz la bayon-
nette baiffée, & ne forçaffent neuf bataillons
tous frais, que Mr. de Braun y avoit envoyés,
à leur céder la place, & à prendre la fuite.
Alors toutes les troupes de l'ennemi qui avoient
combattu dans cette partie, lâchèrent le pied,
& cédèrent la victoire aux Pruffiens. Le Roi
ne put pas profiter de ce fuccès autant qu'il
l'auroit fouhaité ; parce qu'il n'avoit proprement battu que l'aîle droite des impériaux ;
ils occupoient encore le village de Sulowitz,
& comme leur gauche fe trouvoit poftée derrière le foffé dont nous avons parlé, ils ne
donnèrent point prife à la cavalerie Pruffienne.
En même temps Mr. de Braun fit faire un
beau mouvement à fes troupes ; il fit avancer
quelques brigades de fa gauche qui n'avoient
point combattu, dont il fe fervit pour couvrir
fes troupes débandées, qui fortoient de Lowofitz & s'enfuyoient en grand défordre. Il fe
retira la nuit, & fit occuper Leutmeritz par
un détachement qui rompit le pont de l'Elbe

qu'il avoit devant lui. Le maréchal, avec le gros de son armée, reprit son camp de Budin, & détruisit tous les ponts de l'Éger, pour en empêcher le passage aux Prussiens. L'armée du Roi perdit en morts & blessés 1200 hommes à ce combat ; Mrs. de Quadt & de Luderitz, tous deux généraux de bataille, y furent tués ; on ne fit que 700 prisonniers, parmi lesquels un prince Lobkowitz, général des impériaux. Si la cavalerie avoit pu être employée sur la fin de l'action, le nombre des prisonniers eût été bien plus considérable. Le prince de Bévern fut détaché le lendemain avec 8,000 hommes à Schirkowitz, village situé à la droite de la position du Roi, à demi-chemin de Budin. Il envoya de son camp des partis le long de l'Éger, pour en reconnoître les passages, & plus encore pour donner de l'attention & causer de la jalousie à Mr. de Braun, afin de le contenir par ces démonstrations, & l'empêcher de penser à secourir le roi de Pologne & les troupes Saxonnes. L'armée de Bohême s'en tint-là ; trop foible pour rien entreprendre contre l'ennemi, elle se contenta de l'observer. Le Roi ne pouvoit en effet agir offensivement. Pour donner vraiment de la jalousie à Mr. de Braun, il falloit passer l'Éger, & dans ce cas le détachement des impériaux de Leutmeritz se trouvant derrière les Prussiens, étoit à portée de leur enlever leur magafin d'Auffig : de plus, en paffant l'Éger on s'éloignoit trop de fa ligne de défenfe, & l'on fe mettoit hors de portée d'envoyer en Saxe de prompts fecours. Si l'on fe déterminoit à prendre Leutmeritz, loin de gagner par-là, on fe trouvoit dans un plus grand embarras, parce qu'on s'affoibliffoit par la garnifon que demandoit cette ville, & que ne pouvant pas garnir les hauteurs qui l'environnent & qui la dominent, on auroit expofé cette garnifon à être enlevée auffi-tôt qu'attaquée. Toutes ces raifons firent que le Roi fut obligé de fe contenter d'avoir gagné une bataille au commencement de cette guerre, & qu'il borna fes projets à empêcher que Mr. de Braun ne fit des détachemens ; ou, s'il en faifoit, à pouvoir en envoyer de tout auffi forts au fecours du camp de la Saxe. L'armée Pruffienne de Bohème étoit de la moitié plus foible que celle des impériaux ; mais les troupes étoient fi bonnes, fi bien difciplinées, & les officiers fi pleins de valeur, qu'elles fe comptoient, fi non fupérieures, du moins égales à l'ennemi. Quelle que foit la bonne opinion qu'on a de foi-même, la fécurité eft toujours dangereufe à la guerre, & il vaut mieux prendre des précautions fuperflues, que de négliger les néceffaires ; & comme le nombre étoit du côté des Autrichiens, que d'ailleurs le Roi auroit pu fe voir obligé de faire des détachemens, il ordonna

qu'on travaillât à élever quelques batteries, &
à retrancher les parties les plus foibles de son
camp ; ces mesures se trouvèrent d'autant plus
sages, qu'on apprit le 6 que Mr. de Braun
avoit détaché à la sourdine quelques régimens
de son armée ; que ce corps, taxé à 6,000
hommes, ayant passé par Raudnitz, s'avançoit vers Bœhmisch-Leippa, pour suivre delà
la route qui mène en Saxe. Quoique ce détachement ne causât pas de grandes appréhensions,
le Roi en avertit le margrave Charles & le
prince Maurice demeurés en Saxe, & se mit
à la tête d'un renfort de cavalerie, pour les
mener au camp de Sédelitz, où il n'étoit resté
que 30 escadrons ; ce qui n'étoit pas suffisant
pour arrêter les Saxons, sur-tout s'ils avoient
entrepris de percer du côté de Hohendorf &
de Tœplitz. Sa majesté partit le 13 de Lowofitz avec 15 escadrons, & arriva le 14 à midi à
son armée, qu'elle trouva à Struppen, quartier que le roi de Pologne avoit occupé durant
tout le temps que les Saxons avoient été bloqués.

Les choses avoient entiérement changé de
face en Saxe, depuis que le Roi avoit pris le
commandement de son armée en Bohème. La
bataille de Lowofitz avoit frappé la cour ; elle
n'espéroit que foiblement l'assistance des impériaux. Les troupes étant d'ailleurs menacées
d'une disette prochaine, les généraux Saxons

voulurent fe frayer eux-mêmes un chemin à travers les Pruffiens ; leur projet étoit de fe fauver en paffant l'Elbe ; & ils tentèrent de jeter un pont à Wilftedt. Vis-à-vis de ce lieu fe trouvoit une redoute pruffienne, qui coula à fond quelques-uns de leurs bateaux ; ce qui dérangea leurs mefures. Ils changèrent alors de deffein, & firent tranfporter leurs pontons à Halbftadt, qu'ils regardoient comme l'endroit le plus propre & le plus convenable pour leur fortie, fur-tout à caufe des fecours que Mr. de Braun venoit de leur promettre de nouveau. Toutes les opérations que les armées firent alors dans ces contrées, fe trouvoient fi intimement liées avec la nature du terrein, que nous fommes obligés, pour l'intelligence du lecteur, de lui en donner l'idée la plus nette que nous pourrons. Par la defcription que nous avons faite du pofte de Pirna, on a pu juger de la force de fon affiette ; mais s'il étoit difficile de l'emporter, il n'étoit pas moins difficile d'en fortir. La plus naturelle, la plus aifée de fes iffues eft par Léopoldsheim ; en defcendant de leurs rochers, les Saxons prenoient, par Hermersdorf & Nœllendorf, le chemin de la Bohème. Ce n'eft pas à dire qu'ils auroient forcé ce paffage fans perte ; il y avoit toutefois apparence qu'ils auroient fauvé une partie de leur monde. Tœplitz une fois gagné, ils ne rencontroient plus que de légers obftacles, & per-

fonne ne pouvoit les empêcher de fe joindre
par Éger aux Autrichiens. Il y a toute apparence que les généraux Saxons ne connoiffoient
pas les fituations de Halbftadt, de Burkersdorf, de Schandau, de Ziegenruck, & fur-
tout qu'ils ignoroient la difpofition dans laquelle
les Pruffiens occupoient ces poftes; fans quoi
ils ne fe feroient jamais engagés dans une auffi
mauvaife affaire. Mr. de Leftwitz étoit pofté
avantageufement avec 11 bataillons & 15 efcadrons entre Schandau & un village nommé
Wendifche-Fehre. Mr. de Braun, qui étoit
entré en Saxe à la tête de fon détachement,
vint fe camper vis-à-vis de lui. Les Autrichiens
occupèrent les villages de Mitteldorf & d'Al-
tendorf; mais trouvant Mr. de Leftwitz plus
fort qu'ils ne l'avoient prévu, ils n'eurent
garde de l'attaquer. Mr. de Braun ne pouvoit pas fe porter fur Burkersdorf, dont une
chaîne de rochers impraticables le féparoit; il
ne trouvoit pas fon compte à s'engager avec
M. de Leftwitz; & cependant, pour prêter la
main aux Saxons du côté d'Altftadt, il étoit
obligé de faire défiler fon monde deux à deux
par des chemins étroits vis-à-vis des Pruffiens,
& fous le feu de leurs petites armes. De tous
ces différens partis, il n'y en avoit aucun qu'un
homme expérimenté, comme l'étoit Mr. de
Braun, pût prendre fans rifquer fa réputation;
il aima donc mieux fe tenir dans l'inaction,

que de mener inutilement fes troupes à la boucherie. Du côté d'Altftadt, où les Saxons
avoient réfolu de paffer l'Elbe, eft à la rive
droite de ce fleuve une petite plaine, domi-
née par le Lilienftein, rocher efcarpé, qui en
borne une partie ; aux deux côtés de ce rocher, fe préfentoient cinq bataillons Pruffiens,
aux ordres de Mr. de Retzow, derrière des
abatis, qui en forme de croiffant, alloient s'appuyer des deux côtés au coude que l'Elbe
forme en cet endroit ; cinq cents pas derrière
ce pofte, 6 bataillons & 5 efcadrons occupoient
le défilé de Burkersdorf ; derrière ce défilé fe
trouve une chaine de rochers âpres & efcarpés,
nommés le Ziegenruck, qui embraffant tout ce
terrein, aboutit des deux côtés à l'Elbe. Pour
percer de ce côté-là, les Saxons avoient donc
trois poftes à forcer confécutivement, les uns
plus redoutables que les autres. Ce fut néanmoins pour tentér leur évafion de ce côté,
qu'ils commencèrent dès le 11 d'octobre à établir leurs ponts. Les Pruffiens fe gardèrent bien
de les traverfer dans cet ouvrage. Leur def-
cente de Tirmsdorf vers l'Elbe étoit affez pra-
ticable ; mais lorfque leurs ponts furent achevés ; & que de l'autre bord ils voulurent monter le rocher pour gagner la plaine d'Altftadt,
ils ne trouvèrent qu'un fentier étroit qui fervoit aux pêcheurs. Il fallut une demi-journée
pour y faire paffer deux bataillons ; les pluies
abon-

abondantes qui tombèrent , achevèrent d'aby-
mer ce chemin ; ils furent obligés d'abandonner leurs canons, qu'il étoit impoffible de tranfporter à l'autre rive ; ainfi toute leur artillerie
refta fur les retranchemens qu'ils venoient de
quitter. La lenteur de leur paffage fut caufe
que la cavalerie , l'infanterie , le bagage , l'arrière-garde de tout ce corps pêle-mêle & en
défordre , demeurèrent aux environs de Struppen. Le 13 , avant le jour , le prince Maurice
d'Anhalt fut le premier averti de l'évafion des
Saxons ; l'armée prit fur le champ les armes,
& fe mettant fur fept colonnes , elle gravit
encore avec peine contre ces rochers de Pirna ,
tout abandonnés qu'ils étoient de leurs défen-
feurs ; les généraux la formèrent fur la crête
de ces montagnes entre le Sonnenftein & Rottendorf. Mr. de Ziethen , avec fes houfards,
attaqua auffi-tôt l'arrière-garde de l'ennemi ,
& la pouffa jufqu'à Tirmsdorf ; les compagnies
franches & les chaffeurs Pruffiens fe logèrent
dans un bois proche de cette arrière-garde ,
d'où ils l'incommodèrent beaucoup par leur
feu. Le prince Maurice , qui furvint , envoya
le régiment de Pruffe, infanterie, occuper une
hauteur derrière les Saxons. A peine eut-on
tiré deux coups de canon de cette colline, que
les Saxons , furpris de recevoir du feu d'un
endroit duquel ils n'en attendoient pas , & mis
en défordre , prirent foudain la fuite ; les hou-

Tome I. G

fards fe jetèrent fur le bagage, qu'ils pillèrent,
& les chaffeurs fe glifsèrent dans un bois voifin de l'Elbe, d'où ils tirèrent fur l'arrière-garde
Saxonne, qui achevoit de paffer le pont. Ils
perdirent alors entiérement la tête ; ils coupèrent eux-mêmes les cables de leur pont ; le
courant l'entraîna jufqu'à Rathen, où les Pruffiens le prirent. Le prince Maurice fit auffi-tôt
camper les troupes fur les hauteurs de Struppen ; leur gauche alloit vers l'Elbe, & leur
droite fe prolongeoit derrière un ravin profond,
qui va fe perdre du côté de Hennersdorf.
Telle étoit la fituation des chofes, lorfque le
Roi arriva avec fes dragons à Struppen. Les
Saxons attendoient un certain fignal, dont ils
étoient convenus avec les impériaux, pour attaquer de concert les Pruffiens ; ce fignal ne fe
donna point ; ce qui acheva de leur faire perdre toute efpérance. Ils ne furent que trop con-
vaincus alors, en voyant la manière dont Mr.
de Retzow étoit pofté, qu'il leur étoit impoffible de fe faire jour eux-mêmes. D'un autre
côté, le roi de Pologne, qui s'étoit réfugié
au Kœnigftein, preffoit delà vivement fes
généraux d'attaquer Mr. de Retzow à Lilienftein, & le comte Rutowsky lui remontroit à
fon tour avec force l'inutilité de cette entreprife, qui meneroit à une effufion de fang & à
un maffacre, dont après tout le roi ne pourroit
tirer aucun avantage. Mr. de Braun fe trou-

voit dans un cas auſſi embarraſſant, mais moins
fâcheux ; il avoit devant lui un corps de troupes
Pruſſiennes, ſupérieur en nombre ; & comme
toute communication lui étoit coupée avec le
Kœnigſtein, qu'il rencontroit des empêchemens
phyſiques dans toutes les entrepriſes qu'il pouvoit former pour dégager les Saxons, & qu'il
avoit à craindre que ces troupes ſe rendant
priſonnières à ſon inſu, il n'eût auſſi-tôt toute
l'armée Pruſſienne ſur les bras, il jugea la
ſituation de l'armée Saxonne déſeſpérée, & ne Octobre.
penſant plus qu'à ſauver ſon propre détachement, il ſe retira le 14 en Bohème. Les houſards Pruſſiens le ſuivirent ; Mr. de Warneri
battit ſon arrière-garde & paſſa 300 grenadiers
cravates au fil de l'épée. Cette entrepriſe ſi mal
exécutée donna lieu aux reproches les plus injurieux que ſe firent les généraux Saxons &
les généraux Autrichiens ; ils avoient tort les
uns & les autres. Le général Saxon qui avoit
fait le projet de cette évaſion, étoit le ſeul
coupable ; il avoit ſans doute conſulté des cartes
fautives ; il n'avoit jamais été ſur les lieux,
dont la ſituation lui étoit inconnue ; car quel
homme ſenſé choiſira pour ſa retraite un défilé
qui paſſe par des rochers eſcarpés dont l'ennemi
eſt le maître ? Ces lieux tout-à-fait contraires
par leur poſition aux manœuvres que les Autrichiens & les Saxons avoient deſſein d'y faire,
fûrent les vraies cauſes des malheurs que ces

derniers y éprouvèrent ; tant l'étude du terrein eſt importante , tant la ſituation des lieux décide des entrepriſes militaires & de la fortune des états. Le roi de Pologne fut du haut du Kœnigſtein ſpeſtateur de la ſituation déplorable où ſe trouvoient ſes troupes , manquant de pain , entourées d'ennemis , & ne pouvant pas même , par une réſolution déſeſpérée , ſe faire jour aux dépens de leur ſang , parce que toute reſſource leur étoit ôtée ; pour ne les point voir périr de faim & de miſère , il fut obligé de conſentir qu'elles ſe rendiſſent priſonnières de guerre , & qu'elles miſſent bas les armes.

Le comte Rutowsky fut chargé de dreſſer cette triſte capitulation. Tout ce corps ſe rendit, & les officiers s'engagèrent ſur leur honneur à ne plus ſervir contre les Pruſſiens durant cette guerre ; comme on comptoit ſur leur parole, on les relâcha. Pour ne point humilier un ennemi vaincu , le Roi fit rendre au roi de Pologne les drapeaux , les étendards & les timbales qui appartenoient à ſes troupes ; il conſentit auſſi d'accorder la neutralité à la forte-reſſe de Kœnigſtein. Mais dans le temps même qu'il tâchoit d'adoucir le ſort du roi de Pologne , celui-ci concluoit en ſecret un traité avec l'impératrice-reine, par lequel il lui cédoit, moyennant un certain ſubſide, 4 régimens de dragons & 2 pulks d'ulans , qu'il entretenoit en Pologne : ces procédés ne ſervoient qu'à

juftifier la conduite que les Pruffiens avoient
tenue jufqu'alors. Le roi de Pologne, dégoûté
de la guerre plus que jamais après la fcène
qui venoit de fe paffer, demanda le libre paffage pour fa perfonne, afin d'aller s'établir en
Pologne ; non-feulement on le lui accorda,
mais on pouffa l'attention jufqu'à faire retirer
toutes les troupes Pruffiennes qui fe trouvoient
fur fon paffage, pour dérober à fa vue des objets
qui ne pouvoient que lui faire de la peine ; il
partit le 18 avec fes deux fils & fon miniftre
pour Varfovie.

L'armée Saxonne qui venoit de fe rendre,
confiftoit en 17,000 têtes ; l'artillerie qu'on prit,
paffa 80 pièces de canon. Le Roi diftribua ces
troupes, & en forma vingt nouveaux bataillons
d'infanterie ; mais il commit la faute de n'y point
mêler de fes fujets, à l'exception des officiers,
qui étoient tous de fes états ; cette faute influa
dans la fuite fur le peu d'ufage qu'on tira de
ces régimens, & fur les mauvais fervices qu'ils
rendirent. Après la reddition des Saxons, le
Roi retourna en Bohème, pour en retirer fon
armée. Le maréchal Keith quitta le 25 le camp
de Lowofitz, & fe replia fur Linay, fans que
l'ennemi le fuivît ; le régiment d'Itzenplitz, qui
gardoit un gué de l'Elbe au village de Solefel,
fut attaqué cette nuit même, & fe défendit fi
bien, que non content de repouffer l'ennemi, il
lui fit encore des prifonniers. De Linay, l'armée

continua paifiblement fa marche par Nœllendorf, Schœnwalde, Gishubel, & arriva le 30
en Saxe ; le Roi la fit cantonner entre Pirna &
les frontières de la Bohème.

En même temps que l'armée du Roi entroit
en Saxe, le maréchal de Schwérin quittoit les
environs de Kœnigsgrætz & fe retiroit en Siléfie.
Comme il étoit en marche vers Skalitz, il fut
fuivi par quelques milliers de Hongrois, qui
harceloient fon arrière - garde. Le maréchal,
qui n'entendoit pas raillerie, fe mit à la tête
d'une partie de fa cavalerie, fondit brufquement
fur eux, les défit, & les pourfuivit jufqu'à
Smirfitz ; après quoi il reprit tranquillement fa
marche, & fe trouva avec fon armée le 2 de
novembre fur la frontière de la Siléfie.

La tranquillité dans laquelle fe tinrent les
ennemis, permit de faire entrer de bonne heure
lês troupes dans leurs quartiers ; on forma le
cordon pour les quartiers d'hiver. Le prince
Maurice eut le commandement de la divifion
qu'on envoya à Chemnitz & à Zwickau, d'où
il envoya des détachemens pour garder les gorges
de la Bohème, & fit retrancher les poftes d'Auf-
che, d'Oelsnitz, & du Basberg : Mr. de Hulfen
commandoit les brigades de Freyberg & de
Dippoldiswalde, & tenoit les poftes de Sayda,
de Frauenberg & d'Einfidel. Le Roi confia à
Mr. de Zaftrow la gorge de Gishubel, & le
paffage de Hœhlendorf ; delà, en paffant l'Elbe,

Novem-
bre.

le cordon prenoit de Dresde par Bifchofswerda
jufqu'à Bautzen, où une tête de 10 bataillons
& d'autant d'efcadrons étoit prête à porter des
fecours où le befoin le demanderoit. Mr. de
Leftwitz fe tenoit à Zittau avec 6 bataillons ;
pour affurer fa communication, il avoit des
détachemens à Hirfchfelde, Oftritz & Marienthal. Le prince de Bévern avoit les poftes de
Gœrlitz & de Lauban fous fes ordres, avec 10
bataillons & 15 efcadrons. Mr. de Winterfeld
& le prince de Wurtemberg, qui allèrent avec
un détachement en Siléfie, continuoient le cordon, en prenant de Greiffenberg & Hirfchberg,
à Landshut & Friedland. Mr. de Fouquet couvroit le comté de Glatz ; un autre corps de
l'armée du maréchal de Schwérin, hiverna du
côté de Neuftadt, & fervit à couvrir la haute
Siléfie contre les incurfions que les impériaux
auroient pu y faire de la Moravie.

Ce fut dans cette difpofition que les troupes
Pruffiennes pafsèrent l'hiver de 1756 à 1757.

CHAPITRE V.

De l'hiver de 1756 à 1757.

L'Invafion des Pruffiens en Saxe caufa une
vive fenfation en Europe ; plufieurs cours n'en
favoient pas les raifons, ou ne voulant pas

même les connoître, blâmoient & défapprou-
voient la conduite du Roi. Le roi de Pologne
crioit contre la violence des Prufliens ; fes
miniftres dans les cours étrangères exagéroient
les maux de la Saxe, envenimoient & calom-
nioient les démarches les plus innocentes du
Roi. Ces clameurs retentiffoient à Verfailles,
à Pétersbourg, & par toute l'Europe. Le roi
de France étoit déjà piqué de ce que le Roi de
Pruffe, au-lieu de renouveller le traité de
Verfailles, venoit de conclure avec le roi d'Angleterre l'alliance de Londres. D'un côté, les
miniftres Autrichiens aigriffoient l'efprit de la
nation Françoife, pour l'entraîner dans la guerre
d'Allemagne ; d'un autre, on fe fervoit des
larmes de la Dauphine pour émouvoir la com-
paffion de Louis XV, afin qu'il prît le parti du
roi de Pologne. Le roi très-chrétien fe rendit
à d'aufli vives follicitations, & réfolut de porter
la guerre en Allemagne. Il ne fufpendit les effets
de cette démarche que pour la colorer par un
prétexte apparent & naturel ; Mr. de Broglio,
ambaffadeur de France en Saxe, eut ordre de
le fournir, en donnant lieu aux Pruffiens d'infulter à fon caractère. C'étoit l'homme le plus
propre qu'on pût choifir pour brouiller des
cours. La commiffion dont il étoit chargé,
donna lieu à la conduite bizarre qu'il tint pendant que les Saxons étoient bloqués dans leur
camp de Pirna ; il étoit demeuré à Dresde ;

il voulut à différentes reprifes fe rendre à Struppen, auprès du roi de Pologne ; quoique cela
fût généralement défendu, il voulut forcer les
gardes, pour s'attirer des violences de leur
part ; il effaya inutilement de paffer la chaîne
des vedettes ; on lui oppofa, toutes les fois
qu'il le tenta, tant de politeffe & tant de fermeté, qu'il ne put fe rendre auprès du roi de
Pologne, ni trouver un prétexte léger pour
brouiller le Roi de Pruffe & le roi de France.
Cela impatienta la cour de Verfailles, qui fans
chercher d'autres détours, renvoya Mr. de
Knyphaufen, miniftre Pruffien à Paris, & rappella Mr. de Valori qui réfidoit à Berlin. Cette
démarche d'éclat obligea le Roi, à fon retour
de Bohème, de faire fignifier à Mr. de Broglio
à Dresde, où le Roi établiffoit fon quartier,
que toute intelligence venant d'être rompue
entre les deux cours par le rappel des miniftres, il n'étoit plus féant qu'un ambaffadeur de
France réfidât dans un lieu où fe trouvoit fa
majefté, & qu'il n'avoit qu'à fe préparer à
partir inceffamment pour aller trouver le roi
de Pologne, auprès duquel il étoit accrédité.
Mr. de Broglio reçut cette déclaration avec cet
air de dignité & de hauteur, que les miniftres
François favent prendre lorfqu'ils fe fouviennent
des belles années de Louis XIV. Cependant
il n'en partit pas moins promptement pour
Varfovie. La cour de Verfailles, qui vouloit la

rupture, & qui ayant perdu de vue le point fixe
de sa politique de pousser la guerre par mer
contre les Anglois, ne se conduisoit que par
ses caprices & des impulsions étrangères, déclara qu'elle regardoit l'invasion des Prussiens
en Saxe, comme une violation de la paix de
Westphalie, dont elle étoit garante ; elle crut
le prétexte de cette garantie suffisant pour se
mêler de cette guerre, & pour y entraîner
même les Suédois. L'abbé de Bernis, qui avoit
été le prompteur de l'alliance conclue avec la
maison d'Autriche, reçut le poste qu'avoit eu
Mr. Rouillé, & devint ministre des affaires
étrangères. Enfin l'impétuosité françoise, qui
pousse l'esprit de cette nation d'un extrême à
l'autre, l'inconséquence des ministres, l'animosité dont le roi de France étoit déjà rempli
contre le Roi de Prusse, la nouveauté & la
mode, accréditèrent tellement à la cour cette
alliance des Autrichiens, qu'on la considéroit
comme un chef-d'œuvre de politique. Les ministres impériaux étoient seuls à la mode ; & ils
se servirent si adroitement de l'influence qu'ils
avoient dans le conseil de Louis XV, qu'au
lieu de 24,000 hommes d'auxiliaires que la
France étoit obligée de donner à l'impératrice-
reine, ils intriguèrent si bien, que le printemps
suivant 100,000 François passèrent le Rhin.
Bientôt les Suédois furent sommés par le mi-
nistère de Versailles de remplir la garantie du

traité de Weftphalie ; le fénat de cette nation étoit depuis long-temps aux gages de la France. Quoique les conftitutions du royaume défendent en termes exprès & pofitifs de ne point déclarer la guerre fans le confentement de trois ordres, qui forment la diète ou les états-généraux, les partifans de la France violèrent cette loi fondamentale, & paffant par-deffus toutes les formalités ufitées en pareils cas, ils adoptèrent aveuglément les mefures que le roi de France leur prefcrivoit. Pendant que la cour de Verfailles préparoit fi laborieufement les moyens de bouleverfer l'Allemagne ; un fou penfa caufer une révolution en France ; c'étoit un fanatique obfcur, qui ayant fervi en qualité de domeftique dans un couvent de Jéfuites en Flandre, fe propofa d'affaffiner Louis XV. Ce malheureux, nommé Damiens, fe rendit à Verfailles, pour y épier le moment d'exécuter fon abominable projet. Un foir que le roi devoit partir pour Choifi, cet infenfé fe gliffe dans la foule, approche du roi par derrière, & lui plonge fon coûteau dans le côté. Il fut arrêté fur le champ ; la bleffure du monarque fut trouvée légère ; le parlement fe faifit du coupable ; les prifons furent remplies de perfonnes qu'il avoit chargées par fes dépofitions, mais qui étant innocentes recouvrèrent la liberté ; & jufqu'à préfent le public n'a été inftruit que vaguement des motifs qui ont porté ce monftre à cet attentat atroce. La cour de Vienne , qui agiſſoit ſi puiſſamment à Verſailles , n'étoit pas moins diligente à intriguer chez les autres puiſſances de l'Europe , elle dépeignoit à Pétersbourg l'entrée des Pruſſiens en Saxe ſous les couleurs les plus noires ; c'étoit une injure faite à la Ruſſie ; c'étoit braver les forces de cet empire ; c'étoit un mépris manifeſte des garanties que l'impératrice Éliſabeth avoit données au roi de Pologne de ſon électorat. Pour appuyer ces inſinuations , les Autrichiens prodiguoient à Pétersbourg les calomnies contre la Pruſſe , & les ſommes d'argent qu'ils y répandoient , ne furent pas inutiles à leur deſſein. Pour hâter la marche des troupes Ruſſes , l'impératrice-reine promit de payer annuellement un ſubſide de deux millions d'écus à l'impératrice Éliſabeth ; cette ſomme étoit proprement payée par la France ; c'étoit l'évaluation du contingent qu'elle devoit à l'Autriche , qui par ce ſubſide engageoit la Ruſſie à déclarer la guerre à la Pruſſe.

Cependant les miniſtres de l'impératrice-reine ne travailloient pas avec moins de zèle à Ratisbonne , pour engager dans ces troubles les états de l'Empire ; de leur côté , les François intimidèrent la diète par leurs menaces , au point , qu'elle ſouſcrivit aveuglément aux volontés de la cour de Vienne : il fut réſolu par les concluſions de cette diète , que le St-Empire

formeroit une armée d'exécution, qui s'avan-
ceroit tout droit dans l'électorat de Brandebourg. Le commandement de cette armée fut
décerné au prince de Hildbourghaufen, maréchal au fervice d'Autriche. Alors le fifcal de
l'Empire fe mit fur les rangs ; il avança que les
rois de Pruffe & d'Angleterre devoient être
mis au ban de l'Empire : quelques princes
repréfentèrent que fi autrefois l'électeur de Bavière avoit été condamné à ce ban, cela ne
s'étoit fait qu'après fa défaite à la bataille de
Hœchftædt, & que dès que les armées impériales en auroient gagné de pareilles, il feroit
libre à chacun de procéder contre les deux
rois. La France comprit que fi l'on fe précipitoit à publier cet arrêt, la cour de Vienne
commettroit fa dignité, & qu'il y auroit à
craindre de plus, que les deux rois & leurs
adhérens ne fe féparaffent entiérement du Saint-
Empire Romain ; ils firent toutes ces repréfentations à Vienne, & confeillèrent à la reine
d'attendre les fuccès de la fortune, pour penfer
enfuite aux mefures ultérieures qu'elle auroit
à prendre. Quoique cet avis prévalût, cela
n'empêcha pas le fifcal d'agir avec une indécence & une groffiéreté infupportables contre
des rois, envers lefquels des ennemis même
obfervent communément des procédés hon-
nêtes & refpectueux. Il auroit été difficile de
répondre aux écrits injurieux & amers de cette

diète, fi Mr. de Plotho, miniftre du Roi à
Ratisbonne, n'eût pas eu le talent & l'adreffe
de tremper fa plume dans le même fiel. Le ftyle
de la cour impériale n'étoit pas plus doux ; on
le diftinguoit néanmoins des écrits du fifcal par
des infolences pleines de fierté & par quelque
chofe de plus piquant, mêlé d'arrogance & de
hauteur. Le Roi indigné contre ces procédés,
fit infinuer à l'impératrice, qu'on pouvoit être
ennemi fans fe dire des injures, qu'il fuffifoit
aux fouverains de vider leurs débats par l'épée,
fans proftituer leur dignité par des écrits en
ftyle des halles : ces remontrances furent long-
temps vaines, & n'acquirent du poids qu'après
le gain de quelques batailles.

Tandis que toute l'Europe s'armoit contre
le Roi de Pruffe & celui de la Grande-Bretagne,
l'Angleterre fe trouvoit dans une fubverfion
générale, qui engourdiffoit le gouvernement,
& feroit devenue préjudiciable aux intérêts de
la nation, fi des changemens, furvenus à propos,
n'avoient encore à temps redreffé les chofes.
Les diffentions domeftiques qui agitoient l'intérieur de l'état, étoient fomentées par le duc
de Cumberland, qui fe flattoit de parvenir à
L'hiver remplir de fes créatures les premiers poftes ;
de 1756 c'étoit lui qui avoit foulevé la nation contre
à 1757. les François ; c'étoit lui qui avoit allumé la
guerre, dans l'efpérance que le miniftère ne
pourroit pas fe foutenir en un temps de trouble.

Les premières entreprifes des Anglois tournèrent fi mal, qu'ils perdirent Port-Mahon ;
ce fut-là le prétexte dont fe fervit le parti
de ce prince, pour taxer le duc de Newcaftle de malhabileté. A l'ouverture du parlement les efprits s'échauffèrent, l'animofité des
partis redoubla, & tant de refforts furent mis
en œuvre par les intrigues du duc de Cumberland, que le duc de Newcaftle, fatigué
par la faction plutôt que vaincu, réfigna fes
emplois ; le parti de Cumberland triomphant,
fit donner les fceaux au Sr. Fox, créature du
prince. Cependant ce nouvel arrangement ne
put fe foutenir ; Mr. Fox quitta de lui-même
cette place qu'on lui avoit fait obtenir par tant
d'intrigues, & le duc de Newcaftle rentra dans
fes charges. Ces déplacemens de miniftres
n'auroient cependant pas tiré à conféquence,
s'il n'en avoit réfulté une efpèce d'inaction &
de léthargie dans les affaires ; les miniftres &
les grands étoient plus occupés de l'intérêt
de leurs factions, que des mefures à prendre
contre la France. Plus animés contre leurs
compétiteurs que contre les ennemis de la
nation, ils ne prenoient aucune mefure pour
la campagne prochaine. Perfonne ne penfoit
à former des projets pour la guerre de mer
jufqu'alors malheureufe, encore moins pour la
guerre qui étoit fur le point d'embrafer l'Allemagne. Ce qui intéreffoit le plus le Roi dans

ce moment, c'étoit de faire prendre aux Anglois des mefures relatives à la guerre du con-
tinent ; & comme il prévoyoit en gros fur quoi
pourroient rouler les opérations de l'armée
Françoife dans l'Empire, il envoya au roi d'An-
terre un projet qu'il avoit dreffé pour la défenfe commune de l'Allemagne. Ce mémoire
rouloit fur les points fuivans : Il propofoit de
maintenir Wéfel, pour en faire la place d'armes
des alliés , par où l'on reftoit le maître de paffer
le Rhin ; il demandoit qu'on affemblât l'armée
en un lieu convenable derrière la Lippe , entre
Wéfel & Lippftadt ; cette pofition donnoit
l'avantage de porter les troupes felon le befoin ,
foit vers le Rhin, foit vers le Wéfer. De
plus , fi les François marchoient en Heffe,
l'armée de la Lippe, en s'avançant vers Francfort , les obligeoit à quitter prife , & en attendant que les opérations auroient éloigné du
Rhin l'armée alliée , la fortereffe de Wéfel
auroit affez occupé les François , pour donner le temps de venir à fon fecours ; d'ailleurs, tant que cette place tenoit, il n'étoit
pas à préfumer que les troupes Françoifes du
bas Rhin s'enfonçaffent trop dans la Weftphalie. Le roi d'Angleterre, qui s'étoit peu appli-
qué à ces fortes de matières , lut le projet
fans en comprendre l'importance, & comme
il y étoit queftion de foutenir Wéfel , il fe
défia des raifons dont le Roi de Pruffe fe fervoit ;

voit ; il avoit en revanche une confiance entière
en fes miniftres de Hanovre, qui ne ceffoient
de lui repréfenter qu'il falloit fe borner à la
défenfe du Wéfer. Cette idée étoit fauffe en
tout fens, parce que le Wéfer eft prefque généralement guéable, & que fa rive oppofée à
l'électorat de Hanovre domine l'autre, de
forte que la nature n'a pas voulu, quoi qu'en
pût dire Mr. de Munchhaufen, que jamais
général habile fe fervît de cette rivière dans le
fens qu'il propofoit. Son avis prévalut néanmoins, & tout ce qu'on put obtenir du roi
d'Angleterre, fut qu'il confentît à faire repaffer les troupes Hanovriennes & Heffoifes en
Allemagne. Le manque d'harmonie entre le
Roi, les Anglois & les Hanovriens, mit le
premier dans le cas de prendre des mefures
différentes de celles qu'il avoit imaginées pour
le duché de Clèves & la fortereffe de Wéfel ;
obligé d'abandonner cette place, il donna des
ordres pour qu'on ruinât une partie des ouvrages ; il fit tranfporter par mer à Magdebourg, la nombreufe artillerie qui garniffoit
les remparts ; & la garnifon eut ordre d'évacuer la ville, & de fe retirer à Bielefeld, pour
fe joindre au printemps à l'armée alliée, qui
devoit s'y affembler fous les ordres du duc de
Cumberland. Après la preuve que les miniftres
de Hanovre avoient donnée du crédit qu'ils
avoient fur l'efprit du roi d'Angleterre, il

étoit clair que pour aller à la source d'où partoient les réfolutions, il falloit s'adreffer à eux.
On avoit tout à craindre pour l'armée du duc
de Cumberland, moins commandée par ce
prince que par un tas de jurifconfultes qui
n'avoient jamais vu de camp, ni lû de livre
qui traitât de l'art militaire, mais fe croyoient
égaux aux Marlborough & aux Eugène. Les
intérêts du Roi étoient trop liés avec ceux
du roi d'Angleterre, pour qu'il vît de fang
froid le mauvais parti qu'on alloit prendre ; fe
flattant de le prévenir, il envoya Mr. de
Schmettau à Hanovre. Ce général fit à ces
magiftrats préfomptueux & ignorans, les repréfentations les plus énergiques, pour les
faire renoncer au projet de campagne qu'ils
avoient formé ; il leur en démontra les dé-
fauts ; il leur en prédit les conféquences, mais
le tout en vain ; s'il leur avoit parlé arabe, ils
l'auroient tout autant compris. Ces miniftres,
dont l'efprit étoit refferré dans une fphère
étroite, ne favoient pas affez de dialectique
pour fuivre un raifonnement militaire ; leur
peu de lumières les rendoit méfians, & la
crainte d'être trompés dans une matière qui
leur étoit inconnue, augmentoit l'opiniâtreté
naturelle avec laquelle ils foutenoient leurs opinions : toutes ces raifons rendirent la miffion
de Mr. de Schmettau infructueufe.

Les François, plus fins qu'eux, leur avoient

perfuadé fermement qu'ils ne vouloient que
traverfer leur pays , que leur projet de campagne n'étoit calculé que contre le Roi de
Pruffe ; qu'en un mot ils vouloient affiéger
Magdebourg , & que pourvu que les Hanovriens fe tinffent fpectateurs tranquilles de cette
fcène , durant le cours des opérations de la
campagne , leur pays feroit épargné , & leurs
perfonnes en confidération. Ces miniftres furent
la dupe de leur crédulité ; & les François les
punirent de la perfidie qu'ils vouloient commettre envers le Roi de Pruffe , comme on
le verra dans le récit de la campagne prochaine.

Pendant que toutes ces négociations agitoient l'Europe , le Roi étoit à Dresde , où la
reine de Pologne lui donnoit d'autres embarras. Cette princeffe , en faifant complimenter
tous les jours le Roi par fon grand-maître le
comte de Queftenberg , en lui prodiguant des
affurances d'amitié , entretenoit des intelligences
fecrètes avec les généraux Autrichiens , & les
avertiffoit de tout ce qu'elle étoit à portée
d'apprendre. Ces menées donnèrent lieu aux
précautions que l'on prit pour découvrir la
correfpondance. Comme on fouilloit exactement aux portes tous les ballots , toutes les
marchandifes & les paquets qui venoient de
Bohème , on ouvrit un jour une caiffe de bou-
dins adreffés à madame Ogilvi , grande mai-

treffe de la reine, qui avoit des terres aux environs de Leutmeritz ; en examinant ces bou-
dins on les trouva tous farcis de lettres. Cette
découverte rendit la cour plus retenue dans fes
correfpondances. Cependant le même train
continuoit toujours, avec la différence qu'on
s'y prenoit avec plus de fineffe. Ce n'étoit pas
à quoi fe bornoit la mauvaife volonté de la
reine ; car elle envoyoit des émiffaires dans
toutes les garnifons où le Roi formoit des régimens, nouvellement levés, de Saxons pris au
Lilienftein ; elle les faifoit exciter à la fédition,
à la révolte & à la défertion. Elle en débau-
cha beaucoup, & fut caufe qu'au commencement de la campagne, des corps entiers fe fou-
levèrent & pafsèrent du côté des ennemis. Le
deffein du roi de Pologne & de fes alliés étoit
de rétablir ces corps en Hongrie, pour les
mettre fur le pied où ils étoient avant que les
Pruffiens les priffent : ils affemblèrent des foldats ; mais manquant d'officiers, ils eurent recours à un moyen, dont l'hiftoire ne fournit
aucun exemple de la part de princes laïques.
On difpenfa les officiers Saxons de la parole
d'honneur qu'ils avoient donnée aux Pruffiens
de ne plus fervir contre eux, & plufieurs
officiers furent affez lâches pour obéir. Dans des
fiècles d'ignorance on trouve des papes qui
relevoient les peuples du ferment de fidélité
qu'ils avoient prêté à leurs fouverains, on

trouve un cardinal, Julien Céfarini, qui oblige un Ladislas, roi de Hongrie, à violer la paix qu'il avoit jurée à Soliman. Ce crime, qui autorifa le parjure, n'avoit été que celui de quelques pontifes ambitieux & implacables, mais jamais celui des rois, chez lefquels on devroit retrouver la bonne foi, fût-elle bannie du refte de la terre. Si j'infifte fur de pareils traits, c'eft qu'ils caractérifent l'efprit d'animofité & l'acharnement opiniâtre qui régnoient dans cette guerre, & qui la diftinguent de toutes les autres. Cependant la France & l'Autriche ne retirèrent pas de ces régimens Saxons les fervices qu'ils en attendoient ; ils en furent pour leur argent & pour leur difpenfe.

Dans cette effervefcence générale, les troupes ennemies ne furent pas plus tranquilles dans leurs quartiers, que les négociateurs ne l'étoient pour leurs intrigues. Les corps que le Roi avoit en Luface, furent les plus expofés aux entreprifes qu'on forma contre eux. Cette province fait du côté de Zittau une efpèce de pointe qui s'enfonce en Bohème, & va toujours en fe rétréciffant. Les Autrichiens environnèrent cette partie de la Saxe par de gros détachemens qu'ils avoient à Friedland, à Gabel & à Rombourg. Ces détachemens, commandés par de jeunes officiers qui cherchoient avec ardeur les occafions de fe diftinguer, furent prefque pendant tout l'hiver en campagne. Le

H 3

prince de Lœwenſtein étoit à la tête de l'un, & Mr. de Laſcy, fils du maréchal, qui avoit ſervi avec diſtinction en Ruſſie, conduiſoit l'autre. Ils entreprirent tantôt ſur le poſte d'Oſtritz, tantôt ſur celui de Hirſchfeld ou de Marienthal, & quoiqu'ils ne parvinſſent point à ſurprendre les officiers Pruſſiens qui défendoient ces poſtes, ils tuèrent toutefois du monde inutilement. Mr. de Blumenthal, major au régiment Henri, perdit la vie dans une occaſion pareille, & pluſieurs ſoldats, dont on auroit pu tirer de meilleurs ſervices, y périrent. Le corps de Mr. de Leſtwitz à Zittau, celui du prince de Bévern à Gœrlitz, furent fatigués par des alertes perpétuelles ; étant obligés d'envoyer des ſecours tantôt d'un côté, tantôt de l'autre, l'inquiétude & l'activité des Autrichiens les tinrent continuellement ſur pied & en action. Mais les ennemis ſe fortifièrent dans ces environs des troupes de Flandre qui venoient joindre leur armée ; à la longue, la partie ſeroit devenue inégale ; & comme il falloit néceſſairement des renforts aux Pruſſiens, pour qu'ils ſe ſoutinſſent en Luſace, le Roi y fit avancer la réſerve, qui juſqu'alors avoit occupé en Poméranie la partie de cette province la plus voiſine de la Pruſſe. D'abord la deſtination de ces troupes avoit été de joindre le maréchal de Lehwald, pour le mettre plus en état de réſiſter à l'armée des Ruſſes ; mais le beſoin le plus préſſant l'emporta ſur

celui qu'on ne voyoit que dans l'éloignement ;
il falloit confidérer qu'en partageant avec trop
d'égalité l'armée en trois corps, aucun des trois
ne feroit affez fort pour frapper un coup vi-
goureux & décifif ; au-lieu qu'en raffemblant
une groffe maffe en Saxe, on pouvoit efpérer
de remporter, dès le commencement de la campagne, un avantage affez confidérable fur les
impériaux, pour que leurs alliés en fuffent
étourdis, & que même quelques-uns d'eux fe
défiftaffent des deffeins de guerre & de conquête qu'enfantoit leur ambition.

Les régimens Pruffiens qui venoient de la
Poméranie arrivèrent vers le milieu de mars
à Gœrlitz ; on les employa à fortifier les poftes
qui n'étoient pas affez garnis de troupes, &
depuis qu'ils furent en Luface, les ennemis
fe tinrent tranquilles.

Vers ce temps-là le Roi fit un tour en Siléfie,
pour s'aboucher avec le maréchal de Schwérin ;
ils fe virent à Haynau. On y arrêta le projet de
la campagne prochaine, & l'on prit les mefures
les plus juftes pour en dérober la connoiffance
à l'armée même ; après quoi le Roi retourna
en Saxe, & tout s'y prépara, ainfi qu'en Siléfie,
à exécuter ces deffeins auffi-tôt que la faifon
& les arrangemens relatifs aux fubfiftances pourroient le permettre.

CHAPITRE VI.

Campagne de 1757.

Avril. LEs troupes Pruffiennes entrèrent en can-
tonnement fur la fin de mars ; elles étoient par-
tagées en quatre corps différens. Le prince
Maurice commandoit aux environs de Zwickau ; le Roi, avec le gros de l'armée, fe
tenoit entre Dresde, Pirna, Gishubel & Dippoldiswalde ; le prince de Bévern avoit raffemblé aux environs de Zittau le corps qui avoit
hiverné en Luface, & le maréchal de Schwérin
s'étoit avancé avec fon armée fur les frontières
de la Bohème, entre Glatz, Friedland & Landshut. Le projet de campagne qu'on avoit formé,
étoit que ces quatre corps, pénétrant à la fois
en Bohème, arrivaffent par différentes direc-
tions à Prague, qui leur ferviroit de point de
ralliement. On pouvoit fe promettre que ce
grand mouvement jeteroit une confufion éton-
nante dans les différens corps des ennemis répandus dans leurs quartiers ; on pouvoit efpérer d'en furprendre quelques-uns, & d'avoir
occafion d'engager des affaires particulières
avec les autres, pour en faire périr une partie
en détail ; ce qui donneroit un afcendant &

une fupériorité aux Pruffiens pour le refte de
la campagne ; & pourroit les mener à une
action décifive, dont le fuccès fixeroit le fort
de cette guerre. Rien n'étoit plus important que
de cacher ce projet, il ne pouvoit réuffir qu'en
en dérobant la connoiffance & le foupçon même
aux ennemis, & à la cour de Saxe, qui trahif-
foit les Pruffiens, & à l'armée, pour que l'imprudence ne le divulguât pas. Afin d'en impofer également à tout le monde, on fit fortifier
& palliffader la ville de Dresde, pour la mettre
en état de défenfe. Le Roi choifit en même
temps un certain nombre de camps avantageux
à l'entour de Dresde, comme s'il fe préparoit
à une guerre défenfive. Ces camps furent mar-
qués à Cotta, Maxen, Poffendorf, au Windberg & à Moren. Les chaffeurs Saxons qu'on
y employa, n'eurent rien de plus preffé que
d'en avertir la cour, & la reine de Pologne
ne manqua pas auffi-tôt d'en informer les généraux Autrichiens. On ne s'en tint pas uniquement à ces fauffes démonftrations, & pour
endormir davantage les généraux ennemis, on
fit quelques foibles incurfions en Bohème,
comme fi l'on vouloit fe venger par-là des partis que les ennemis avoient envoyés pendant
l'hiver en Luface, pour inquiéter les Pruffiens.
Dans cette vue, le prince Maurice fit une courfe
vers Éger ; le maréchal Keith entreprit à Schlukenau un détachement Autrichien, qui ne l'at-

tendit pas ; le prince de Bévern furprit à Bœh-
mifch-Friedland 400 fantaffins & pandours,
qui fe rendirent prifonniers. Toutes ces petites
entreprifes entretinrent les impériaux dans leur
fécurité ; ils fe perfuadèrent que le Roi fe
Avril. bornoit à leur donner de petites alarmes, &
ils ne lui foupçonnèrent pas de plus grands
deffeins.

Les différens corps de l'armée Pruffienne
fe mirent en mouvement, les uns le 20, les
autres le 29 d'avril. Le prince Maurice pénétra en Bohème par le Basberg, d'où il s'a-
vança fur Commotau. Le Roi fe campa à Nœllendorf ; il pouffa fon avant-garde à Karwitz,
d'où Mr. de Zaftrow fut détaché avec fa bri-
gade, pour occuper Auffig, & chaffer les Autrichiens du château de Tetfchen. Le lendemain, l'armée fe rendit à Linay, où le prince
Maurice, qui venoit de Brix, la joignit. Tous
les quartiers autrichiens fe replièrent en delà
de l'Éger, à l'approche des Pruffiens ; le château de Tetfchen ne fe rendit que le 27 ; Mr.
de Zaftrow eut le malheur d'y être tué. L'armée paffa enfuite le Bafcopol, & traverfant
24. les plaines de Lowofitz, elle vint fe camper à
Trebnitz. On occupa le Hafenberg, & la droite
s'appuya au Bafcopol. Cette pofition fe trouva
vis-à-vis de celle que le maréchal Braun venoit
de prendre à Budin ; on favoit que ce maréchal
y attendoit le lendemain une divifion de fes

troupes, qui avoit hiverné dans les cercles de Saaz & d'Éger ; on voulut tenter de prévenir cette jonction, & même effayer fi l'on ne pourroit pas combattre ce corps avant qu'il fût à portée du camp de Budin. Pour cet effet, il fut réfolu que la nuit même l'armée pafferoit l'Éger à un mille & demi au-deffus du camp de Mr. de Braun ; & fi l'occafion ne fe préfentoit pas de battre cette divifion qui étoit en chemin, du moins devoit-il réfulter de cette manœuvre, qu'en tournant la pofition de Mr. de Braun, on l'obligeroit à l'abandonner. On établit en conféquence deux ponts à Kofchtitz ; ils ne furent achevés que le lendemain matin, que les troupes paffèrent l'Éger. Les houfards qu'on envoya auffi-tôt à la découverte, rencontrèrent près de Pénitz la divifion qui devoit joindre Mr. de Braun. Cette divifion étant informée du paffage des Pruffiens, fe replia fur Welwarn, fans qu'il fût poffible de l'entamer, parce que la moitié de l'armée avoit à peine paffé la rivière. Le maréchal Braun ne tarda pas à s'appercevoir que fon pofte étoit tourné ; il comprit qu'il ne pouvoit fe joindre avec les troupes qui lui venoient, qu'en fe retirant à Welwarn, & il fe mit auffi-tôt en marche pour y arriver ; les houfards Pruffiens harcelèrent fon arrière-garde, & firent quelques prifonniers. L'armée du Roi fe campa à Budin, & employa le lendemain à réparer les ponts de l'Éger, pour affurer la communication de la Saxe ; les magafins importans que les ennemis avoient à Martinowe, à Budin, & à Karwatitz, tombèrent entre les mains des Pruffiens ; ce qui facilita confidérablement la fubfiftance des troupes. De Budin, l'armée s'avança fur Welwarn, que l'ennemi venoit d'abandonner, & l'on pouffa jufqu'à Tuchomirfitz une avantgarde compofée de 40 efcadrons, & de tous

30. les grenadiers de l'armée : le Roi qui s'y trouvoit, vit l'armée de Mr. de Braun, qui étoit encore en marche ; derrière ces colonnes qui défiloient, fuivoit une arrière-garde, dont la contenance mal affurée fit naître l'envie de l'attaquer. Mr. de Ziethen donna deffus, & fit 300 prifonniers. Dès le commencement, les enne-

Mai. mis s'étoient poftés fur le Weiffe-Berg ; ils l'abandonnèrent le 2 de mai ; l'avant - garde Pruffienne s'en faifit, & vit l'ennemi paffer la ville de Prague, & prendre un camp de l'autre côté de la Moldau. L'armée du Roi occupa le même jour tous les environs de la ville, & en forma une efpèce de circonvallation ; fa droite s'appuyoit à la haute Moldau, d'où le camp alloit, en embraffant St-Roc & le couvent de la Victoire, s'appuyer à Podbaba, à la baffe Moldau.

Durant cette marche de l'armée du Roi, le prince de Bévern avoit pouffé de fon côté les opérations avec vigueur ; il étoit entré le 20

d'avril en Bohème, en s'avançant par Krottau
& Kratzen fur Machendorf ; fa cavalerie battit
en marche un détachement Autrichien, qui s'a-
vançoit pour faire une reconnoiffance. L'ennemi avoit pris à Reichenberg une pofition
avantageufe ; le comte de Kœnigseck commandoit ce corps, dont on évaluoit la force à
28,000 combattans. Ce fut le 21 d'avril que
le prince de Bévern fe mit en mouvement pour
l'attaquer ; il s'avança fur deux colonnes, prenant le chemin de Habendorf vers l'armée ennemie : il falloit paffer une chauffée pour y
arriver. Ce défilé, que les ennemis ne pouvoient défendre avec la moufqueterie, n'arrêta
guère les Pruffiens. Au-delà de ce paffage fe
trouvoit le corps de Mr. de Kœnigseck, auquel il avoit donné la forme d'un cercle. La
cavalerie Autrichienne occupoit le centre de
ce cercle, & fe trouvoit rangée en trois lignes
fur une petite plaine, enchaffée entre les deux
aîles d'infanterie qui alloient en avançant, le
dos appuyé à d'épaiffes forêts, ayant en quelques endroits des abatis devant elle, & des
redoutes garnies d'artillerie, dont le feu proté-
geoit la cavalerie. La droite du prince de Bévern attaqua la gauche de l'ennemi ; 15 efcadrons Pruffiens chargèrent en même temps
cette cavalerie impériale dans la plaine, & la
mirent en déroute. Le prince de Wurtemberg
y fit des prodiges de valeur. Alors Mr. de Left-

witz attaqua la droite de l'ennemi, & les redoutes qui couvroient Reichenberg; & quoiqu'il traverſât différens défilés avant que d'y
arriver, néanmoins le régiment de Darmſtadt,
commandé par le colonel de Hertzberg, força
ces redoutes, & obligea l'ennemi à prendre la
fuite; on le pourſuivit de hauteur en hauteur
juſqu'à Kochlitz & à Dorffel; la difficulté de
ce terrein montueux, & l'impoſſibilité qu'il y
a, que des troupes qui veulent demeurer en
ordre, puiſſent atteindre un ennemi qui fuit à la
débandade, empêchèrent le prince de Bévern
de ruiner entiérement ce corps. Les Autrichiens perdirent environ 1800 hommes à cette
action, dont 800 furent pris par le prince de
Bévern. La perte des Pruſſiens ne paſſa pas
300 hommes, parce que l'ennemi ne leur avoit
pas oppoſé une réſiſtance opiniâtre. Le prince
de Bévern ſuivit à Libenau Mr. de Kœnigseck,
où un défilé impraticable, derrière lequel ce
général avoit formé ſon monde, l'empêcha de
tenter de nouvelles entrepriſes.

De ce côté, les Pruſſiens n'auroient pu pénétrer plus avant en Bohème, ſi le maréchal de
Schwérin en ſurvenant ne les eût ſecondés à
propos. L'armée de Siléſie fut la première qui
entra en Bohème le 18 d'avril; elle déboucha
dans ce royaume par cinq différens chemins: une
de ces colonnes qui ſe dirigeoit ſur Schatzlar,
penſa y ſurprendre les princes de Saxe, qui s'y

trouvoient : celle qui prenoit la route de Gul-
dene Els , rencontra 300 pandours , qui d'un
rocher efcarpé défendoient le paffage aux Pruffiens ; Mr. de Winterfeld trouva le moyen de
faire gravir contre ces rocs quelques troupes,
qui prirent ces pandours à revers , & les paffèrent au fil de l'épée : les trois autres colonnes, qui débouchèrent par le comté de Glatz,
n'ayant point rencontré d'ennemis fur leur
chemin, joignirent toutes le maréchal de Schwérin à Kœnigshof. Ce maréchal ayant des nouvelles de ce qui s'étoit paffé du côté du prince
de Bévern , fe porta derrière Mr. de Kœnigseck , qu'il penfa furprendre dans fon camp
de Libenau ; les Autrichiens décampèrent en
hâte, & voulurent diriger leur marche fur Jung-
Buntzlau ; Mr. de Schwérin les y prévint encore, & s'empara en même temps du magafin
confidérable que les ennemis avoient formé à
Kofmanos. Ce fut à cet endroit où le corps
de la Luface joignit l'armée de la Siléfie. Cependant Mr. de Kœnigseck s'avançoit à grandes
journées vers Prague ; le maréchal le fuivit à
Bénatek , d'où il détacha, pour talonner l'ennemi de plus près , Mr. de Wartenberg, qui
défit près de Alt-Buntzlau l'arrière-garde Autrichienne , forte de 1500 hommes , dont le plus
grand nombre fut tué ou pris ; mais ce brave
général , un des meilleurs officiers de cavalerie
de l'armée , y perdit la vie , & fut univerfelle-

ment regretté. Mr. de Fouquet marchant alors, avec l'avant-garde du maréchal, à Buntzlau, s'y arrêta jufqu'au 4 de mai, pour rétablir les ponts de l'Elbe, que l'ennemi avoit rompus pour affurer fa retraite. Le même jour le maréchal fit paffer la rivière à fon armée, & fe campa à un mille & demi de Prague.

Une partie des troupes que Mr. de Piccolomini avoit commandées l'année précédente, n'étoit pas encore affemblée; le maréchal Daun en avoit reçu le commandement après la mort du premier. Sur le bruit des différentes invafions des Pruffiens, ce maréchal reçut ordre de raffembler fon armée, & de la mener droit à Prague; Mr. de Braun l'attendoit avec d'autant plus d'impatience, qu'il voyoit que toutes les forces des Pruffiens alloient inceffamment fondre fur lui. Le Roi étoit inftruit de la marche du maréchal Daun; mais fon armée ne pouvoit rien entreprendre contre Mr. de Braun, qui étoit couvert par la Moldau & par la ville de Prague; d'ailleurs les chofes en étoient venues au point, que le fort des deux armées devoit néceffairement fe décider par une bataille; & puifqu'on ne pouvoit l'engager qu'à l'autre rive de la Moldau, le Roi réfolut d'attaquer Mr. de Braun avant fa jonction avec Mr. Daun. Pour cet effet, on conftruifit un pont fur la Moldau, près de Selz, & le Roi le paffa à la tête d'un détachement de 20 ba-

taillons

taillons & de 40 efcadrons ; c'étoit le 5 de mai.
Ce prince eut le temps de reconnoître la pofition des ennemis ; il trouva le front de Mr. de
Braun d'un trop difficile abord pour l'attaquer,
& s'apperçut qu'en tournant la droite des ennemis, le terrein préfentoit un afpeét plus avantageux pour un engagement. Le lendemain de
grand matin les deux armées Pruffiennes fe joignirent à la portée du canon des ennemis ; on
réfolut de les attaquer tout de fuite. La gauche
des Autrichiens s'appuyoit fur la montagne de
Ziska, & fe trouvoit protégée par les ouvrages
de Prague ; un ravin de plus de cent pieds de
profondeur couvroit fon front ; la droite fe ter-
minoit fur une hauteur, au pied de laquelle fe
trouve le village de Sterboholi. Pour rendre
plus égal le combat qu'on méditoit, il falloit
contraindre Mr. de Braun d'abandonner une
partie de ces montagnes, & de longer dans la
plaine. A cette fin, le Roi changea fon ordre
de bataille : l'armée avoit défilé en colonnes
rompues ; on la mit fur deux lignes, & on la
fit marcher par la gauche, en prenant le chemin
de Poftchernitz. Dès que Mr. de Braun s'apperçut de ce mouvement, il prit fa réferve de
grenadiers, fa cavalerie de la gauche, & fa feconde ligne d'infanterie, avec lefquels il côtoya
les Pruffiens, en tenant une ligne parallèle.
C'étoit précifément ce qu'on vouloit. L'armée
du Roi pouffa à Bichowitz par des défilés &

des marais qui féparèrent un peu les troupes ;
la cavalerie Pruffienne fila au travers de ce
village , où elle trouva une plaine bornée par
un étang, qui lui préfentoit précifément la diftance qu'il lui falloit pour fe former , & em-
boîtée entre ce village & cet étang , fes flancs
fe trouvoient à l'abri d'infulte ; elle attaqua vigoureufement la cavalerie Autrichienne ; après
trois charges confécutives , elle l'enfonça , & la
mit entiérement en déroute. A peine 10 bataillons de la gauche furent - ils formés avant
que la feconde ligne pût les joindre , qu'ils
attaquèrent l'ennemi avec plus de précipitation
& de courage que de prudence ; ils effuyèrent un
feu d'artillerie prodigieux , & furent repouffés ;
mais non affurément avec honte , car les plus
braves officiers & la moitié des bataillons étoient
couchés fur le carreau. Le maréchal de Schwérin , qui malgré fon grand âge confervoit
encore tout le feu de fa jeuneffe , voyant avec
indignation des Pruffiens repouffés , & faifif-
fant un drapeau , fe mit à la tête de fon régiment, le conduifit à la charge , & fit des efforts
de valeur extraordinaires ; mais comme il n'y
avoit point encore de troupes pour le foutenir,
il fuccomba & fut tué , terminant ainfi une vie
glorieufe par une mort qui la couvroit d'un
nouveau luftre. La feconde ligne arriva fur
ces entrefaites ; le Roi attira encore à lui le
prince Ferdinand de Brunfwick avec quelques

régimens, & le combat fe rétablit d'autant plus facilement, que Mr. de Treskow avec fa bri-gade, qui étoit tant foit peu plus à droite, avoit percé la ligne des ennemis. Le Roi fit alors avancer les régimens de Charles & du jeune Brunfwick, joignit Mr. de Treskow, & avec ce corps, pouffa l'infanterie Autrichienne au-delà de fes tentes, qu'elle n'avoit pas eu le temps d'abattre. Dès ce moment la déroute devint générale à la droite des ennemis ; on demanda de la cavalerie, pour profiter de ce défordre ; malheureufement les houfards & les dragons étoient tombés fur du bagage ennemi qui s'enfuyoit, & ils arrivèrent trop tard pour donner dans l'infanterie, qui fans cette circonf-tance auroit toute été prife ou paffée au fil de l'épée. Cela n'empêcha pas le Roi de pour-fuivre vivement l'ennemi. On envoya Mr. de Puttkammer avec des houfards vers la Safava, où s'étoit fauvée une partie des fuyards, & avec le gros des troupes on s'avança vers le Wischerad, de forte que la gauche des Au-trichiens étoit entiérement coupée de fa droite.

La droite de l'armée du Roi n'étoit point deftinée à combattre, à caufe de ce profond ravin dont nous avons parlé, qui étoit devant elle, & du défavantage que le terrein lui don-noit ; mais elle ne laiffa pas d'être engagée par l'imprudence de Mr. de Mannftein, qu'un courage trop bouillant emportoit quelquefois.

Cette valeur fougueuſe, qui s'embraſoit à la vue
de l'ennemi, le fit avancer ſans qu'il en eût reçu
l'ordre; il attaqua l'ennemi tout de ſuite. Le
prince Henri & le prince de Bévern, qui en
déſapprouvant ſa conduite, ne voulurent cependant pas l'abandonner, furent forcés de le ſoutenir; l'infanterie Pruſſienne gravit contre des
rochers eſcarpés, défendus par toute là gauche
des Autrichiens & par une nombreuſe artillerie.
Le prince Ferdinand de Brunſwick s'apperce-
vant que le combat s'engageoit de ce côté-là,
& devenant d'ailleurs inutile à la gauche où il
n'y avoit plus d'ennemis vis-à-vis de lui, prit
les Autrichiens en flanc & à dos : ce ſecours
ſeconda ſi à propos les efforts du prince Henri,
qu'il s'empara de trois batteries des ennemis,
& qu'il les pourſuivit de montagne en montagne.
Les vaincus, coupés de la Saſava par le corps
du Roi, derrière eux, au village de Michèle, ne
virent d'autre ſalut pour eux que de ſe jeter dans
la ville de Prague; ils tentèrent de ſe ſauver
du côté du Wiſcherad, où la cavalerie du Roi
les repouſſa à trois repriſes; ils eſſayèrent auſſi
d'échapper du côté de Kœnigſaal, mais encore
ils en furent empêchés par le maréchal de Keith,
dont l'armée occupoit toutes les hauteurs au
pied deſquelles ils devoient paſſer. On ſavoit,
à la vérité, que des fuyards de l'armée impériale s'étoient jetés dans Prague; toutefois on
en ignoroit le nombre, de ſorte que l'on ſe con-

tenta d'inveſtir la ville, & de la bloquer auſſi-
bien que l'obſcurité & l'eſpèce de confuſion qui
ſuit les victoires, purent le permettre. Cette
bataille, qui s'engagea vers les 9 heures du
matin, dura, y-compris la pourſuite, juſqu'à 8
heures du ſoir. Ce fut une des plus meurtrières
de ce ſiècle : les ennemis y perdirent 24,000
hommes, dont 5,000 furent faits priſonniers,
parmi leſquels 30 officiers ; on leur prit d'ailleurs 11 étendards & 60 pièces de canon : la
perte des Pruſſiens monta à 18,000 combattans,
ſans compter le maréchal de Schwérin, qui
ſeul valoit au-delà de 10,000 hommes. Sa mort
flétriſſoit les lauriers de la victoire, achetée par
un ſang trop précieux. Ce jour vit tomber les
colonnes de l'infanterie Pruſſienne : Mrs. de
Fouquet & de Winterfeld furent dangereuſement
bleſſés : là, perdirent la vie, Mrs. de Haut-
charmoy, de Goltz, le prince de Holſtein,
Mrs. de Mannſtein, d'Anhalt, & nombre de
vaillans officiers & de vieux ſoldats, qu'une
guerre ſanglante & cruelle ne donna pas le
temps de remplacer.

Le lendemain, le Roi envoya Mr. de Kroc-
kow à Prague, pour ſommer la ville de ſe
rendre ; ce général fut bien étonné d'y trouver
le prince Charles de Lorraine, & d'apprendre
avec certitude que 40,000 Autrichiens, ſauvés
de la bataille, étoient enfermés dans ſes murailles. Cette nouvelle obligea le Roi à prendre

des mesures différentes ; il s'empara de la montagne de Ziska, où se campa la droite de l'armée,
d'où le front, en occupant toutes les vignes
qui regardent Prague, alloit par Michèle
aboutir à Podoli à la Moldau. On y construisit
un pont, pour avoir la communication assurée
de ce côté-là avec le maréchal Keith, & on
en fit un de même à Branick, sur la basse Moldau. La ville de Prague ne sauroit être con-
sidérée comme une place de guerre ; située
dans un fond, elle est entourée par des vignes
& des rochers qui la dominent également de
tous les côtés ; ses fossés sont secs, ses ouvrages
revêtus d'une maçonnerie légère, les parapets
en beaucoup d'endroits trop minces, les cour-
tines trop longues ; tous ces ouvrages avoient
été si fort négligés pendant la paix, qu'en différens endroits ils étoient insultables ; mais la
garnison ne l'étoit pas ; pour l'attaquer en forme,
il falloit une armée plus nombreuse que la Prussienne, sur-tout après les détachemens qu'on
avoit été obligé de faire, & dont nous aurons
lieu de parler incessamment. Ces raisons firent
que le Roi se contenta de bloquer la ville, en
essayant de prendre la garnison par la famine. On
se flatta de mettre le feu par un bombardement
aux magasins d'abondance ; on fit venir des
mortiers & du canon ; on établit trois grandes
batteries, l'une à la montagne de Ziska, l'autre
devant Michèle, & la troisième, du côté du

maréchal Keith, vers le Strohhof ; mais tout cela fut inutile ; la ville avoit des baſtions caſe-matés , où les vivres trouvèrent un abri contre tous les efforts de l'artillerie pruſſienne.

Pendant que ces arrangemens ſe faiſoient autour de Prague , le maréchal Daun s'étoit avancé avec ſon corps à Teutſchbrodt ; d'abord le Roi lui oppoſa Mr. de Ziethen , & peu de temps après le prince de Bévern , qui ſe trouvant à la tête de 20,000 hommes , ſe porta premiérement à Kaurzim , puis à Kuttenberg, faiſant toujours reculer devant lui le maréchal Daun ; celui-ci ſe retira juſqu'à Haber ; mais chaque pas qu'il faiſoit en arrière , l'approchoit de ſes ſecours , & lui donnoit le moyen d'attirer à lui les débris de la bataille de Prague , qui s'étant ſauvés au-delà de la Saſava , purent le rejoindre. D'un autre côté , le Roi fit partir pour l'Empire, le colonel Mayer avec ſes volontaires & environ 500 houſards , pour donner l'épouvante aux princes d'Allemagne , retarder la réunion de l'armée des cercles , & en même temps pour alarmer les pédans de Ratisbonne, dont l'éloquence inſultante violoit toutes les règles de la bienſéance. Mayer entra dans l'évêché de Bamberg ; delà il s'étendit vers Nurnberg ; il fit déſerter de Ratisbonne ces députés arrogans , qui ſe croyoient les juges des rois , & delà il pénétra dans le haut Palatinat. L'électeur de Bavière & pluſieurs princes , à

qui cette irruption donna de l'inquiétude, dé-
putèrent vers le Roi, pour traiter de leurs
intérêts ; enfin tout l'Empire auroit abandonné
le parti de l'impératrice-reine, si une de ces
révolutions ordinaires à la guerre, & qui entre
dans les jeux de la fortune, n'eût traversé la
profpérité des Pruffiens. Nous verrons dans la
continuation de cette guerre, combien il arriva
de ces viciffitudes, qui renverfoient tantôt les
efpérances des Pruffiens, tantôt celles des impériaux. Cependant le blocus de Prague continuoit ; on bombardoit la ville ; mais les Autrichiens faifoient des forties fréquentes. Un jour
ils voulurent attaquer les batteries du Strohhof.
Le prince Ferdinand de Pruffe y accourut &
les rechaffa jufqu'à leur chemin couvert, avec
une perte de douze cents hommes. Une autre
fois ils tentèrent une fortie du côté du Wi-
fcherad, avec fi peu de précaution & de prévoyance, que prêtant le flanc à des batteries
pruffiennes placées vers Podoli, le canon les fit
rentrer dans Prague dans le plus grand défordre. Une autre fois, le prince de Lorraine fit
avec 4,000 hommes une fortie du petit côté ;
ces troupes prirent une flèche défendue par 50
foldats ; mais bientôt Mr. de Retzow les repouffa, & les pourfuivit jufqu'aux portes de la
ville. Les Pruffiens eurent dans ce fiège les
ennemis & les élémens à combattre ; un orage
violent, & des nuages qui crevèrent, groffirent

ſubitement les eaux de la Moldau ; leur impé-
tuoſité briſa le pont de Branick , le courant
l'entraîna vers le pont de Prague ; les ennemis
en enlevèrent 24 pontons , mais 20 autres
leur échappèrent , & à Podoli on les recouvra.
Le grand nombre de bombes que les Pruſſiens
avoient jetées dans Prague , avoient conſidé-
rablement endommagé certains quartiers de la
ville ; le feu avoit même conſumé une boulangerie des ennemis ; les déſerteurs dépoſoient
unanimement que les vivres commençoient à
manquer , & qu'au-lieu de viande de boucherie,
la garniſon ſe nourriſſoit de chair de cheval. Il
étoit fâcheux qu'on ne gagnât rien contre cette
ville , ni par la force , ni par la ruſe, & qu'il fallût
tout attendre du bénéfice du temps ; il n'y avoit
que la famine & le déſeſpoir qui puſſent forcer
le prince de Lorraine à ſe faire jour l'épée à
la main , à travers les aſſiégeans ; car ils étoient
fortifiés dans leurs quartiers de manière à l'obliger après quelques efforts inutiles à ſe rendre.

Le projet de prendre Prague avec l'armée
qui la défendoit , auroit cependant réuſſi , ſi
on avoit pu lui donner le temps de parvenir à
ſa maturité ; mais il fallut s'oppoſer au maréchal
Daun , il fallut ſe battre , & l'on fut malheureux. Nous avons laiſſé le prince de Bévern
campé à Kuttenberg , & le maréchal Daun à
Haber ; ce maréchal y fut joint par tout ce
que la cour put tirer des garniſons des pays

héréditaires & de troupes de la Hongrie, outre
les fuyards de la bataille de Prague ; en forte
que fon armée, compofée au commencement
de la campagne de 14,000 hommes, fe trouvoit forte alors de 60,000 combattans. L'ac-
croiffement de cette armée dérangeoit toutes
les combinaifons précédentes des projets du
Roi ; il falloit néceffairement renforcer le prince
de Bévern, pour qu'il pût au moins fe foutenir contre une armée du triple fupérieure à la
fienne ; d'un autre côté, il étoit dangereux
d'affoiblir l'armée du fiège, qui avoit une vafte
circonférence à défendre, & qui pouvoit être
attaquée d'un jour à l'autre par 40,000 hommes renfermés dans cette ville. On trouva
cependant moyen en économifant les poftes,
en fortifiant les uns, en refferrant les autres,
de faire une épargne de 10 bataillons & de 20
efcadrons. Ce détachement pouvoit s'éloigner,
mais ce ne devoit pas être pour long-temps,
ou le blocus en auroit fouffert. Pour que l'on
prît Prague & l'armée qui la défendoit, il
étoit indifpenfable d'éloigner le maréchal Daun
de cette contrée, parce que les troupes em-
ployées à en faire la circonvallation, quoique
bien poftées pour repouffer des forties, n'é-
toient que fur une ligne, & ne pouvoient défendre leur front & leur dos en même temps ;
& parce qu'en fe laiffant refferrer autour de
Prague, les Pruffiens auroient manqué de

fubfiſtances, la cavalerie étant déjà obligée d'aller chercher le fourrage à 4 ou 5 milles du camp. Ces confidérations importantes déterminèrent le Roi à fe mettre en perfonne à la tête de ce détachement, pour joindre le prince de Bévern, & juger fur les lieux du parti qu'il feroit plus convenable de prendre. Le Roi Juin. parti le 13 de Prague ; Mr. de Treskow fut détaché en même temps, pour nettoyer les bords de la Safava, que les troupes légères du maréchal Daun commençoient d'infefter. Le Roi pourſuivit fa marche par Schwartz Kofteletz à Malotitz, où il fut joint par Mr. de Treskow, qui avoit pris une route à droite. L'intention du Roi étoit d'arriver à Kolin, pour fe joindre au prince de Bévern ; il trouva devant lui un corps confidérable, qui campoit à Zafmuky ; c'étoit Mr. de Nadafti, qui avoit pris cette pofition, par laquelle il coupoit déjà en quelque manière le prince de Bévern de l'armée Pruffienne. Bientôt on découvrit de loin fur le chemin de Kolin, deux colonnes qui prenoient la route de Kaurzim ; on apprit par ceux qui furent les reconnoître, que c'étoit le prince de Bévern qui venoit fe joindre aux troupes du Roi. Le jour tomboit, la nuit furvint avant l'arrivée du prince ; de forte que l'on fe contenta de faire camper les troupes autant que l'obfcurité voulut le permettre. On fut étonné du mouvement du prince de Bévern, auquel on ne s'attendoit pas ; il se fit à l'occasion de ce qui s'étoit passé la veille ; il avoit été attaqué le 13 à Kuttenberg par Mr. de Nadasti, qu'il avoit repoussé, en même temps que le maréchal Daun avoit fait un mouvement sur son flanc, qui l'avoit obligé, pour ne point être tourné, de quitter sa position de Kuttenberg, & de prendre celle de Kolin ; là il reçut des avis, que les Autrichiens, campés à Wisoka, se préparoient à l'attaquer le lendemain ; pour n'en point courir le risque, il aima mieux aller au-devant du détachement Prussien, qu'il savoit en marche

16. pour le renforcer. On voulut le lendemain reconnoître les chemins de Wisoka, pour juger de la disposition où se trouvoient les ennemis ; cependant on ne put y réussir, à cause de l'épaisseur des forêts, & du nombre des pandours qui les remplissoient. Le même jour 4,000 cravates attaquèrent un convoi qui venoit de Nymbourg à l'armée ; il étoit escorté par 200 fantassins aux ordres de Mr. de Billerbeck, major dans le régiment Henri ; ce brave officier se défendit trois heures contre le nombre qui l'assailloit, jusqu'à l'arrivée du secours qui le dégagea, sans avoir perdu la plus petite partie de son convoi, & l'on ne trouva à dire à son monde que 7 blessés ; ce qui est une perte peu considérable, si l'on fait attention au corps qui l'attaqua. D'aussi petits dé-

tails ne deviennent dignes de l'histoire, qu'autant qu'ils peuvent servir d'exemple pour prouver ce que peuvent à la guerre la valeur & la
fermeté, soutenues par une bonne disposition.
Le terrein où les Prussiens étoient campés,
n'étoit pas assez avantageux pour qu'on pût y
attendre l'ennemi avec sûreté ; le Roi vouloit
se porter avec l'armée à Scwoischitz, dont les
environs sont susceptibles de défense ; mais à
peine l'armée se fut-elle mise en marche pour
prendre cette position, qu'on vit paroître celle
du maréchal Daun, qui se forma près de
Scwoischitz en une espèce de triangle, dont
la gauche tiroit vers Zasmuky, & la droite
vers l'Elbe ; le front vis-à-vis de Kaurzim &
de Malotitz étoit couvert par une prairie bour-
beuse, à travers laquelle serpentoit un ruisseau marécageux. Ce mouvement des ennemis 17.
produisit un changement nécessaire dans la disposition des Prussiens ; l'armée prit une autre
direction ; elle gagna plus vers la gauche, &
s'approcha de Nymbourg ; elle se campa, ayant
Planiany vers la gauche de son front, & à sa
droite Kaurzim, où l'on jeta un bataillon pour
assurer le flanc de l'armée. On rencontra près
de Planiany un corps d'Autrichiens, dont l'intention ne pouvoit être que de s'emparer du
dépôt que les Prussiens avoient à Nymbourg ;
on contraignit ce corps à se replier, & il prit
poste sur une hauteur, derrière Planiany, où il

demeura la nuit. La situation du Roi devenoit de jour en jour plus critique & plus embarraffante ; fa pofition ne valoit rien : fon camp étoit étroit, acculé contre des montagnes ; fon front fe trouvoit à la vérité inabordable par le marais & le ruiffeau qui féparoient les deux armées ; mais il n'en étoit pas de même de la droite, mal appuyée à Kaurzim , & que le maréchal Daun étoit maître de tourner dès qu'il le voudroit, en fe portant de Zasmuky fur Malotitz. Si les ennemis euffent fait ce mouvement , toute l'armée étoit prife en flanc & battue fans reffource. Il fe préfentoit d'autre part une multitude d'objets à remplir, trop contraires pour qu'il fût poffible de les concilier tous , & l'on ne pouvoit en négliger aucun fans un préjudice confidérable. Il falloit couvrir les magafins de Brandeis & de Nymbourg , d'où l'armée d'obfervation tiroit fon pain ; il falloit protéger le blocus de Prague , en empêchant , avec un corps foible , une armée fupérieure du double ; d'y détacher des troupes , ou d'en approcher. Plus l'infériorité des Pruffiens devenoit fenfible , plus ils avoient à craindre à la longue d'effuyer quelque échec confidérable ; car en fuppofant même qu'ils euffent pu fe foutenir dans le camp où ils étoient , il ne leur en étoit pas moins impoffible d'empêcher le maréchal Daun d'envoyer un gros détachement , qui longeant les bords de la Safava ,

feroit venu à dos des corps Pruffiens, qui campoient entre Branick & Michèle ; & cette armée du fiège, attaquée par derrière, pendant
que de la ville le prince de Lorraine auroit
fait une fortie, fe feroit trouvée entre deux
feux, & auroit par conféquent été totalement
battue. Si le Roi, prenant un autre parti, eût
trouvé convenable de fe retirer à Kofteletz ou
à Teutfchbrodt, il y trouvoit des camps plus
avantageux ; mais les inconvéniens dont nous
venons de parler n'en fubfiftoient pas moins ;
car en s'approchant de l'Elbe, on couvroit les
magafins, en laiffant le chemin libre vers Prague ; & en tirant plus vers la Safava, on pro-
tégeoit mieux le fiège, & l'on découvroit les
dépôts, dont la perte s'en feroit promptement
enfuivie, fans compter qu'en perdant du terrein où il y avoit du fourrage, l'armée en fe retirant fe refferroit dans un pays épuifé, & où les
vivres avoient été confumés d'avance. Il fe préfentoit d'autres confidérations plus fortes encore. Le maréchal Daun commandoit une armée de 60,000 hommes, que l'impératrice-reine
avoit raffemblée à grands fraix ; étoit-il à préfumer qu'on fouffrît impunément à Vienne,
ayant autant de troupes en Bohème, que les
Pruffiens fiffent dans Prague le prince de Lorraine, & 40,000 hommes prifonniers de guerre
en préfence de cette armée ? On favoit même
que le maréchal Daun avoit ordre de tout rif-

quer pour délivrer le prince de Lorraine. Il s'agiſſoit donc proprement de ſe déterminer, ou à laiſſer aux ennemis la liberté d'attaquer les troupes Pruſſiennes dans leur poſte, ou à les prévenir & à les attaquer ſoi-même. Ajoutons à ces conſidérations, que depuis que le maréchal Daun ſe trouvoit fort, il étoit impoſſible de prendre Prague ſans gagner une ſeconde bataille, & qu'il auroit été honteux pour les armes, d'en lever le ſiège à l'approche de l'ennemi, vu que tout ce qui pouvoit arriver de pis étoit d'abandonner cette entrepriſe, au cas que l'ennemi remportât la victoire. Indépendamment de tout ce que nous venons de dire, une raiſon plus importante encore obligeoit d'en venir à une déciſion, c'eſt qu'en gagnant encore une bataille, le Roi prenoit ſur les impériaux une entière ſupériorité. Les princes de l'Empire, déjà incertains & indécis, l'auroient conjuré de leur accorder la neutralité. Les François ſe ſeroient trouvés dérangés, & peut-être arrêtés dans leurs opérations en Allemagne. Les Suédois en ſeroient devenus plus pacifiques & plus circonſpects. La cour de Péterſbourg même, auroit fait des réflexions, par ce que le Roi ſe ſeroit vu dans une ſituation à pouvoir envoyer ſans riſque des ſecours à ſon armée de Pruſſe, & même à celle du duc de Cumberland. Voilà quels furent les motifs importans qui engagèrent le Roi à attaquer

quer le lendemain le maréchal Daun dans fon
pofte.

On fe mit en marche le 18 de grand matin.
Mr. de Treskow avec l'avant-garde délogea
d'abord ce corps ennemi qui s'étoit campé
la veille fur les hauteurs derrière Planiany; ce
début étoit néceffaire pour nettoyer le chemin
de Kolin, fur lequel l'armée devoit marcher en
deux colonnes. Elle défila fur deux lignes par
la gauche vis-à-vis celle des ennemis. Le maréchal Daun, qui découvrit le mouvement,
changea auffi-tôt fon front, & marchant par
fa droite, longea la croupe des montagnes qui
vont vers Kolin. Mr. de Nadafti s'étoit placé
devant l'armée du Roi avec 4 à 5,000 houfards, qu'un corps de cavalerie pouffoit d'efpace en efpace, ce qui rallentit la marche des
colonnes. On continua de preffer ainfi ces
troupes légères, jufqu'à ce qu'on eût gagné
une éminence, qu'il falloit occuper néceffairement pour attaquer l'ennemi. Comme les troupes n'arrivèrent pas auffi promptement pour
le bien des affaires qu'il auroit été à défirer,
le Roi profita de ce temps pour affembler les
officiers généraux, & pour convenir avec eux
de la difpofition de la bataille. Une auberge fe
trouvoit fur le chemin que tenoient les troupes;
l'on y découvroit diftinctement l'ordre dans lequel le maréchal Daun avoit rangé fes troupes,
& toutes les parties du terrein fur lequel il fal-

Tome I.   K

loit agir. Ce fut dans ce lieu-là qu'on prit les
mesures suivantes : Il fut résolu d'attaquer la
droite de l'ennemi, parce qu'elle étoit mal
appuyée, & parce que c'étoit l'endroit le plus
accessible ; le front des Autrichiens s'étendoit
sur des rochers âpres & escarpés, au pied
desquels des villages dans la plaine étoient
remplis de pandours ; mais plus ils étoient
inexpugnables dans cette partie, moins ils l'é-
toient à leur droite ; l'endroit par lequel la
gauche des Prussiens devoit attaquer, étoit
une hauteur qu'ils occupoient déjà ; delà se
présentoit un cimetière isolé, garni de cravates,
& qu'il falloit emporter ; ensuite en tournant
un peu plus à gauche, on prenoit l'armée du
maréchal Daun à dos & en flanc. Pour soutenir cette attaque, il falloit la nourrir de toute
l'infanterie Prussienne qui se trouvoit dans l'armée ; par cette raison, le Roi se proposa de
refuser entièrement sa droite aux ennemis, &
défendit sévérement aux officiers qui la commandoient, de dépasser le grand chemin de
Kolin ; cela étoit d'autant plus sensé, que la
partie de l'armée Autrichienne, postée vis-à-vis
de cette droite, occupoit un terrein inabordable : si la position que le Roi avoit prescrite
à ses troupes avoit été observée, il auroit été
maître durant l'action de faire filer, selon le
besoin, des bataillons pour soutenir les brigades
qui avoient la première attaque. Outre ce que

nous venons de dire , Mr. de Ziethen eut
ordre de tenir tête à Mr. de Nadasti avec 40
escadrons , pour qu'il ne troublât pas l'infanterie Prussienne dans ses opérations ; le reste
de la cavalerie fut placé en réserve derrière
les lignes. Lorsque tout fut réglé, Mr. de
Hulsen partit à la tête de 7 bataillons & de
14 pièces d'artillerie , pour engager l'action ;
des 24 bataillons qui restoient, 6 formèrent la
seconde ligne, & les 15 autres la première. Telle
fut cette disposition , qui auroit rendu les Prussiens victorieux , si elle avoit été suivie ; mais
voici ce qui arriva. Mr. de Ziethen attaqua
le corps de Nadasti , dont la déroute fut générale ; il le poursuivit jusqu'à Kolin , de sorte
qu'il fut séparé des Autrichiens , & que de
toute la journée il ne fut plus à portée de nuire
aux entreprises du Roi. A une heure après-midi,
Mr. de Hulsen attaqua le cimetière , & le village de la hauteur , où il ne rencontra pas
grande résistance ; il se rendit maître ensuite
de deux batteries , chacune de 12 pièces de
canon. Tout succédoit aux vœux des Prussiens
dans cette première attaque ; mais voici les
fautes qui causèrent la perte de la bataille. Le
prince Maurice , qui conduisoit la gauche de
l'infanterie , au-lieu de l'appuyer derrière ce
village que Mr. de Hulsen venoit d'emporter,
la forma à mille pas de cette hauteur ; cette
ligne étoit en l'air ; le Roi s'en apperçut, &

la mena' près du pied de cette hauteur ; en
même temps on entendit un feu affez vif à la
droite. Obligé de fe hâter, & ne pouvant faire
autrement, il remplit les vides qui fe trouvoient dans fa ligne par les bataillons de la
feconde ; il fe rendit auffi-tôt à la droite, pour
favoir de quoi il étoit queftion ; il trouva que
Mr. de Mannftein, qui avoit engagé fa bri-
gade fi mal à propos à la bataille de Prague,
venoit de retomber dans la même faute ; il
avoit apperçu des pandours dans un village
proche du chemin que la colonne tenoit ; il
lui prend fantaifie de les en déloger ; il entre
contre fes ordres dans le village, en chaffe
l'ennemi, le pourfuit, & fe trouve fous le feu
de mitraille des batteries autrichiennes ; à fon
tour on l'attaque, & la droite de l'infanterie
marche à fon fecours. Lorfque le Roi arriva
fur les lieux, l'affaire étoit fi férieufement engagée, qu'il n'y avoit plus moyen de retirer
les troupes fans être battu ; bientôt la gauche
entra également en jeu, ce que les généraux
auroient pu cependant empêcher. Alors la bataille devint générale ; & ce qu'il y avoit de
fâcheux, c'eft que le Roi n'en pouvoit être
que fpeſtateur, n'ayant pas un bataillon de
refte dont il pût difpofer. Le maréchal Daun
profita en grand général des fautes des Pruffiens ; il fit filer derrière fon front fa réferve,
qui vint à fon tour attaquer Mr. de Hulfen,

jufqu'alors victorieux ; il fe foutint néanmoins ,
& fi on avoit pu lui fournir quatre bataillons
frais, la bataille étoit gagnée ; il repouffa encore cette réferve autrichienne ; les dragons de
Normann donnèrent alors dans l'infanterie ennemie, la difperfèrent, & lui prirent 5 drapeaux ; ils attaquèrent enfuite les carabiniers
Saxons, qu'ils chafsèrent jufqu'à Kolin. Pendant ces entrefaites, l'infanterie Pruffienne du
centre & de la droite avoit gagné quelque terrein, fans cependant avoir emporté d'avantage
confidérable. Ces bataillons, qui tous avoient
beaucoup fouffert du canon & du feu des petites
armes, étant fondus à moitié, faifoient entr'eux
des intervalles du triple plus grands qu'ils ne
devoient l'être, & comme il n'y avoit ni féconde
ligne, ni réferve, il fallut y fuppléer par des
régimens de cuiraffiers, qu'on plaça à quelque
diftance derrière ces ouvertures. Le régiment
de Pruffe, cavalerie, attaqua même un gros de
l'infanterie ennemie, & l'auroit détruit, fi une
batterie chargée à mitraille n'eût pas joué à
propos contre lui ; il rebrouffa chemin en confufion, & renverfa les régimens de Bévern & de
Henri qui étoient derrière lui ; l'ennemi s'apperçût de ce défordre; il lâcha auffi-tôt fa cavalerie, qui profitant de ce moment, rendit
la confufion générale. Le Roi voulut faire charger des cuiraffiers qui étoient à portée, & qui
auroient pû réparer le mal en partie ; il lui fut

impoffible de les mettre en mouvement : il eut
recours à deux efcadrons de Truchfes, qui prirent la cavalerie ennemie en flanc, & la ramenèrent au pied de fes montagnes. Il n'y avoit
de cette ligne d'infanterie que le premier bataillon des gardes qui tint encore à la droite ;
il avoit repouffé quatre bataillons d'infanterie
& deux régimens de cavalerie qui avoient voulu
l'entourer ; mais un bataillon, quelque bravoure
qu'il ait, ne fauroit feul gagner une bataille.
Mr. de Hulfen, avec fon infanterie, & quelque cavalerie qu'on lui avoit envoyée, fe maintenoit encore fur fon terrein, favoir fur cet
emplacement dont il avoit chaffé les Autrichiens
au commencement de l'action ; il y refta jufqu'à
9 heures du foir, qu'il fut obligé de fe retirer,
de même que l'armée. Le prince Maurice
mena les troupes à Nymbourg, où il paffa
l'Elbe, fans qu'un feul houfard de l'ennemi le
fuivit. Cette action coûta au Roi 8,000 hommes de fa meilleure infanterie ; il y perdit 16
pièces de canon, qui ne purent être tranfpor-
tées, les chevaux en ayant été tués. Après que
le Roi eut donné fes ordres aux généraux pour
la retraite des troupes, il courut au plus preffé,
fe rendit à fon armée de Prague, où il ne put
arriver que le lendemain au foir, & l'on fit des
difpofitions pour lever le blocus de la ville, que
le funefte événement de Kolin ne permettoit
plus de continuer.

Ce qu'il y eut de singulier dans l'action que nous venons de rapporter, fut que déjà l'infanterie Autrichienne commençoit à se retirer, que la cavalerie devoit en faire autant, lorsqu'un colonel d'Ayaslas de son propre mouvement attaqua l'infanterie Prussienne avec ses dragons, au moment où les cuirassiers de Prusse y mirent la confusion, & où les succès firent révoquer les premiers ordres. Sans doute que l'embarras où se trouvoient les Autrichiens après une affaire aussi opiniâtre, les empêcha de poursuivre les Prussiens; cependant ils étoient victorieux. Si le maréchal Daun avoit eu plus de résolution & d'activité, il est certain que son armée auroit pu arriver le 20 devant Prague, & que les suites de la bataille de Kolin seroient devenues plus funestes pour les Prussiens que leur défaite même. Le 20, de grand matin, les Prussiens levèrent le blocus de Prague. Le corps qui avoit campé du côté de Michéle, se retira au-delà de l'Elbe par Alt-Buntzlau & Brandeis, pour se joindre à l'armée de Kolin, qui campoit à Nymbourg. Le corps du maréchal Keith devoit se replier sur Welwarn, afin de couvrir les magasins de Leutmeritz & d'Aussig; des contretemps s'en mêlèrent, les ponts ne furent pas enlevés assez vite, on fut obligé d'attendre, & le maréchal Keith ne put quitter son camp qu'à 11 heures. Les Prussiens de Michéle étoient partis à 3 heures du matin. Le prince de

Lorraine, qui eut d'abord des avis de la bataille que le maréchal Daun venoit de gagner, se prépara à faire une sortie sur les troupes du maréchal Keith, prêtes à lever le piquet. Il sortit du petit côté, & canonna vivement les deux colonnes Prussiennes qui se retiroient par le couvent de la Victoire ; les grenadiers de l'arrière-garde calmèrent l'impétuosité des ennemis, & le prince de Prusse prit une position à Reefin, d'où il protégea la retraite des troupes. Les Prussiens n'eurent que 200 hommes tant de tués que de blessés dans cette affaire ; le prince de Lorraine y gagna 2 pièces de 3 livres, dont les chevaux furent tués, seul trophée qu'il remporta de son expédition. Le corps avec lequel le Roi avoit marché à Brandeis, prit le lendemain le camp de Liffa, où il se joignit au débris des troupes de Kolin. L'on supposoit que le maréchal Daun agiroit contre l'armée du Roi, & le prince de Lorraine contre celle du maréchal Keith, & l'on se trompa. Les Autrichiens perdirent beaucoup de temps à faire avancer leurs magasins ; au bout de huit jours les deux armées Autrichiennes se joignirent à Brandeis. Le prince de Prusse prit le commandement de l'armée de Liffa, avec laquelle il marcha à Jung-Buntzlau, & bientôt à Bœhmisch-Leippa. Le Roi prit le chemin de Melnick, pour se joindre au maréchal Keith, avec un renfort qu'il lui mena ; il passa l'Elbe à

Leutmeritz : afin de ne pas perdre cependant
la communication avec le prince de Pruffe, il
laiffa le prince Henri avec un détachément à
Trebotfchau, à la rive droite de l'Elbe. L'armée
du Roi s'étendoit dans la plaine, entre Leutmeritz & Lowofitz ; quelques bataillons occupoient le Bafcopol & le défilé de Welmina ;
les gorges de la Saxe étoient gardées par de
nouvelles levées. La ville de Leutmeritz avoit. Juillet.
fervi de dépôt pour le fiège de Prague ; c'étoit
le grand magafin & l'hôpital de l'armée : cette
ville, fituée dans un fond, ne pouvoit fe défendre que par les camps qui occupoient les
montagnes qui l'environnent ; on travailla,
auffi-tôt que les troupes y arrivèrent, à la débarraffer des malades, des munitions & de l'artillerie qu'on y gardoit ; quelque activité qu'on
mît à preffer tous ces tranfports, on ne put les
achever que le 20 de juillet. Au commencement
de ce mois, Mr. de Nadafti s'approcha de
l'armée, fe campa à Gaftoff, vis-à-vis du corps
du prince Henri, & mit tout en œuvre pour
interrompre la communication que les Prufliens
entretenoient entre le camp de Leutmeritz &
celui de Leippa ; en quoi il n'eut pas de peine
à réuffir, en répandant fes pandours dans les
forêts & dans les défilés en grand nombre, qui
fe trouvent dans cette partie de la Bohême.
A la rive gauche de l'Elbe, il ne parût qu'un
petit corps d'Autrichiens, commandé par le

Sr. Laudon. Ce partifan, à la tête de 2,000 pandours, s'étoit pofté au pied du Bafcopol, d'où il infeftoit les grands chemins, inquiétoit les détachemens, & faifoit des coups peu confidérables. Celui qui lui réuffit le mieux, devint funefte à Mr. de Mannftein, célèbre pour avoir engagé la bataille de Prague, & avoir caufé la perte de celle de Kolin. Ce général fe faifoit tranfporter en Saxe, pour y chercher la guérifon de fes bleffures; il étoit efcorté par 200 hommes de nouvelles levées; Laudon l'attaque en chemin, le défordre fe met dans l'efcorte; Mannftein fort de fa voiture, prend fon épée, fe défend en défefpéré, & refufant le quartier qu'on lui offre, eft tué fur la place. La guerre fe faifoit avec plus de vigueur du côté du prince de Pruffe. Le prince de Lorraine & le maréchal Daun, après s'être joints, quittèrent Brandeis, & fuivirent le prince de Pruffe; ils fe campèrent à Nîmes, où ils tournoient fon flanc gauche, & gagnoient fur les Pruffiens une marche fur Gabel. Le général Puttkammer défendoit le château de cette ville, où le prince de Pruffe l'avoit envoyé avec 4 bataillons, pour faciliter les convois que fon armée tiroit de Zittau. Si le prince de Pruffe eût pris le parti de marcher incontinent à Gabel, les Autrichiens n'auroient rien gagné par leur mouvement; mais le prince, qui n'en fentit pas d'abord les conféquences, demeura tranquille dans fon camp, &

laiſſa faire à l'ennemi ce qu'il lui plut. Le
maréchal Daun fit partir un détachement de
20,000 hommes, qui attaqua Mr. de Puttkammer à Gabel ; ce général, après une vigoureuſe
réſiſtance, & trois jours de tranchée ouverte,
n'étant point ſecouru, fut obligé de ſe rendre
priſonnier de guerre. Le prince de Pruſſe comprit l'importance de ce poſte après l'avoir perdu ;
le droit chemin de ſon camp à Zittau paſſe par
Gabel ; ce chemin lui étant interdit, celui qui
lui reſtoit, paſſe par Rumbourg, & fait un
détour de quelques milles : on ne peut y paſſer
que ſur une colonne. L'armée fut obligée de le
prendre ; elle y perdit du bagage, & des pontons qui ſe briſèrent dans des chemins étroits
entre des rochers. Le prince arriva à Zittau en
décrivant un arc, & le maréchal Daun par la
corde. Mr. de Schmettau, qui commandoit
l'avant-garde des Pruſſiens, trouva en approchant de Zittau, les Autrichiens établis ſur
l'Eckartsberg ; c'eſt le poſte le plus important
de cette contrée ; il domine ſur la ville, & commande aux environs. L'armée du prince de
Pruſſe occupa une hauteur oppoſée au camp des
ennemis, la ville de Zittau devant ſa droite entre
les deux armées, ſa gauche étendue ſur la montagne de Hennersdorf. Le prince pouvoit ſoutenir la ville, ſans pouvoir néanmoins empêcher
les impériaux de l'inſulter. Le maréchal Daun,
excité par le prince Charles de Saxe, fit bom-

barder la ville. Zittau a des rues étroites, la plupart des toits font en bardeau ; le feu y prit, le bardeau communiqua l'incendie aux différens quartiers de la ville à la fois, les maifons s'écroulèrent, & les paffages furent bouchés par les débris. Le prince de Pruffe fe vit obligé d'en tirer la garnifon ; les troupes qui occupoient l'extrêmité oppofée, ne purent regagner l'armée, ne trouvant que des flammes & des ruines fur leur paffage, de forte que le colonel Dierke avec 150 pionniers, & le colonel Kleift avec 80 foldats du margrave Henri, tombèrent entre les mains des ennemis. La ville de Zittau n'étant en elle-même d'aucune conféquence, on ne fut fenfible à ce malheur qu'à caufe du magafin confidérable qui s'y trouvoit. Après qu'il eut été confumé par les flammes, l'armée du prince de Pruffe ne pouvant tirer fa fubfiftance & fon pain qüe de Dresde, il auroit fallu tranfporter ce pain de 12 milles, pour qu'il arrivât au camp ; & comme il fe préfentoit des difficultés infurmontables à ce tranfport, le prince fut obligé de fe rapprocher de fes vivres ; il décampa de Zittau fans être fuivi par l'ennemi, & prit une pofition pour l'armée aux environs de Bautzen.

Dès que le Roi fût informé de la perte de Gabel, il fe propofa d'évacuer Leutmeritz, pour retourner en Saxe. La ville de Leutmeritz étoit vide ; les munitions de guerre & de bouche étoient déjà arrivées à Dresde, &

comme il n'y avoit point de temps à perdre,
le prince Henri paſſa l'Elbe ; après qu'il eut
rejoint le Roi, l'armée alla ſe camper entre
Sulowitz & Lowoſitz. Mr. de Nadaſti, qui
avoit ſuivi l'arrière-garde de S. A. R., attaqua
les grands gardes du camp ; on le reçut verte-
ment ; il fut repouſſé avec perte, & repaſſa
promptement l'Elbe. Les jours ſuivans, l'armée
ſe replia ſur Linay, delà ſur Nœllendorf &
ſur Pirna. Un détachement de 200 hommes de
nouvelles levées qui gardoit le Schreckenſtein,
fut attaqué & pris par Mr. Laudon ; les poſtes
d'Auſſig & de Tetſchen furent évacués ſans
perte. Le Roi laiſſa le prince Maurice à Gishubel ; il lui donna 14 bataillons & 10 eſcadrons, pour défendre cette gorge, & ſe mit en
marche avec le reſte de ſes troupes, voulant
joindre le prince de Pruſſe à Bautzen. Ce prince,
qui étoit tombé malade, quitta l'armée & ne
fit depuis que languir. Le Roi s'avança d'abord
avec un détachement de Bautzen à Weiſſenberg ; il en délogea Mr. de Beck, qui ſe replia
vers Bernſtadt. Les arrangemens qu'il fallut
faire pour rétablir l'ordre dans les vivres & préparer de nouveaux caiſſons, arrêtèrent le Roi
quinze jours. Ce prince étoit preſſé par les progrès des François à ſa droite, & des Ruſſes
à ſa gauche ; il étoit obligé de détacher, ce
qui lui inſpira le deſſein de marcher aux Autrichiens, & d'eſſayer de s'en délivrer, avant que

de s'affoiblir par des détachemens ; il fe mit en
marche le 16 pour Bernftadt ; le Roi menoit
la colonne de la gauche, le prince de Brunswick celle de la droite. Ils penfèrent entourer
Mr. de Beck fur une montagne près de Soh-
land, & ce partifan ne fe fauva qu'en perdant
une partie de fon monde. On apprit à Bernftadt, qu'un détachement des ennemis s'affembloit à Oftritz ; Mr. de Werner y fut auffi-tôt
envoyé ; il fut fur le point de prendre Mr. de
Nadafti, dont il enleva le bagage, & les troupes
qui l'efcortoient. On trouva parmi fes papiers
des lettres originales de la reine de Pologne,
qui donnoit des avis à ce général de tout ce
qu'elle favoit des Pruffiens, & lui propofoit
quelques projets de furprife ; le Roi envoya
ces originaux à Mr. de Finck, commandant
de Dresde, pour les montrer à la reine, afin
17. qu'elle comprît qu'on étoit au fait de toutes
fes menées. Le Roi détacha 5 bataillons de
Bernftadt, pour prendre pofte à Gœrlitz , &
avec le gros de l'armée il marcha droit aux Autrichiens. Le maréchal Daun campoit encore
à l'Eckartsberg ; il ne fit faire qu'un mouvement à fes troupes, pour qu'elles préfentaffent
le front aux Pruffiens. Ce pofte étoit inattaquable ; à la gauche, une montagne taillée en
formé de baftion, hériffée de 60 pièces de douze
livres, flanquoit la moitié de fon armée ; devant
le front, s'étend dans un bas-fond le village de

Wittgenau, le long duquel coule un ruisseau
entre des rochers escarpés. Trois chemins se
présentoient pour traverser ce village, qui
menoient à l'ennemi, & dont le plus large pouvoit contenir une voiture. La droite du maréchal s'appuyoit à la Neifse ; au-delà de cette
rivière campoit Mr. de Nadasti avec la réserve
de l'armée sur une hauteur, d'où il pouvoit
avec 30 pièces de gros calibre balayer tout le
front de l'armée impériale. Les deux armées
n'étoient séparées que par le fond de Wittgenau ; toute la journée se passa à se canonner
réciproquement. Le lendemain on fit passer la
Neifse à Hirfchfeld, à un corps aux ordres de
Mr. de Winterfeld, pour reconnoître s'il n'y
auroit pas moyen d'engager une affaire avec
Mr. de Nadasti, ce qui auroit porté le maréchal Daun à le secourir, & auroit donné lieu
à un combat général. Mais la difficulté du terrein s'opposa encore à cette entreprise, & il
fallut y renoncer. Rien n'auroit été plus avantageux pour le Roi dans ces circonstances que
d'engager une affaire décisive ; il n'avoit point
de temps à perdre ; un gros de François étoit
à Erfurt ; l'armée du duc de Cumberland étoit
acculée à Stade ; le duché de Magdebourg &
la vieille Marche se trouvoient exposés aux
incurfions des François ; une armée Suédoise
avoit passé la Peene, près d'Anclam ; les troupes des cercles étoient en mouvement pour

20. s'avancer en Saxe. Mais l'impoffibilité de combattre dans ce terrein difficile & impraticable, & la néceffité de faire de prompts détachemens, obligèrent le Roi à fe retirer. L'infanterie fe replia par ligne, fans que l'ennemi fît mine de s'en appercevoir. L'armée marcha à Bernftadt, & fe campa fur les hauteurs de Jauernick jufqu'à la Neiſe ; au-delà de cette rivière, le corps de Mr. de Winterfeld s'étendit jufqu'à Radomeritz. On envoya un détachement pour relever la brigade de Gœrlitz, avec laquelle Mr. de Grumbkow eut ordre de fe rendre en Siléfie, pour nettoyer les frontières des partis ennemis, qui y commettoient des défordres, & pour veiller en même temps à la fûreté de la forterefle de Schweidnitz. Le Roi remit le

25. commandement de l'armée au prince de Bévern, en lui adjoignant Mr. de Winterfeld, auquel proprement il donnoit fa confiance ; il leur recommanda fur-tout de couvrir avec foin les frontières de la Siléfie ; après quoi il partit avec 18 bataillons & 30 efcadrons, pour s'oppofer aux entreprifes des François & des troupes de l'Empire. Afin de ne point interrompre les événemens de cette campagne, tous liés les uns aux autres, nous n'avons pas fait mention de la campagne de l'armée alliée, commandée par le duc de Cumberland ; la liaifon des chofes exige que nous en faffions à préfent une courte récapitulation.

Dès

Dès le commencement d'avril, les François occupèrent les villes de Clèves & de Wéfel, où ils ne rencontrèrent aucune réfiftance. Le comte de Gifors s'empara de Cologne, dont les François avoient deffein de faire leur place d'armes. Mr. d'Étrées, qui devoit prendre le commandement de l'armée, y arriva les premiers jours du mois de mai ; il s'avança le 26, & campa avec toutes fes troupes à Munfter. Le duc de Cumberland raffembla les fiennes à Bielefeld, d'où il avoit pouffé un détachement à Paderborn, à l'approche de Mr. d'Étrées, dont l'armée fe campa à Rhéda. Le duc fe retira à Herford, fur quoi les François envoyèrent un détachement dans le pays de Heffe, qui n'y trouvant aucune oppofition, s'empara de tout le landgraviat ; Caffel même, qui en eft la capitale, fe rendit après une foible réfiftance. Le duc de Cumberland ne voulant faire ferme que derrière le Wéfer, felon le projet des miniftres de Hanovre, qui croyoient le paffage de ce fleuve plus difficile que celui du Rhin, le fit paffer à fes troupes fur les ponts qu'il avoit fait préparer dans les villages de Rhemun & de Vlotho ; il donna en même temps des ordres pour qu'on travaillât à fortifier les villes de Munden & de Hameln ; c'étoit y penfer bien tard. Les François de leur côté fe portèrent fur Corbie ; un de leurs détachemens ayant paffé le Wéfer, donna lieu au duc

Tome I. L

Campagne du Duc de Cumberland.

Juillet.

de changer fa pofition, & il fe campa la droite
à Hameln, la gauche à Afferde. Le duc d'Orléans fit en même temps établir des ponts à
Munden pour y paffer le Wéfer. Le duc de
Cumberland, qui s'attendoit à être attaqué
dans peu, rappella à lui tous fes détachemens,
& les raffembla à Haftenbeck, dont on lui avoit
dépeint la pofition comme admirable. La droite
de fon armée s'y trouvoit bien appuyée ; au
centre, les troupes fe replioient en forme de
coude ; devant elles, fe trouvoit un bois, & dans
ce bois un ravin affez confidérable. L'armée
Françoife s'approcha de celle des alliés ; le 25
fe paffa en reconnoiffances de la part de Mr.
d'Étrées, & en canonnades de la part du duc
26. de Cumberland. Le lendemain, les François
attaquèrent fa gauche en fe gliffant par ce ravin
au fond du bois ; ils emportèrent la batterie du
centre des alliés. Le prince héréditaire de
Brunfwick la reprit l'épée à la main, & fit
connoître par ce coup d'effai, que la nature le
deftinoit à devenir un héros. En même temps
un colonel Hanovrien, nommé Breitenbach,
fe détache de lui-même, raffemble les premiers bataillons qu'il rencontre, entre dans le
bois, prend les François à dos, les chaffe &
s'empare de leurs canons & de leurs drapeaux : tout le monde croit la bataille gagnée
par les alliés ; Mr. d'Étrées, qui voit fes troupes en déroute, ordonne la retraite ; le duc

d'Orléans s'y oppofe ; enfin au grand étonne-
ment de toute l'armée Françoife, on apprend
que le duc de Cumberland eft en pleine marche,
& qu'il fe replie fur Hameln. Le prince héréditaire fut obligé d'abandonner cette batterie
qu'il avoit reprife avec tant de gloire, & la
retraite fe fit avec tant de précipitation, qu'on
oublia même ce brave colonel Breitenbach qui
avoit fi bien mérité dans cette journée ; ce
digne officier demeura feul maître du champ
de bataille, partit la nuit pour joindre l'armée,
apportant fes trophées au duc, qui pleura de
défefpoir de s'être trop précipité la veille à
quitter un champ de bataille qu'on ne lui difputoit plus. Quelques repréfentations que lui   Août.
fiffent le duc de Brunfwick & des généraux
de fon armée, on ne put jamais le diffuader
de continuer fa retraite. Il marcha d'abord à
Nienbourg, enfuite à Verden, d'où il prit par
Rotenbourg & Bremerwœrde le chemin de
Stade. Par cette manœuvre malhabile, il abandonna tout le pays à la difcrétion des François ;
Hameln fut d'abord occupé par le duc de Fitzjames ; mais ce qu'il y eut de fingulier & de
remarquable, fut que Mr. d'Étrées fut rappellé pour avoir remporté une victoire. Le duc
de Richelieu, auquel la cour donna le commandement de cette armée, arriva le 7 à Munden ; il prit Hanovre, le duc d'Ayen Bunfwick,
& Mr. le Voyer Wolfenbuttel. Il envoya le

prince de Soubife avec un détachement de 25,000 hommes à Erfurt, où il devoit être joint par l'armée des cercles & un détachement d'Autrichiens. Il fe mit de fon côté à la pourfuite des alliés, paffa l'Aller, & fe campa à Verden. Mr. d'Armentières s'empara en même temps de Brème le 1er. de feptembre. L'armée Françoife s'avança vers Rotenbourg, dans l'intention d'attaquer le duc de Cumberland ; elle ne l'y trouva plus ; ce prince s'étoit déjà replié fur Bremervœrde, évitant depuis la journée de Haftenbeck tout engagement avec l'ennemi. Dès que le Roi eut remarqué par les manœuvres du duc de Cumberland qu'il fe bornoit à défendre le Wéfer, il prévit tout ce qui en réfulteroit, & rappella les 6 bataillons qu'il avoit dans cette armée, pour les jeter dans Magdebourg, ce qui fe fit très-à-propos, comme nous le verrons dans la fuite.

On voit par le tableau que nous venons de préfenter, que le duché de Magdebourg étoit menacé de l'invafion des François & la ville d'un fiège, que la Saxe alloit devenir la proie de cette armée qui s'affembloit à Erfurt, que les garnifons de Dresde & de Torgau alloient être perdues ; enfin, que Berlin, cette capitale fans défenfe, étoit fur le point d'être envahie par les Suédois, qui avoient pénétré dans la Marche Uckerane, & qui ne trouvoient qu'une poignée de monde qui s'oppofât à leurs progrès. Dans ces conjonctures, les raisons les plus preffantes demandoient qu'un corps de troupes marchât contre tant d'ennemis. Le Roi fe chargea de ce commandement, & fe mit à la tête de peu de monde, pour ne point affoiblir fon armée de Siléfie, qui avoit à combattre l'ennemi le plus redoutable.

Le prince de Bévern, auquel il reftoit 50 bataillons & 110 efcadrons, fe campa après le départ du Roi à la Landeskrone, près de Gœrlitz. Mr. de Winterfeld plaça fon détachement de l'autre côté de la Neifse, fur le Holzberg, proche du village de Moys. Le prince fit tranfporter fon magafin de Bautzen à Gœrlitz. Le maréchal Daun & le prince de Lorraine fe campèrent vis-à-vis de lui à Auffig, & détachèrent Mr. de Nadafti à Schœnberg, pour obferver Mr. de Winterfeld. Le comte de Kaunitz venoit d'arriver à l'armée Autrichienne, pour s'aboucher avec les généraux & régler les opérations ultérieures de la campagne. Mr. de Nadafti, pour lui faire fa cour, fe propofa d'attaquer le pofte de Mr. de Winterfeld au Holzberg. Ce pofte n'étoit garni que de deux bataillons, les dix autres du même corps campoient à trois mille pas en arrière plus près de Gœrlitz. Le jour que l'attaque fe fit, Mr. de Winterfeld étoit auprès du duc de Bévern, avec lequel il avoit quelques arrangemens à prendre; on vint lui dire que l'ennemi attaquoit

Août.
31.

Sept.

7.

L 3

son poste ; il y accourut ; mais le Holzberg étoit
emporté avant qu'il y arrivât ; il voulut en
déloger l'ennemi, s'avança à la tête de quatre
bataillons, & eut le malheur d'être blessé mor-
tellement. Mr. de Nadasti, content de l'avantage qu'il venoit de remporter, se retira de
lui-même à Schœnberg ; les Prussiens perdirent
1200 hommes à cette affaire, & nombre de
braves officiers. Mr. de Winterfeld mourut de
sa blessure, & fut d'autant plus regretté dans
ces circonstances, qu'il étoit l'homme le plus
nécessaire à l'armée du prince de Bévern, &
que le Roi n'avoit compté que sur lui dans les
mesures qu'il avoit prises pour la défense de la
Siléfie. Le lendemain de cette affaire, le prince
de Bévern leva son camp ; il se rendit par Ca-
tholifch-Hennersdorf & Naumbourg à Lignitz,
& négligea de prendre le camp de Lœwenberg, ou celui de Schmutseifen, par lefquels
il auroit couvert la Siléfie ; & non content
d'abandonner les frontières, il acheva de s'affoiblir en détachant 15,000 hommes, qu'il jeta
dans différentes places. Ces fautes entraînèrent
les malheurs qui l'accablèrent à la fin de la campagne. Le maréchal Daun suivit les Prussiens ; il
marcha par Lœwenberg & Goldberg, & se campa
sur les hauteurs de Wahlstadt. Les Prussiens
étoient dans un fond, la droite à Lignitz, la
Katzbach à dos, & la gauche au village de
Beckren ; ils avoient tout à craindre dans ce

terrein, un ennemi entreprenant en eût profité; le maréchal Daun ne l'étoit pas. Cependant une après-midi, animé par le vin & par les difcours du chevalier de Montazet, le prince de Lorraine voulut emporter quelque avantage fur l'ennémi; il fit avancer 8 à 10 bataillons de grenadiers & du canon, avec lefquels il fit attaquer le village de Beckren. Ce détachement étoit trop foible contre une armée; il n'étoit point foutenu; il fut repouffé par les troupes que le prince de Bévern fit avancer de la ligne pour foutenir le village; le régiment de Pruffe, infanterie, fe diftingua fur-tout à cette action. Cet effai fit comprendre au prince de Bévern que fa pofition étoit mauvaife, fon camp mal pris, fa fituation hafardée. Appréhendant d'être attaqué le lendemain avec des forces plus con-fidérables, il repaffa la nuit même la Katzbach, & marchant à Parchwitz, il y trouva un corps d'impériaux qui lui difputa le paffage de la Katzbach; il fit des ponts fur l'Oder, paffa ce fleuve, & fe rendit par fa rive droite le premier d'octobre à Breslau; ayant repaffé l'Oder fur le pont de la ville, il prit pofte derrière le petit ruiffeau de la Lohe, où il fe retrancha; les Autrichiens fe placèrent vis-à-vis de lui à Liffa. La cour de Vienne avoit négocié des troupes de l'électeur de Bavière & du duc de Wur-temberg, qu'elle envoya alors en Siléfie; ces corps fe joignirent, à la réferve de Mr. de

Octobre.

L 4

Nadafti, aux environs de Schweidnitz, dont ils devoient faire le fiège. Nous fufpendrons pour quelques momens le récit de la campagne de Siléfie ; pour fuivre le Roi dans fon expédition contre les François.

Sept.

Campagne contre les François.

Il fe rendit d'abord à Dresde, d'où il détacha Mr. de Seidlitz avec un régiment de houfards & un régiment de dragons pour Leipfick, afin de donner la chaffe à Mr. de Turpin, qui avec des troupes légères, rodoit du côté de Halle. Les François fe retirèrent à l'approche des Pruffiens, de forte que Mr. de Seidlitz devenant inutile dans cette partie, vint rejoindre le Roi entre Grimma & Rœtha ; de Rœtha les troupes marchèrent à Pégau ; l'ennemi y avoit détaché deux régimens de houfards impériaux, Ceczeni & Efterhafi. Cette ville eft fituée de l'autre côté de l'Elfter, fur laquelle un pont de pierre aboutit à la porte. L'ennemi avoit garni cette porte & quelques toits des maifons voifines, pour en défendre l'entrée. Mr. de Seidlitz fit mettre pied à terre à une centaine de houfards, qui forcèrent la porte ; le gros du régiment les fuivit & entra dans Pégau au plein galop ; Mrs. de Seculi & de Kleift traverfent la ville en fortant par la porte oppofée ; ils trouvent ces deux régimens ennemis poftés derrière un chemin creux ; ils les attaquent, les renverfent, les pourfuivent jufqu'à Zeitz, & en ramènent 350 prifonniers.

Le lendemain, l'armée du Roi fe porta fur Naumbourg ; l'avant-garde y rencontra 6 efcadrons de ceux qu'elle avoit battus la veille ; ils furent bientôt diffipés, & perdirent fur-tout beaucoup de monde en paffant le pont de la Saale, proche de Schul-Pforte ; on rétablit ce pont, & les troupes le pafsèrent, pour fe rendre 8 Sept. à Buttftett. Ce fut là qu'on reçut la nouvelle de cette fameufe convention, fignée entre le duc de Cumberland & le duc de Richelieu à Cloïter-Seven : ce traité fut négocié par un comte Lynar, miniftre du roi de Danemarck ; il y fut ftipulé, que les hoftilités cefferoient ; que les troupes de Heffe, de Brunfwick & de Gotha feroient renvoyées dans leur pays ; que celles de Hanovre demeureroient tranquillement à Stade à l'autre bord de l'Elbe, dans un diftrict qui leur fut affigné ; on ne régla rien touchant l'électorat de Hanovre, ni contributions, ni reftitutions ; de forte que cet état fe trouvoit abandonné à la difcrétion des François. A peine cette convention fut-elle conclue, que fans en attendre la ratification, le duc de Cumberland s'en retourna en Angleterre, & le duc de Richelieu fe prépara de fon côté à faire une invafion dans la principauté de Halberftadt.

Vers ce temps-là on intercepta dans l'armée Pruffienne des lettres du comte Lynar au comte de Reufs ; ces deux hommes étoient

de la fecte qu'on nomme Piétiftes. Le comte
Lynar, en parlant à fon ami de cette négociation, lui dit : » L'idée qui me vint de faire cette
» convention, étoit une infpiration célefte, le
» Saint-Efprit m'a donné la force d'arrêter les
» progrès des armes françoifes, comme au-
» trefois Jofué arrêta le foleil ; Dieu tout-
» puiflant, qui tient l'univers en fes mains,
» s'eft fervi de moi indigne, pour épargner ce
» fang luthérien, ce précieux fang hanovrien
» qui alloit être répandu ». Le malheur a
voulu que le comte Lynar s'eft applaudi tout
feul ; nous le laifferons entre Jofué & le foleil,
pour revenir à des objets plus importans. Cette
indigne convention acheva de déranger les affaires du Roi ; fa foi-difante armée étoit de
18,000 hommes, & il fe trouvoit réduit à faire
un détachement pour couvrir Magdebourg,
ou pour en renforcer la garnifon. Cependant,
comme Mr. de Soubife fe trouvoit à Erfurt,
il voulut tenter les moyens de l'en éloigner,
afin de pouvoir s'affoiblir enfuite avec moins
de danger. Il s'avança pour cet effet à Erfurt
avec 2,000 chevaux, un bataillon franc, &
deux bataillons de grenadiers ; fa furprife fut
extrême, lorfqu'il vit l'armée Françoife décam-
per de la Cyriacsbourg en fa préfence. Mr. de
Soubife ne fe croyant pas en fûreté à Erfurt,
fe retira effectivement à Gotha. A peine fut-il
parti qu'on fomma la ville de fe rendre, &

l'on convint par la capitulation , que le Pé-
tersberg demeureroit neutre , que la ville feroit
occupée par les Pruffiens , & que l'ennemi
évacueroit la Cyriacsbourg. Dès que les troupes eurent pris une efpèce de pofition auprès
d'Erfurt, le prince Ferdinand de Brunfwick
partit de l'armée avec 5 bataillons & 7 efcadrons, pour couvrir Magdebourg, & tenir tête
à l'armée de Mr. de Richelieu. Le Roi pouvoit
encore fe renforcer de 6 bataillons, qu'il auroit
tirés de la place ; mais ces mefures, les feules
que l'on pût prendre dans ces conjonctures ,
étoient foibles , & infuffifantes pour réfifter à
50,000 François. Le prince Ferdinand , bien
réfolu de fuppléer par fon habileté au peu de
moyens qu'on lui fourniffoit, prit un détour pour
fe rendre à Magdebourg ; en marchant par Egeln,
il donna fur le régiment de Lufignan , dont il
fit 400 hommes prifonniers ; delà il vint fe pofter
fiérement à Wanzleben, d'où il fembloit défier
Mr. de Richelieu , qui campoit à Halberftadt.
Les partis pruffiens eurent de la fupériorité fur
les François pendant toute la fin de cette campagne, & il fe paffa peu de jours qu'ils n'ame-
naffent des prifonniers au Roi. Dans l'état où
fe trouvoit ce prince, il falloit avoir recours à
tout, employer la rufe & la négociation, enfin
tous les moyens poffibles pour adoucir la fituation des affaires ; d'ailleurs on ne perdoit , en
faifant des tentatives , que la peine d'avoir

imaginé des expédiens frivoles. Dans eette intention, le colonel Balby partit déguifé en bailli,
pour fe rendre auprès du duc de Richelieu ; il
connoiffoit ce duc, avec lequel il avoit fait
quelques campagnes en Flandre. Balby devoit
faire des propofitions pour ramener la cour de
Verfailles à des fentimens plus doux & plus
pacifiques ; il s'apperçut que le duc de Richelieu fe défiant de fon crédit, ne croyoit pas avoir
affez d'influence auprès du miniftère & du Roi,
pour changer leur fyftême & leur opinion fur
l'alliance avec la maifon d'Autriche, alliance
qui récemment conclue plaifoit par fa nouveauté
même. Cet émiffaire voyant que tout ce qu'il
pourroit dire fur ce fujet ne meneroit à rien,
fe rabattit à demander au duc, qu'il voulût au
moins avoir quelques ménagemens pour les provinces du Roi, où il faifoit la guerre.

Bientôt le Roi fut encore obligé d'affoiblir
fon armée par un nouveau détachement ; il
envoya le prince Maurice à Leipfick avec 10
bataillons & 10 efcadrons, pour s'y tenir dans
une pofition centrale, d'où il fût à portée de fe
joindre dans le befoin au Roi, ou au prince
Ferdinand, & d'où il pût avoir l'œil fur Mr.
de Marshall, campé à Bautzen avec 15,000
Autrichiens ; ce dernier corps inquiétoit avec
d'autant plus de raifon, que la Luface étant
ouverte, on avoit à craindre qu'il ne fît une
irruption dans l'électorat, & n'allât même à

Berlin. Cette capitale étoit également menacée du côté de la Poméranie par les Suédois , dont Mr..de Manteufel, avec 500 houſards & quatre bataillons, retardoit les progrès. Après que ces deux corps eurent quitté le camp d'Erfurt , il ne reſta plus au Roi que 8 bataillons & 27 eſcadrons. Si l'ennemi s'étoit apperçu de la foibleſſe de ce corps , il n'eſt pas douteux qu'il ne ſe fût mis en action ; c'eſt ce qu'il falloit empêcher ſur toute choſe , & ce qui fit recourir à différens expédiens , pour en impoſer au peuple d'Erfurt , & aux François mêmes ; par cette raiſon , les troupes ne campèrent point ; l'infanterie étoit répandue dans les villages voiſins de la ville ; on la fit changer à différentes repriſes de quartiers ; & comme chaque fois les régimens changeoient auſſi de nom , cela multiplioit l'ordre de bataille que les eſpions recueilloient avec ſoin , pour en inſtruire le prince de Soubiſe. Deux jours après que les Pruſſiens eurent pris Erfurt, le Roi fit une reconnoiſſance vers Gotha avec 20 eſcadrons de houſards & de dragons, pour eſſayer ſi l'on n'en pourroit pas déloger ces deux régimens de houſards impériaux ſi ſouvent battus ; cela réuſſit au-delà de ce qu'on devoit eſpérer ; l'appréhenſion que ces houſards avoient des Pruſſiens , précipita leur retraite ; proche de Gotha, ils avoient un défilé à paſſer , où ils perdirent 180 hommes ; on les pourſuivit même juſqu'à la vue d'Eiſenach , où cam-

16.

poit Mr. de Soubife, qui venoit d'être joint
par le prince de Hildbourghaufen, général en
chef de l'armée des cercles. La maifon ducale
fut charmée de fe voir débarraffée de ces hôtes
indifcrets ; elle avoit également à fe plaindre
des François & des Autrichiens : les François
avoient commis des violences au château, dont
ils avoient enlevé les canons ; & les officiers
Autrichiens, peu mefurés dans leurs propos,
s'étoient comportés avec une arrogance non
convenable envers des princes fouverains, d'une
des plus anciennes maifons de l'Empire. Mr. de
Seidlitz demeura avec cette cavalerie à Gotha,
pour veiller delà fur les mouvemens de l'ennemi, & avertir à temps la petite armée d'Erfurt, afin que dans le befoin elle pût fe réplier
avant l'approche de l'armée d'Eifenach. Peu
de jours après, il fut attaqué par un corps bien
fupérieur au fien. Le prince de Hildbourghaufen
voulut fignaler fon commandement par un coup
d'éclat ; il propofa au prince de Soubife de
déloger les Pruffiens de Gotha. Tous deux
fe mirent en marche avec les grenadiers de leur
armée, la cavalerie Autrichienne, Laudon &
fes pandours, & toutes les troupes légères de
l'armée Françoife. Mr. de Seidlitz fut averti
à temps du projet que les ennemis formoient
contre lui ; bientôt il les vit paroître ; une
colonne de cavalerie embraffoit Gotha par la
droite, en cheminant fur la crête des hauteurs

qui vont vers la Thuringe ; une autre colonne
de cavalerie ayant les houfards devant elle,
venoit à gauche du côté de Langenfalza ; les
pandours à la tête des grenadiers formoient la
colonne du centre. Mr. de Seidlitz s'étoit mis
en bataille à une certaine diftance de Gotha,
les houfards en première ligne, les dragons de
Meinicke en feconde ; il avoit envoyé les dragons de Czettritz à un défilé qui étoit à un
demi-mille derrière lui, avec ordre de fe mettre
fur un rang, pour former un front étendu qui
pût en impofer aux ennemis ; ce qui n'empêchoit pas que ce régiment ne fût très-à-portée
de protéger fa retraite, s'il s'étoit vu obligé de
céder au nombre. Cette manœuvre habile &
rufée fit prendre le change au prince de Hildbourghaufen ; il penfa que l'armée Pruffienne,
qu'il croyoit confidérable, étoit en marche pour
foutenir Mr. de Seidlitz, & que cette grande
ligne de cavalerie qu'il découvroit, alloit inceffamment fondre fur lui. Mr. de Seidlitz s'apperçut, par la contenance mal affurée des houfards Autrichiens, que fon ftratagême faifoit
impreffion ; il les pouffa infenfiblement, & de
choc en choc, gagnant toujours du terrein, il les
obligea à repaffer ce défilé où ils avoient peu
de jours auparavant tant fouffert ; la colonne
de cavalerie qui faifoit la droite des ennemis,
fe retira en même temps. Mr. de Seidlitz alors
envoya quelques houfards & dragons dans

Gotha; ils y entrèrent précisément comme le prince de Darmstadt avec les troupes des cercles, commençoit à s'en retirer, & y firent nombre de prisonniers. La précipitation avec laquelle le prince de Darmstadt abandonna Gotha, pensa devenir funeste à Mr. de Soubise; il étoit au château, & ne s'attendoit pas à une aussi prompte évacuation; il n'eut que le temps de se jeter à cheval pour s'enfuir bien vîte : 160 soldats & trois officiers de marque furent pris dans cette journée par les Prussiens. Tout autre officier que Mr. de Seidlitz se feroit applaudi de se tirer de ce mauvais pas sans perte ; Mr. de Seidlitz n'auroit pas été satisfait de lui-même, s'il ne s'en fût pas tiré avec avantage. Cet exemple prouve que la capacité & la résolution d'un général décident plus à la guerre que le nombre des troupes. Un homme médiocre, qui se fût trouvé dans de pareilles circonstances, découragé par l'appareil imposant des ennemis, se feroit retiré à leur approche, & auroit perdu la moitié de son monde dans une affaire d'arrière-garde, que cette cavalerie supérieure auroit engagée au plus vîte. Le bon emploi de ce régiment de dragons étendu & montré de loin à l'ennemi, procura à Mr. de Seidlitz le moyen d'acquérir beaucoup de gloire dans une affaire aussi épineuse.

Le Roi n'avoit pu jusqu'alors que tenir les choses en suspens ; il ne pouvoit rien entre-

prendre,

prendre , & devoit tout attendre du bénéfice du
temps. Il fe tint tranquillement à Erfurt , jufqu'à
ce qu'il apprit qu'un détachement François de
l'armée de Weftphalie étoit en chemin pour fe
rendre par la Heffe à Langenfalza. Comme il
ne devoit pas attendre l'arrivée de ce corps ,
qui pouvoit lui tomber à dos , il réfolut de fe
retirer avant fon approche. Le bruit fe répandant d'ailleurs que Mr. de Haddick traverfoit
la Luface pour pénétrer dans le Brandebourg ,
le prince Maurice avoit été obligé de gagner
Torgau à tire d'aîle ; il devoit vraifembla-
blement pouffer delà jufqu'à Berlin. Le Roi
n'ayant donc aucun fecours à attendre , ne
jugea pas à propos de prolonger davantage
fon féjour à Erfurt , & pour ne rien hazarder
mal à propos , il fe replia fur l'Eckartsberg ; des
couriers fréquens y arrivèrent de Dresde ; Mr.
de Finck marquoit que le corps de Marshall
étoit fur le point de quitter Bautzen , pour fuivre
celui de Haddick ; il étoit certain que le prince
Maurice n'étoit pas affez fort pour réfifter à
ces deux généraux ; cela fit réfoudre le Roi à
lui mener un renfort. Les troupes repafsèrent
la Saale à Naumbourg ; le maréchal Keith fe
jeta avec quelques bataillons dans Leipfick ; le
Roi paffa l'Elbe à Torgau , & marcha fur
Annaberg, où il apprit que la ville de Berlin
en avoit été quitte pour une contribution de
200,000 écus, qu'elle avoit payée aux Autri-

chiens ; que Mr. de Haddick n'avoit pas attendu
l'arrivée du prince Maurice pour se retirer , &
que Mr. de Marshall étoit demeuré immobile
dans son camp de Bautzen. La prémière idée
qui lui vint alors , fut de couper la retraite à
Mr. de Haddick ; il se rendit en conséquence
à Herzberg. Le prince Maurice étoit sur son
retour , & le Roi voulut l'attendre , parce que
Haddick avoit déjà repassé Cottbus ; il demeura
quelques jours dans cette position , pour s'é-
claircir sur les projets ultérieurs des François ,
qui devoient décider du parti qu'il avoit à prendre , soit de s'opposer à leurs entreprises , soit ,
au cas que la campagne de Thuringe fût finie ,
de tourner vers la Siléfie , pour dégager
Schweidnitz, dont Mr. de Nadafti commençoit à former le siège.

26. Mais les ennemis entraînèrent le Roi dans
des opérations qu'il ne pouvoit pas prévoir
alors. Le départ des Prussiens d'Erfurt engagea Mr. de Soubise à passer la Saale , & à
s'approcher de Leipsick ; le maréchal Keith
en donna avis , demandant avec empressement
des secours : il fallut accourir au plus pressé.

28 Le Roi prit sur le champ avec sa petite troupe
le chemin de Leipsick ; il nettoya d'abord la
rive droite de la Mulde , où Mr. de Custine
s'étoit avancé avec quelques brigades ; après
quoi il entra à Leipsick , où il fut joint par le
prince Maurice , & par le prince Ferdinand

de Brunſwick. On ſe rendit d'abord maître
de la grande chauſſée qui mène à Lutzen. Le 30,
l'armée ſe trouvant raſſemblée, elle alla ſe
camper à Altranſtædt, d'où Mr. de Retzow
fut détaché en avant pour garder le défilé de
Ripach. La nuit même le Roi ſe mit en marche
pour tomber ſur les quartiers ennemis diſper-
ſés à l'entour de Weiſſenfels ; ils ſe ſauvèrent,
hors celui de Weiſſenfels. On attaqua les trois
portes de la ville, avec ordre aux officiers de
gagner ſans délai le pont de la Saale, pour
qu'on fût maître de ce paſſage important. La
ville fut forcée, on y prit 500 hommes ; mais
ceux de la garniſon qui s'étoient ſauvés, avoient
mis le feu au pont couvert, qui étant tout de
charpente, s'embraſa facilement ; il n'y eut pas
moyen d'éteindre l'incendie, parce que l'ennemi embuſqué derrière les murs à l'autre bord,
faiſoit un ſi gros feu de mouſqueterie, que
tous ceux qui s'empreſſoient à conſerver le
pont, étoient tués ou bleſſés. Bientôt de nouvelles troupes parurent de l'autre côté de la
rivière, dont le nombre, qui alloit toujours
en groſſiſſant, convainquit de l'impoſſibilité de
tenter le paſſage de la Saale à cet endroit.
Mais comme ce n'étoit que la tête de l'armée
qui étoit arrivée à Weiſſenfels, & que la partie la plus conſidérable des troupes étoit encore en pleine marche, on leur fit prendre la
direction de Merſebourg, dans l'eſpérance

M 2

de pouvoir fe fervir du pont de cette ville.

Lorfque le maréchal Keith y arriva, il trouva que les François y étoient établis, & que le pont étoit rompu ; il ne balança pas fur le parti qui lui reftoit à prendre ; il prit quelques bataillons, & fe rendit à 'Halle, dont il délogea les François, & rétablit le pont qu'ils y avoient également détruit. L'armée du Roi fe trouvoit donc alors avoir fa droite à Halle, fon centre vis-à-vis de Merfebourg, & fa gauche à Weiffenfels, couverte par la Saale, affurant fa communication derrière cette rivière par des corps détachés, qui veilloient également fur les démarches des ennemis. Le maréchal Keith paffa le premier cette rivière proche de Halle. Sur

2. ce mouvement, qui ne pouvoit être d'aucune conféquence pour les François, Mr. de Soubife abandonna tous les bords de la Saale, & fe replia fur le village de St-Michel. Les Pruffiens employèrent ce jour & la nuit fuivante à rétablir les ponts de Weiffenfels & de Merfebourg ; le 3, de grand matin, le Roi & le prince Maurice les ayant paffés, leurs colonnes & celle du maréchal Keith fe dirigèrent fur Rosbach, où elles avoient ordre de fe joindre. Le Roi fe détacha pendant la marche avec quelque cavalerie, pour reconnoitre la pofition des ennemis ; elle étoit des plus mauvaifes. Les houfards par étourderie pouffèrent jufques dans le camp, & enlevèrent des chevaux de la cavalerie, &

des foldats qu'ils arrachèrent de leurs tentes ; 4.
ces circonftances, jointes au peu de précautions
des généraux François, déterminèrent le Roi
à marcher le lendemain pour les attaquer.

L'armée quitta fon camp avant la pointe du
jour ; toute la cavalerie faifoit l'avant-garde.
Lorfqu'elle arriva fur les lieux d'où on avoit
la veille reconnu le pofte des ennemis, elle ne
les y trouva plus ; fans doute que Mr. de Soubife ayant fait réflexion fur la défectuofité de
fon camp, en avoit changé la nuit même ; il
avoit étendu fes troupes fur une hauteur, devant laquelle régnoit un ravin ; fa droite s'appuyoit à un bois qu'il avoit fortifié d'un abatis
& de trois redoutes garnies d'artillerie ; fa
gauche étoit environnée par un grand étang
qu'on ne pouvoit pas tourner. L'armée du Roi
fe trouvoit trop foible en infanterie pour bruf-
quer un pofte auffi formidable ; pour peu que
la défenfe eût été opiniâtre, on ne l'auroit emporté qu'en y facrifiant vingt mille hommes. Le
Roi jugea que cette entreprife furpaffoit fes
forces, & il envoya des ordres à l'infanterie
de paffer un défilé marécageux qui fe trouvoit
près delà, pour prendre le camp de Braunsdorf ; la cavalerie la fuivit faifant l'arrière-garde.
Dès que les François virent que les troupes
Pruffiennes fe replioient, ils firent avancer leurs
piquets avec de l'artillerie, & canonnèrent
beaucoup, mais fans effet. Tout ce qu'ils

avoient de muficiens & de trompettes, leurs
tambours & leurs fifres fe faifoient entendre,
comme s'ils avoient gagné une victoire. Quelque
que peu agréable que fût ce fpectacle pour des
gens qui n'avoient jamais craint d'ennemi, il
fallut dans ces circonftances le confidérer d'un
œil indifférent, & oppofer le flegme allemand
à la pétulance & à la gaieté françoife. On apprit
la nuit même que l'ennemi faifoit un mouvement
ment de fa gauche à fa droite ; les houfards fe
mirent en campagne dès la pointe du jour ; ils
entrèrent dans le camp que les François venoient
noient de quitter, & apprirent des payfans qu'ils
avoient pris le chemin de Weiffenfels. Peu
après un corps affez confidérable fe forma
vis-à-vis de la droite des Pruffiens ; il avoit
l'air d'une arrière-garde, ou d'une troupe qui
couvre la marche d'une armée. Les Pruffiens
tenoient peu de compte de ces mouvemens,
parce que leur camp étoit couvert, tant le
front que les deux ailes, par un marais impraticable,
ticable, & qu'il n'y avoit que trois chauffées
étroites, par lefquelles on pût venir à eux. On
ne pouvoit donc fuppofer que trois deffeins à
l'ennemi : celui de fe retirer par Freybourg,
dans la haute Thuringe, parce que les fubfiftances
tances lui manquoient ; celui de prendre Weiffenfels,
fenfels, dont cependant les ponts étoient détruits
truits ; ou enfin celui de gagner Marfebourg
avant le Roi, pour lui couper le paffage de

la Saale. Or l'armée Pruffienne en étoit beaucoup plus près que celle des François. Cette
manœuvre étoit d'autant moins à craindre ,
qu'elle menoit à une bataille dont on pouvoit fe promettre un fuccès heureux , puifqu'on n'auroit point de pofte à forcer. Le
Roi envoya beaucoup de partis en campagne ,
& attendit tranquillement dans fon camp que
les intentions des ennemis fe fuffent plus
clairement développées ; car un mouvement
précipité , ou fait à contretemps , auroit tout
gâté. Des nouvelles , tantôt fauffes , tantôt
vraies , que rapportoient les batteurs d'eftrade,
entretinrent cette incertitude jufques vers midi,
qu'on apperçut la tête des colonnes Françoifes , qui à une certaine diftance tournoient
la gauche des Pruffiens. Les troupes des cercles
difparurent auffi infenfiblement de leur ancien
camp, de forte que ce corps qu'on prenoit
pour une arrière-garde, & qui étoit en effet
la réferve de Mr. de St-Germain , demeura
feul vis-à-vis des Pruffiens. Le Roi fut lui-
même reconnoître la marche de Mr. de Soubife,
& fut convaincu qu'elle étoit dirigée fur Merfebourg ; les François marchoient très-lentement , parce qu'ils avoient formé différens bataillons en colonnes, ce qui les arrêtoit chaque
fois que les chemins étroits les obligeoient de
fe rompre. Il étoit deux heures lorfque les Pruffiens abattirent leurs tentes ; ils firent un quart

de converſion à gauche, & ſe mirent en marche. Le Roi côtoya l'armée de Mr. de Soubiſe ; ſes troupes étoient couvertes par le marais qui vient de Braunsdorf, & qui s'étendant à un grand quart de lieue delà, ſe perd à 2,000 pas de Rosbach. Mr. de Seidlitz faiſoit l'avant-garde avec toute la cavalerie ; il eut ordre de ſe gliſſer par des bas-fonds dont cette contrée eſt remplie, pour tourner la cavalerie Françoiſe, & fondre ſur les têtes de leurs colonnes, avant qu'elles euſſent le temps de ſe former. Le Roi ne put laiſſer au prince Ferdinand, qui commandoit ce jour-là la droite de l'armée, que les vieilles gardes de la cavalerie, qu'il mit ſur un rang pour en faire montre ; ce qui ſe pouvoit d'autant mieux, qu'une partie du marais de Braunsdorf couvroit cette droite. Les deux armées en ſe côtoyant s'approchoient toujours davantage. L'armée du Roi tenoit ſoigneuſement une petite élévation qui va droit à Rosbach ; celle des François, qui ne connoiſſoit pas apparemment le terrein, marchoit par un fond. Le Roi fit établir une batterie ſur cette hauteur, dont les effets devinrent déciſifs dans l'action. Les François en établirent une vis-à-vis dans un fond, & comme elle tiroit de bas en haut, elle ne produiſit aucun effet. Pendant qu'on prenoit ces arrangemens de part & d'autre, Mr. de Seidlitz avoit tourné la droite des ennemis, ſans qu'ils s'en apperçuſ

fent ; il fondit alors avec impétuofité fur cette
cavalerie ; les deux régimens Autrichiens formèrent un front, & foutinrent le choc ; mais
fe trouvant abandonnés par les François, à l'exception du régiment de Fitzjames qui donna,
ils furent prefque entiérement détruits. L'infanterie des deux armées étoit encore en marche,
& leurs têtes n'étoient qu'à la diftance de cinq
cents pas : le Roi auroit voulu gagner le village
de Reichardswerben ; mais comme il reftoit
600 pas à faire pour y arriver, & qu'on s'attendoit d'un moment à l'autre à voir l'action s'engager, il y détacha le maréchal Keith avec 5
bataillons, en quoi confiftoit toute fa feconde
ligne ; le Roi s'avança en même temps à 200
pas des deux lignes françoifes, & s'apperçut
que leur ordre de bataille étoit compofé de bataillons en colonnes, alternativement enlacés
dans des bataillons étendus. Cette aîle de Mr.
de Soubife étoit en l'air, & la cavalerie Pruffienne étant occupée à pourfuivre celle des ennemis, on ne put fe fervir que de l'infanterie
pour déborder l'aîle ; dans cette vue, le Roi
mit en ligne deux bataillons de grenadiers, qui
faifoient un crochet à fon flanc gauche ; ils
eurent ordre, au moment que les François avan-
ceroient, de faire une demi-converfion à droite,
ce qui les portoit néceffairement fur le flanc
de l'ennemi. Cette difpofition fut exécutée ponc-
tuellement. Auffi dès que les François avancè-

rent, ils reçurent le feu de ces grenadiers en flanc, & après avoir effuyé tout au plus trois décharges du régiment de Brunfwick, on vit que leurs colonnes fe preffoient vers la gauche; elles eurent bientôt refferré ces bataillons étendus qui les féparoient; la maffe de cette infanterie devenoit de moment en moment plus groffe, plus lourde, & plus confufe; plus elle fe précipitoit fur fa gauche, plus elle étoit débordée par le front des Pruffiens. Tandis que le défordre alloit en croiffant dans l'armée de Mr. de Soubife, le Roi fut averti qu'un corps de cavalerie ennemie fe préfentoit derrière fes troupes; il fit raffembler en hâte les premiers efcadrons que l'on put trouver; à peine les eut-il oppofés à ceux qui fe montroient derrière fon front, que ces derniers fe retirèrent avec promptitude; alors les gardes du corps & les gendarmes furent employés contre l'infanterie Françoife, qui fe trouvoit dans le plus grand défordre; la cavalerie l'attaqua, & l'ayant facilement difperfée, elle fit un nombre confidérable de François prifonniers. Il étoit 6 heures du foir quand ce choc fe donna; le temps étoit couvert, & l'obfcurité fi grande, qu'il y auroit eu de l'imprudence à pourfuivre l'ennemi, quelle que fût la confufion dans laquelle continuoit fa déroute. Le Roi fe contenta d'envoyer à fa pourfuite différens partis de cuiraffiers, de dragons & de houfards, dont aucun ne paffoit

30 maîtres. Pendant cette action, 10 bataillons de la droite des Pruffiens avoient gardé le fufil fur l'épaule fans charger; le prince Ferdinand de Brunfwick, qui les commandoit, n'avoit pas quitté le marais de Braunsdorf, fervant à couvrir une partie de fon front; il avoit chaffé les troupes des cercles qui lui étoient oppofées, par quelques volées de canon, & leur avoit fait lâcher le pied. Il n'y eut que 7 bataillons de l'armée du Roi qui furent dans le feu, & tout l'engagement du combat jufqu'à la décifion ne dura qu'une heure & demie. Le lendemain, le Roi partit dès la pointe du jour avec les houfards & les dragons; il fuivit les traces des ennemis, qui s'étoient retirés par Freybourg. L'infanterie eut ordre de prendre le même chemin; l'arrière-garde Françoife y étoit encore; les dragons mirent pied à terre & chaffèrent des jardins quelques détachemens ennemis; enfuite on fit des difpofitions pour attaquer le château; mais l'ennemi n'en attendit pas l'exécution, il repaffa l'Unftrut en hâte, & brûla fes ponts. Les détachemens que le Roi avoit faits la veille arrivèrent alors fucceffivement; les uns amenoient des officiers, d'autres des foldats, d'autres des canons, enfin aucun d'eux ne revint les mains vides. On travailla cependant avec tant de diligence à rétablir le pont de l'Unftrut, qu'en moins d'une heure il fut en état de fervir. L'armée de Mr. de Soubife s'étoit répandue

par tant de chemins, qu'on ne favoit lequel
fuivre. Les payfans affuroient que le plus grand
nombre des fuyards avoit pris la route de
l'Eckartsberg , & le Roi y marcha avec fes
troupes ; pendant toute cette journée le nombre
des prifonniers augmenta , tous les détachemens
envoyés en différens lieux en amenèrent. Cependant on trouva l'Eckartsberg garni par un
corps des cercles , qui pouvoit être de 5 à 6,000
hommes. Le Roi, qui n'avoit d'autre infanterie
que les volontaires de Meyer, les embufqua
avec des houfards dans un bois voifin de ce
camp, avec ordre d'alarmer l'ennemi toute la
nuit. Les ennemis , mécontens de ce qu'on
troubloit leur fommeil , abandonnèrent leur
pofte , & perdirent quatre cents hommes avec
10 pièces de canon. Mr. de Lentulus , qui
les fuivit le lendemain jufqu'à Erfurt , leur
enleva encore huit cents hommes , qu'il ramena
au Roi. La journée de Rosbach avoit coûté
10,000 hommes à l'armée de Mr. de Soubife.
Les Pruffiens en prirent 7,000 prifonniers ;
ils y gagnèrent de plus 63 canons, 15 étendards , 7 drapeaux & une paire de timbales.
Il eft certain qu'à confidérer la conduite des
généraux François , on auroit de la peine à
l'approuver ; leur intention étoit , fans contredit , de chaffer les Pruffiens de la Saxe ; mais
l'intérêt de leurs alliés ne demandoit-il pas plutôt qu'ils fe bornaffent fimplement à contenir

le Roi vis-à-vis d'eux, pour donner au maréchal Daun & au prince de Lorraine le temps
d'achever la conquête de la Siléfie ? Pour peu
qu'ils euffent encore arrêté le Roi en Thuringe, cette conquête étoit non-feulement faite,
mais la faifon devenoit de plus fi rude & fi
avancée, qu'il auroit été impoffible aux Pruffiens de faire en Siléfie les progrès dont nous
aurons inceffamment occafion de parler ; &
quant à la bataille qu'ils engagèrent fi mal à
propos, il eft certain que Mr. de Soubife,
par fon incertitude & par fa difpofition, mit
de la poffibilité à ce qu'une poignée de monde
vînt à bout de le vaincre. Mais la manière dont
la cour de France diftingueit le mérite de fes
généraux, parut plus furprenante que le refte ;
Mr. d'Étrées, pour avoir gagné la bataille de
Haftenbeck, fut rappellé ; Mr. de Soubife,
pour avoir perdu celle de Rosbach, fut déclaré peu après maréchal de France. La bataille
de Rosbach ne procura proprement au Roi
que la liberté d'aller chercher de nouveaux
dangers en Siléfie. Cette victoire ne devint importante que par l'impreffion qu'elle fit fur les
François & fur les débris de l'armée du duc
de Cumberland. D'un côté, Mr. de Richelieu,
dès qu'il en reçut la nouvelle, quitta fon camp
de Halberftadt, & fe retira dans l'électorat de
Hanovre ; de l'autre, les troupes alliées, prêtes
à mettre les armes bas, reprirent courage, &

conçurent des efpérances. Un changement avantageux, arrivé à péu près dans le même temps dans le miniftère britannique, & dont nous parlerons bientôt, donna un nouveau nerf au gouvernement Anglois. Ses miniftres, honteux de la tache que la convention de Clofter-Seven imprimoit à leur nation, réfolurent avec d'autant plus de juftice de la rompre, qu'elle n'avoit été ratifiée ni par le roi d'Angleterre, ni par le roi de France ; ils travaillèrent d'abord à remettre l'armée de Stade en activité ; le roi d'Angleterre, dégoûté du duc de Cumberland, qui avoit perdu la confiance des troupes, voulut mettre un autre général à leur tête; il demanda au Roi le prince Ferdinand de Brunfwick, dont la réputation juftement acquife s'étoit répandue en Europe. Quoique les Pruffiens perdiffent par fon abfence un bon général, dont ils avoient befoin, il étoit toutefois fi important de relever cette armée des alliés, que le Roi ne put-fe refufer à cette demande. Le prince Ferdinand partit, fe rendit à Stade par des chemins détournés, & trouva répandu aux environs un corps de 30,000 hommes, que les François par inconféquence & par légéreté avoient négligé de défarmer.

Le Roi revint de l'Eckartsberg à Freybourg, en même temps qu'un détachement, que le maréchal Keith avoit envoyé à Querfurt, retourna de la pourfuite des François. Les

payſans mêmes des environs amenoient des
priſonniers ; ils étoient outrés des ſacrilèges que
les ſoldats de Mr. de Soubiſe avoient commis
dans les égliſes luthériennes ; les choſes pour
leſquelles le peuple a le plus de vénération,
avoient été profanées avec une indécence groſ-
ſière, & la fougue effrénée des François avoit
mis tous les payſans de la Thuringe dans les
intérêts de la Pruſſe.

Cependant le Roi étoit ſur ſon départ, les
affaires de la Siléſie demandoient ſa préſence
& des ſecours ; il ſe propoſa de marcher droit
à Schweidnitz, pour en faire lever le ſiège à
Mr. de Nadaſti. Il partit de Leipſick le 12 de
novembre à la tête de 19 bataillons & de 28 eſcadrons. Le maréchal Keith marcha en même
temps avec un petit corps, pour pénétrer en
Bohème du côté de Leutmeritz, afin de faciliter au Roi le paſſage de la Luſace, & d'obliger
par cette diverſion Mr. de Marshall à quitter
les environs de Bautzen & de Zittau. Le maréchal Keith prit un magaſin conſidérable, que les
ennemis avoient à Leutmeritz, d'où il fit mine
de s'avancer vers Prague. Le Roi entra en
même temps en Luſace ; il délogea Mr. de Haddick de Groſſenhayn, & Mr. de Marshall à ſon
approche ſe replia ſur Lœbau ; pendant la marche de Bautzen au Weiſſenberg, on fit tourner
une tête de colonne vers Lœbau, & à ſon aſ-
pect., Mr. de Marshall ſe replia ſur Gabel : le

Roi pourfuivit enfuite fa route fans empêche-
ment. En arrivant à Gœrlitz, il reçut la fâcheufe nouvelle de la reddition de Schweidnitz.
Cette place fut prife de la manière fuivante :
Mr. de Nadafti avoit ouvert la tranchée le 27
d'octobre, entre le fort de Bœgendorf & la
tuilerie ; fa troifième parallèle étoit achevée
le 10 de novembre. La garnifon avoit fait
quelques forties avec fuccès, & quoique les
bombes euffent ruiné une partie de la ville,
l'ennemi n'avoit pas encore emporté d'ouvrage ;
impatient d'être auffi peu avancé, Mr. de Nadafti réfolut de rifquer un coup de main ; la
nuit du 11, il fit donner un affaut général à
toutes les redoutes qui environnent le corps de
la place ; deux furent prifes. Ce malheur fit
tourner la tête à Mr. de Seers, qui étoit gouverneur de la place, & à Mr. de Grumbkow,
qui lui étoit adjoint ; ils capitulèrent, & fe rendirent prifonniers de guerre avec leur garnifon,
confiftant en 10 efcadrons de houfards & 10
bataillons d'infanterie. Les Autrichiens défar-
mèrent ces foldats ; & comme la plûpart étoient
Siléfiens, ils leur donnèrent des paffe-ports &
la liberté de retourner dans leurs villages. Cet
événement ne pouvoit pas arriver plus mal à
propos, pour déranger les projets du Roi.
Toutefois fa jonction avec le prince de Bévern
en devenoit d'autant plus néceffaire, qu'il étoit
aifé de prévoir que Mr. de Nadafti ayant pris
Schweid-

Schweidnitz, joindroit le maréchal Daun, pour accabler ce qui reſtoit de Pruſſiens près de Breslau. Le Roi avoit à la vérité ordonné au prince de Bévern d'attaquer l'ennémi, & de ne pas ſouffrir qu'on prît Schweidnitz, pour ainſi dire, à ſa vue : la choſe étoit très-faiſable, vu la poſition des Autrichiens à Liſſa ; le prince de Bévern n'avoit qu'un mouvement à faire pour ſe porter ſur le flanc de l'ennemi, qu'il auroit battu probablement ; alors le ſiège de Schweid-nitz étoit levé, & les impériaux déconcertés : au-lieu que ſi l'on demeuroit dans l'inaction, Mr. de Nadaſti ne pouvoit manquer à la longue de prendre une place qui n'avoit point de ſe-cours à eſpérer, & toutes ces troupes ennemies venant à fondre ſur les Pruſſiens, auroient enfin forcé les retranchemens de la Lohe. Le mal-heur voulut que ce prince ne comprît pas la force de ces raiſons : les généraux le détermi-nèrent cependant un jour à tenter cette entre-priſe ; il ſortit de ſon camp, & battit les troupes légères qui couvroient le flanc droit des Autri-chiens : alors au-lieu d'attaquer l'armée, & de la pouſſer dans l'Oder, comme cela ſeroit arrivé, ſon incertitude, le peu de confiance qu'il avoit en lui-même, & la crainte d'une entrepriſe, dont l'événement n'eſt jamais d'une certitude évi-dente, le retinrent ; il crut en avoir fait aſſez, & il ramena les troupes dans ſes retranchemens. Le Roi arriva à Naumbourg ſur le Queis le 24

de novembre ; il y apprit la victoire des Autrichiens fur le prince de Bévern , & la perte
de Breslau. Tout ce dont on avoit averti le
prince de Bévern , n'étoit arrivé que trop exactement ; Mr. de Nadafti avoit joint le prince de
Lorraine & le maréchal Daun , & les ennemis
impatiens d'achever leur conquête , ne perdirent point de temps pour mettre leur projet en
exécution. La nuit du 21 au 22 de novembre,
ils conftruifirent devant le front des Pruffiens
4 grandes batteries de groffes pièces de canon ;
les emplacemens qu'ils prirent étoient entre
Pilsnitz & Grofs-Mochber. Le prince de Bévern
fe contenta d'être fpectateur de cet ouvrage ,
qu'il leur laiffa achever tranquillement , tandis
que ces apprêts annonçoient les deffeins du maréchal Daun fur les retranchémens pruffiens.

22. Mr. de Nadafti longea la Lohe , & fe forma vers
Gabitz ; le prince de Bévern crut que c'étoit
pour lui venir à dos , quoique cela fût difficile ,
& il s'affoiblit encore par un détachement qui
fe rendit à Gabitz, aux ordres de Mr. de Ziethen , pour s'oppofer de ce côté aux entreprifes
des ennemis. Le front du camp pruffien derrière
la Lohe étoit couvert par des redoutes , ouvertes
par les gorges , mal placées , dont quelques-unes
mêmes étoient dominées par l'autre rive ; on
n'avoit pas même eu l'attention d'y faire diftribuer affez de canon ; la plus grande partie de
l'artillerie demeura dans un retranchement , que

le prince de Bévern avoit fait faire dans un bas-
fond, pour couvrir fon flanc de la Lohe, vers le
fauxbourg de Breslau. Le maréchal Daun, qui
avoit eu le temps de bien voir & de bien examiner toutes ces négligences & toutes ces bé-
vues, les fit tourner à fon avantage. L'attaque
commença le 22, à 9 heures du matin ; quelques redoutes furent prifes & reprifes alternativement ; on fit agir la cavalerie Pruffienne
dans un marais, où elle ne pouvoit pas combattre, & où elle fut foudroyée par 60 canons,
que les Autrichiens avoient en batterie au-delà
du ruiffeau. Cependant, malgré tant de fauffes
mefures, les Pruffiens ne perdoient point encore
de terrein. A la gauche vers Gabitz, Mr. de
Ziethen non-feulement repouffa les attaques,
mais pourfuivit Mr. de Nadafti jufqu'au-delà
de la Lohe, & les ennemis en déroute fe retirèrent derrière le ruiffeau de Schweidnitz. Pendant ce temps-là, les Autrichiens qui attaquoient
le prince de Bévern, avoient paffé la Lohe fous
la protection de leur artillerie ; ils prirent auffi-
tôt les redoutes pruffiennes par les gorges ; les
troupes fe défendirent bien, & les Pruffiens les
en délogèrent à diverfes fois ; le prince Ferdinand de Pruffe repouffa même une partie
des ennemis jufqu'à la Lohe ; mais ils étoient
en trop grand nombre, le camp étoit perdu &
la nuit clofe. Quoiqu'il y eût encore des reffources, le prince de Bévern ne les vit pas ; il

repaſſa l'Oder dans la première conſternation, & jeta Mr. de Leſtwitz avec 8 bataillons dans Breslau ; il perdit ainſi 80 pièces de canons, & près de 8,000 hommes, que l'attaque du camp de Liſſa ne lui auroit pas coûtés. Les Autrichiens prétendirent que cette action leur avoit mis 18,000 hommes hors de combat, & il eſt vrai que les villages des environs étoient remplis de leurs bleſſés. Le lendemain, ou pour mieux dire la nuit, le prince de Bévern s'aviſa d'aller reconnoître le corps de Mr. de Beck, qui campoit près de lui ; il étoit ſeul, & ſe laiſſa prendre par des pandours. Mr. de Kyau, qui étoit après lui le plus ancien des généraux, prit le commandement des troupes, & ſans aviſer à ce qu'il y avoit à faire, il ſe mit en chemin pour Glogau. A peine Mr. de Leſtwitz ſe crut-il iſolé dans Breslau, qu'il perdit la tramontane ; les Autrichiens s'approchèrent de cette capitale, & Mr. de Leſtwitz, qui juſqu'alors avoit eu la réputation d'un brave officier, ſans attendre que l'ennemi tirât un ſeul coup de canon contre les remparts, demanda à capituler, & obtint la libre ſortie avec armes & bagages ; il ſuivit deux jours après avec ſa garniſon, dont la moitié déſerta ſur le chemin que Mr. de Kyau avoit pris.

Le Roi reçut à la fois toutes ces nouvelles accablantes ; ſans s'appeſantir ſur les déſaſtres qui venoient d'arriver, il ne ſongea qu'au re-

mède, & força de marche, pour gagner les
bords de l'Oder. En chemin, il fe détourna de
Lignitz, que les Autrichiens avoient fait fortifier, & pouffant droit à Parchwitz, fon avant-
garde donna à l'improvifte fur un détachement
des ennemis, qui fut bien battu, & dont 300
hommes furent faits prifonniers ; il arriva à
Parchwitz le 28, ayant fait le chemin de Leipfick à l'Oder en 12 jours. Le Roi vouloit que
Mr. de Kyau paffât l'Oder à Koben ; mais il
ne put pas y réuffir, parce que la plupart des
troupes avoient déjà gagné Glogau. Dans ces
conjonctures, le temps étoit ce qu'il y avoit de
plus précieux ; il n'y avoit point de moment à
perdre ; il falloit ou attaquer inceffammènt les
Autrichiens à tout prix, & les mettre hors de
la Siléfie, ou fe réfoudre à perdre cette province pour jamais. L'armée qui repaffa l'Oder
à Glogau, ne put joindre les troupes du Roi
que le 2 de décembre ; cette armée étoit découragée, & dans l'accablement d'une défaite
récente. On prit les officiers par le point-d'honneur ; on leur rappella le fouvenir de leurs
anciens exploits ; on tâcha de diffiper les idées
triftes dont l'impreffion étoit fraîche ; le vin
fut même une reffource pour ranimer ces efprits
abattus. Le Roi parla aux foldats ; il leur fit
diftribuer des vivres gratis. Enfin on épuifa
tous les moyens que l'imagination pouvoit fournir, & que le temps permettoit, pour réveil-

Décem-
bre.

N 3

ler dans les troupes cette confiance fans laquelle l'efpérance de la victoire eft vaine. Déjà les phyfionomies commençoient à s'éclaircir, & ceux qui venoient de battre les François à Rosbach , perfuadèrent à leurs compagnons de prendre bon courage. Quelque peu de repos refit le foldat, & l'armée fe trouva difpofée à laver , auffi-tôt que l'occafion s'en préfenteroit , l'affront qu'elle avoit reçu le 22. Le Roi chercha cette occafion, & bientôt elle fe trouva ; il avança le 4 à Neumarkt ; il étoit avec l'avant-garde des houfards , & apprit que l'ennemi établiffoit fa boulangerie dans cette ville , qu'elle étoit garnie de pandours, & qu'on y attendoit dans peu l'armée du maréchal Daun. La hauteur fituée au-delà de Neumarkt donnoit un avantage confidérable à l'ennemi ; fi on lui permettoit de l'occuper : la difficulté étoit de prendre cet endroit ; l'infanterie n'étoit point arrivée , & ne pouvoit joindre l'avant-garde qu'au foir ; on n'avoit point de canon ; les feules troupes dont on pouvoit tirer parti , étoient des houfards ; on fe réfolut à faire de néceffité vertu. Le Roi ne voulant pas fouffrir que le prince de Lorraine vînt fe camper vis-à-vis de lui , fit mettre pied à terre à quelques efcadrons de houfards ; ils enfoncèrent la porte de la ville ; un régiment qui les fuivoit à cheval , y entra au plein galop ; un autre régiment par les fauxbourgs gagna la porte de Breslau, &

l'entreprise réuſſit au point, que 800 cravates
furent faits priſonniers par les houſards. On
occupa auſſi-tôt l'emplacement du camp , &
l'on y trouva les piquets & les traces que les
ingénieurs Autrichiens y avoient laiſſées pour
marquer la poſition de leurs troupes. Le prince
de Wurtemberg prit le commandement de
l'avant-garde ; on le renforça le ſoir de 10 bataillons , avec leſquels il ſe campa à Kammen-
dorf. Le même jour la cavalerie paſſa encore
le défilé ; le gros de l'infanterie cantonna dans
la ville de Neumarkt & dans les villages voiſins. Des nouvelles poſitives arrivèrent alors au
Roi, par leſquelles il apprit que le prince de
Lorraine avoit quitté le camp de la Lohe , &
s'étoit avancé au-delà de Liſſa ; que ſon armée
avoit ſa droite appuyée au village de Nypern ,
ſa gauche à Golau, & à dos le petit ruiſſeau
de Schweidnitz. Le Roi ſe réjouit de trouver
l'ennemi dans une poſition qui facilitoit ſon entrepriſe ; car il étoit obligé & réſolu d'attaquer 5.
les Autrichiens par-tout où il les trouveroit ,
fût-ce même au Zobtenberg. On travailla d'a-
bord à la diſpoſition de la marche, & l'armée
ſe mit en mouvement le 5 avant l'aube du jour ;
elle étoit précédée par une avant-garde de 60
eſcadrons & de 10 bataillons, à la tête de laquelle le Roi s'étoit mis en perſonne ; les
quatre colonnes de l'armée la ſuivoient à une
petite diſtance ; l'infanterie formoit celles du

centre , & celles des aîles étoient compofées
de cavalerie. L'avant-garde, en approchant du
village de Born , découvrit une grande ligne de
cavalerie , dont la droite tiroit vers Liflà , &
dont la gauche , qui étoit plus avancée , s'appuyoit à un bois que l'armée du Roi avoit à fa
droite. On crut d'abord que c'étoit une aîle de
l'armée Autrichienne, dont on ne découvroit
pas le centre ; ceux qui en firent la reconnoiffance , aſſurèrent que c'étoit une avant-garde ;
on apprit même qu'elle étoit commandée par
le général Noſtitz , & que le corps conſiſtoit
en quatre régimens de dragons Saxons , & deux
de houfards impériaux. Pour jouer à jeu fûr ,
on fit gliſſer les 10 bataillons dans le bois qui
couvroit le flanc gauche de Mr. de Noſtitz ;
fur quoi la cavalerie Pruſſienne , qui s'étoit
formée , fondit deſſus avec beaucoup de vivacité ; dans un moment ces régimens furent
diſſipés , & pourfuivis jufques devant le front
de l'armée Autrichienne ; on leur prit 5 officiers & 800 hommes , qu'on renvoya le long
des colonnes à Neumarkt , pour animer le foldat
par l'exemple de ce fuccès. Le Roi eut de la
peine à contenir la fougue des houfards , que
leur ardeur tranfportoit ; ils étoient fur le point
de donner au milieu de l'armée Autrichienne ,
lorfqu'on les raſſembla entre les villages de
Heyde & de Frobelvitz , à une portée de canon
de l'ennemi ; on diſtinguoit fi bien delà l'armée

impériale, qu'on auroit pu la compter homme
par homme ; sa droite, qu'on savoit à Nypern,
étoit cachée par le grand bois de Lissa : mais
du centre jusqu'à la gauche, rien n'échappoit à
la vue. A la première inspection de ces troupes,
& d'après le terrein, on jugea qu'il falloit porter
les grands coups à l'aîle gauche de cette armée :
elle étoit étendue sur un tertre chargé de sapins,
mais mal appuyée ; ce poste forcé, on gagnoit
l'avantage du terrein pour le reste de la bataille,
parce que delà il va toujours en descendant
& en s'abaissant vers Nypern : au-lieu qu'en
s'attachant au centre, les troupes de l'aîle droite
Autrichienne auroient pu, en traversant le bois
de Lissa, tomber en flanc sur les assaillans ; &
après tout, il auroit toujours fallu finir par l'attaque de ce tertre, qui dominoit sur toute cette
plaine. Ç'auroit été réserver là besogne la plus
dure & la plus difficile pour la fin, où les
troupes harassées, & fatiguées du combat, ne
sont plus propres aux grands efforts ; au-lieu
qu'en commençant par l'opération la plus rude,
on profitoit de la première ardeur du soldat,
& le reste de l'ouvrage devenoit aisé. Par une
suite de ces raisons, on disposa incessamment
l'armée pour l'attaque de la gauche. Les colonnes qui étoient dans l'ordre du déploiement
furent renversées ; on les mit sur deux lignes,
& les pelotons par quart de conversion se mirent
à défiler par la droite : le Roi avec ses hou-

fards côtoya la marche de fon armée fur une chaîne de tertres, qui cachoit à l'ennemi les mouvemens qui fe faifoient derrière ; & fe trouvant entre les deux armées, il obfervoit célle des Autrichiens, & dirigeoit la marche de la fienne. Il envoya des officiers de confiance, les uns pour obferver la droite du maréchal Daun, les autres vers Canth, pour veiller aux démarches de Mr. de Draskowitz, qui y avoit fon camp ; on reconnut en même temps l'ennemi le long du ruiffeau de Schweidnitz, pour être fûr qu'il ne pût rien venir à dos lorfque l'armée engageroit le combat. Le projet que le Roi fe préparoit d'exécuter, étoit de porter toute fon armée fur le flanc gauche des impériaux, de faire les plus grands efforts avec fa droite, & de refufer fa gauche avec tant de prévoyance, qu'il n'eût point à craindre des fautes femblables à celles qu'on avoit faites à la bataille de Prague, & qui avoient caufé la perte de celle de Kolin. Déjà Mr. de Wédel, qui devoit avec fes 10 bataillons de l'avant-garde former la première attaque, s'étoit rendu devant l'armée ; déjà les têtes des colonnes avoient gagné le ruiffeau de Schweidnitz, fans que l'ennemi s'en fût apperçu. Le maréchal Daun prit le mouvement des Pruffiens pour une retraite, & dit au prince de Lorraine : *Ces gens s'en vont, laiffons-les faire.* Cependant Mr. de Wédel s'étoit formé devant les deux lignes

d'infanterie de la droite ; fon attaque étoit fou-
tenue par une batterie de 20 pièces de 12 livres,
dont le Roi avoit dépouillé les remparts de Glogau. La première ligne reçut ordre d'avancer en
échelons, les bataillons à 50 pas de diftance en
arrière les uns des autres, de forte que la ligne
étant en mouvement, l'extrêmité de la droite fe
trouvoit de mille pas plus avancée que l'extrêmité de la gauche, & cette difpofition la mit dans
l'impoffibilité de s'engager fans ordre. Sur cela,
Mr. de Wédel attaqua le bois où commandoit
Mr. de Nadafti ; il n'y trouva pas grande réfiftance, & l'emporta affez vîte. Les généraux
Autrichiens fe voyant tournés & pris en flanc,
effayèrent de changer de pofition ; ils voulurent,
mais trop tard, former une ligne parallèle au
front des Pruffiens ; tout l'art des généraux du
Roi fut employé à ne leur en pas donner le
temps. Les Pruffiens s'établiffoient déjà fur
une hauteur qui commande le village de Leuthen ; dans l'inftant où l'ennemi voulut y jeter
de l'infanterie, une feconde batterie de 20
pièces de 12 livres tira fur eux fi fort à propos, qu'ils en perdirent l'envie, & fe retirèrent.
Du côté de Mr. de Wédel, les Autrichiens
fe faifirent d'une butte voifine du ruiffeau, pour
l'empêcher de balayer leur ligne d'une aîle à
l'autre ; Mr. de Wédel ne les y fouffrit pas
long-temps, & après un combat plus long &
plus opiniâtre que le précédent, ils furent for-

cés à céder le terrain. Mr. de Ziethen en
même temps chargea la cavalerie ennemie &
la mit en déroute ; quelques efcadrons de fa
droite reçurent en flanc des brouffailles qui
bordoient le ruiffeau, une décharge à mitraille.
Ce feu partant à l'improvifte, les ramena, &
ils fe reformèrent auprès de l'infanterie. Les
officiers qui avoient eu la commiffion d'obferver la droite du maréchal Daun, vinrent alors
avertir le Roi qu'elle traverfoit le bois de Liffa,
& alloit paroître inceffamment dans la plaine ;
fur quoi Mr. de Driefen reçut ordre d'avancer avec l'aîle gauche de la cavalerie Pruffienne. Lorfque les cuiraffiers Autrichiens commencèrent à fe former près de Leuthen, la
batterie du centre de l'armée du Roi les falua
par une décharge de toute fon artillerie ; Mr. de
Driefen en même temps les attaqua ; la mêlée ne
fut pas longue ; les impériaux furent difperfés &
s'enfuirent à vau-de-route. Une ligne d'infanterie
qui s'étoit formée à côté de ces cuiraffiers
derrière Leuthen, fut prife en flanc par le régiment de Bareuth, qui la rejetant fur les volontaires de Wunfch, en prit deux régimens
entiers avec officiers & drapeaux. Alors la ca-
va'erie ennemie étant tout-à-fait diffipée, le
Roi fit avancer le centre de fon infanterie fur
Leuthen. Le feu fut vif & court, parce que
l'infanterie Autrichienne n'étoit qu'éparpillée
entre les maifons & les jardins ; au débouchez

du village, on apperçut une nouvelle ligne d'infanterie que les généraux Autrichiens formoient fur une éminence, près du moulin à vent de Ségefchutz. L'armée du Roi eut quelque temps à fouffrir de leur feu ; mais les ennemis ne s'étoient pas apperçus dans cette confufion, que le corps de Mr. de Wédel étoit dans leur voifinage ; ils furent tout-à-coup pris en flanc & à dos par ce brave & habile général, & fa belle manœuvre, en fixant la victoire, termina cette importante journée. Le Roi ramaffant les premières troupes qui fe préfentèrent, fe mit à la pourfuite des ennemis avec les cuiraf-fiers de Seidlitz & un bataillon de Jung-Stut-terheim ; il s'avança, dirigeant fa marche entre le ruiffeau de Schweidnitz & le bois de Liffa. L'obfcurité devint fi grande, qu'il pouffa quelques cavaliers en avant pour reconnoître les forêts, & pour donner des nouvelles ; de temps à autre il fit tirer quelques volées de canon vers Liffa, où le gros de l'armée Autrichienne s'étoit enfui ; à l'approche de ce bourg, l'avant-garde effuya une décharge d'environ deux bataillons, dont perfonne ne fut bleffé ; elle y répondit par quelques volées de canon, en pourfuivant toujours fa marche. Chemin faifant, les cuiraffiers de Seidlitz amenoient des prifonniers par bandes. Arrivé à Liffa, le Roi trouva toutes les maifons pleines de fuyards & de gens débandés de l'armée impériale ; il s'empara d'abord du pont, où il plaça fes canons, avec ordre de tirer tant qu'il y auroit de la poudre. Sur le chemin de Breslau, par où l'ennemi fe retiroit, il fit jeter des pelotons d'infanterie dans les maifons les plus voifines du ruiffeau de Schweidnitz, afin de tirer fur l'autre bord pendant toute la nuit, foit pour entretenir la terreur chez les vaincus, foit pour les empêcher de jeter fur l'autre bord des troupes qui en difputaffent le paffage le lendemain. Cette bataille avoit commencé à une heure de l'après-midi; il en étoit huit lorfque le Roi, avec fon avant-garde, vint à Liffa. Son armée étoit forte de 33,000 hommes, lorfqu'elle engagea l'action avec celle des impériaux, qu'on difoit monter à 60,000 combattans. Si le jour n'eût pas enfin manqué aux Pruffiens, cette bataille auroit été la plus décifive de ce fiècle. Les troupes n'eurent pas

6. le temps de fe repofer; elles partirent de Liffa qu'il étoit encore nuit, ramaffèrent, pendant la marche, nombre de traîneurs des ennemis, & arrivèrent vers les dix heures fur les bords de la Lohe, où malgré une forte arrière-garde, commandée par Mr. de Serbelloni, poftée auprès de Grofs-Mochber, 10 bataillons paffèrent ce ruiffeau; on les forma dans un ravin, à l'abri du canon des Autrichiens, & l'on embufqua les houfards derrière des villages & des cenfes, où ils étoient couverts & à portée d'agir auffi-

tôt que cela deviendroit néceſſaire. Mr. de
Serbelloni hâta ſa retraite autant qu'il put, &
ſe replia vers les deux heures de l'après-midi ſur
Breslau ; Mr. de Ziethen avec tous les houſards, 20 eſcadrons de dragons & 16 bataillons le ſuivit de près. Une partie du monde de
l'Autrichien ſe jeta ſans ordre dans Breslau.
Cette arrière-garde, pleine de terreur, & ſe
retirant en confuſion, perdit beaucoup de ſoldats dans ſa marche. Mr. de Ziethen pourſuivit l'armée du maréchal Daun par Borau,
Reichenbach, Kunzendorf à Reichenau, où
il fut joint par Mr. de Fouquet, qui venoit
avec quelques troupes de Glatz. Ces deux
généraux pouſſèrent les Autrichiens juſqu'en
Bohème. Le Roi de ſon côté forma le 7 la circonvallation de Breslau ; on prit poſte au fauxbourg de St-Nicolas, à Gabitz, aux Lehm-
gruben, à Hube & Durgenſch ; & comme la
raiſon de guerre vouloit qu'on enfermât la ville
également de l'autre côté de l'Oder, le Roi
envoya ordre à Mr. de Wied, qui avoit été
malade à Brieg, d'en ſortir avec 3 bataillons,
auxquels on joignit 5 eſcadrons, pour ſe poſter
ſur la grande chauſſée qui mène de Breslau à
Hundsfeld ; il s'y retrancha le mieux qu'il
put, pour empêcher la garniſon de ſe ſauver
en Pologne, au cas qu'elle voulût le tenter.
On ſe prépara au ſiège ; le Roi tira les munitions, les canons, les mortiers dont on avoit

befoin, des fortereffes de Brieg & de Neifse. Le 10, fix bataillons prirent poffeffion du fauxbourg d'Ohlau ; ces troupes s'établirent au couvent des Frères de la Miféricorde, dont ils chaffèrent les pandours. Mr. de Forcade prit pofte au cimetière de St-Maurice, où l'on conftruifit une batterie à l'abri des murailles ; & pour diftraire l'attention du commandant & de la garnifon, le prince Ferdinand de Pruffe établit au fauxbourg de St-Nicolas, une batterie & un bout de tranchée, qui firent croire à l'ennemi que c'étoit de ce côté-là que les Pruffiens vouloient pouffer leurs attaques, tandis que Mr. de Balby faifoit fa parallèle depuis le cimetière de St-Maurice jufques vis-à-vis de la porte de Schweidnitz ; de cette parallèle, deux grandes batteries croifantes dirigeoient leur feu fur le Tafchenbaftion, & fur le cavalier qui le commande. Les affiégés fe défendirent mollement. Ils tentèrent par le fauxbourg de Pologne, du côté de Mr. de Wied, une foible fortie, où ils perdirent 300 hommes. Le 16, une bombe mit par hafard le feu au magafin de poudre du Tafchenbaftion ; l'épaule fauta, & fes décombres formèrent une efpèce de brèche. Le froid devint fi violent, que le commandant craignit que malgré fes précautions, les foffés étant gelés, les Pruffiens ne donnaffent un affaut à la place ; il craignit d'être pris d'emblée ; il favoit d'ailleurs que l'armée impériale

étant

étant rechaffée en Bohème, il n'avoit aucun fecours à en attendre. Ces différentes confidérations le portèrent à capituler, & il fe rendit lui & toute fa garnifon prifonniers de guerre; il fe trouva que 14,000 hommes en avoient afliégé 17,000. Mais il falloit confidérer qu'une partie de cette garnifon étoit compofée des fuyards de Leuthen, & qu'en général ni les fortifications, ni le nombre des foldats ne défendent une ville, mais que tout dépend de la tête, plus ou moins forte, & du courage déterminé de celui qui y commande. Nous avons rapporté fans interruption les événemens de cette expédition de Siléfie; peut-être ne fera-t-on pas fâché de trouver ici le réfumé des pertes qu'y firent les deux parties belligérantes.

Les Pruffiens ne perdirent à la bataille de Leuthen, en morts & bleffés, que 2,660 hommes, parce qu'ils trouvèrent, fi l'on excepte la première attaque, un terrein qui les favorifa.

Les Autrichiens y perdirent 307 officiers, 21,000 foldats, 134 canons, 59 drapeaux. Mrs. de Ziethen & de Fouquet firent 2,500 prifonniers dans la pourfuite. La prife de Breslau coûta aux ennemis 13 généraux, 686 officiers, & 17,635 foldats; fomme totale 41,447 hommes, dont l'armée impériale fe trouvoit affoiblie à fon retour en Bohème.

Quoique cette campagne eût été longue, dure & pénible; quoique fa fin fût auffi heu

reufe qu'on eût pu l'efpérer , il reftoit encore
une expédition à faire , tant les dérangemens
arrivés en Siléfie étoient confidérables ; il falloit reprendre la ville de Lignitz , où les impériaux avoient fait des inondations & des ouvrages. Le Roi y avoit envoyé Mr. de Driefen ,
qui avec un corps de cavalerie tenoit cette
ville inveftie depuis le 16. Le prince Maurice
y arriva le 25 avec un détachement d'infanterie , pour en faire le fiège dans les règles. Les
apprêts s'en firent , le canon arriva. Mr. de
Bulow , que le maréchal Daun y avoit établi
en qualité de commandant , préféra la confervation de fa garnifon à une défenfe qu'il n'auroit pu foutenir à la longue ; il capitula , &
demanda la libre fortie pour fes troupes ; ce
qu'on lui accorda volontiers , parce que les
troupes étoient fatiguées à l'excès , & la gelée
fi forte , que les pêles & les pioches ne pouvoient plus ouvrir la terre. Les ouvrages &
les éclufes de la ville furent rafés , afin que fi
les ennemis s'en emparoient une feconde fois ,
ils ne puffent pas fi vîte la remettre en état de
défenfe , & en faire une place d'armes. Toute
la cavalerie fut enfuite employée à former le
blocus de Schweidnitz ; on réferva le fiège de
cette place pour le printemps prochain. Le
corps de Mr. de Ziethen forma un cordon qui
prit de Schmiedeberg par Landshut , Friedland ,
Braunau , fe terminant à Glatz. Les troupes

entrèrent le 6 de janvier en quartier d'hiver, & Janvier.
le Roi demeura à Breslau, afin de veiller lui-
même à tout, & de préparer ce qui étoit néceffaire, pour que l'armée rétablie & en bon
état pût de bonne heure ouvrir la campagne
prochaine.

Pour terminer l'hiftoire de tous les événe- Campagne de
Pruffe.
mens de cette année, il nous refte à rapporter
ce qui fe paffa en Pruffe entre Mrs. de Lehwald
& d'Apraxin, & ce que firent les Suédois en
Poméranie. Le maréchal Apraxin s'approcha
au mois de juin des frontières de la Pruffe, à
la tête de 100,000 hommes ; le gros de fon
armée marcha vers Grodno, capitale de la
Lithuanie Polonoife. Mr. de Fermor, avec un
corps de 20,000 hommes, feconde par la flotte
Ruffe, mit le fiège devant Mémel. La ville
fut rendue par capitulation le 5 de juillet. Mr.
de Lehwald s'étoit propofé de défendre les
bords du Prégel, & s'étoit campé à Infterbourg,
d'où il obfervoit Mr. d'Apraxin. Après la prife
de Mémel, l'armée ennemie pénétra en Pruffe,
s'approchant d'Infterbourg ; Mr. de Fermor
s'avança de fon côté vers le Prégel. Il femble
que c'étoit le moment où le maréchal Lehwald
auroit dû prendre un parti décifif, pour fe battre
avec un de ces généraux ; il n'en trouva peut-
être pas l'occafion favorable. Le corps de Mr.
de Fermor, qui arriva à Tilfit, lui donna de
la jaloufie ; il craignit d'être tourné, & fe retira

à Wélau. Il avoit dans fon armée deux régimens de houfards, qui faifoient au plus 2,400
hommes, & ces houfards non-feulement réfiftèrent à 12,000 Tartares & Cofaques, que les
Ruffes traînoient avec eux, mais remportèrent
de plus, durant toute cette campagne, des avantages fignalés fur ces ennemis. Après la retraite
du maréchal Lehwald, Mr. d'Apraxin n'étant
gêné par perfonne, fe joignit à Infterbourg avec
Mr. de Fermor ; ils s'avancèrent tous les deux
en côtoyant l'Aller, & vinrent fe camper à
Jægerndorf, à un mille & demi de l'armée Pruffienne. Le Roi avoit donné carte blanche à
Mr. de Lehwald, pour prendre tel parti qu'il
jugeroit à propos, tant à caufe de l'éloignement
des lieux, que parce que des partis qui fouvent rodoient autour de l'armée du Roi, auroient pu intercepter des dépêches de certaine
conféquence. Mr. de Lehwald, qui craignoit
qu'un corps de Ruffes ne s'approchât de Kœnigsberg, dont les ouvrages font trop vaftes
pour être défendus, & ne prît, pendant qu'il
feroit contenu par le maréchal Ruffe, cette
capitale où il avoit fes magafins, crut qu'il ne
pouvoit empêcher l'ennemi de tenter une pareille entreprife, qu'en lui livrant bataille, &
réfolut d'aller l'attaquer dans fon camp de
Jægerndorf. Il fe mit en marche le 29, & fe
porta dans un bois où il étoit précifément dans
le flanc des Ruffes ; s'il avoit attaqué cette

armée tout de fuite, il y a apparence que c'eut été avec fuccès. Quoique fon corps ne montât qu'à 24,000 hommes, il pouvoit efpérer de remporter des avantages; parce que les Ruffes furent furpris de le voir arriver, qu'ils ne s'attendoient pas à être attaqués, & qu'il régnoit une grande confufion dans leur camp; ils étoient outre cela mal poftés, & rien ne l'empêchoit de marcher droit à eux. Il eft impoffible de dire quelles raifons le retinrent, & lui firent différer jufqu'au lendemain ce qu'il pouvoit exécuter fur le champ. Il engagea l'affaire le 30. D'abord les houfards & les dragons Pruffiens firent plier devant eux la cavalerie Ruffe & les Cofaques qui leur étoient oppofés, & les rechaffèrent jufqu'à leur camp. Les ennemis avoient changé la nuit de pofition, d'où il réfulta, que les difpofitions que le maréchal de Lehwald avoit faites la veille pour les attaquer dans le terrein où il les avoit trouvés, ne quadroient plus avec l'emplacement où ils étoient alors; fa cavalerie de la gauche attaqua néanmoins celle des Ruffes, & la rejeta derrière fon front; mais elle y effuya un feu fi violent d'artillerie & de mitraille, qu'elle fut obligée de rejoindre l'infanterie Pruffienne. C'étoit dans le moment où Mr. de Lehwald attaquoit un bois rempli d'abatis, dans lequel les Ruffes avoient placé leurs grenadiers; le bois étoit au centre de l'armée de Mr. d'Apraxin;

ces grenadiers furent battus & prefque tous détruits; mais le terrein fourré où cette action fe paffa, cachoit aux Pruffiens une manœuvre que faifoient alors les ennemis, & qui devint funefte aux premiers ; Mr. de Romanzow s'avançoit avec 20 bataillons de la feconde ligne des Ruffes, pour foutenir ces grenadiers ; il fe porta en flanc & à dos de l'infanterie Pruf-fienne ; elle perdit infenfiblement du terrein, & fut enfin obligée de fe retirer. Cela fe fit en bon ordre ; les dragons & les houfards couvrirent fa retraite. Ce corps, qui ne fut point pour-fuivi par l'ennemi, revint à Wélau reprendre fon ancien camp. Le maréchal ne perdit dans cette affaire, en morts, bleffés & prifonniers, que 1400 hommes & 13 canons. Mr. d'Apraxin demeura encore quelques jours dans fon camp de Jægerndorf. Le 7 de feptembre il fit miné de paffer l'Aller, pour fe porter en droiture fur Kœnigsberg ; mais il falloit bien qu'il n'eût pas cette expédition fort à cœur ; car ayant trouvé un corps Pruffien qui lui difputoit le paffage de cette rivière, il fe défifta de fon entreprife.

Dix jours après il décampa fubitement de Jægerndorf, & fe retira vers les frontières de la Pologne. Le maréchal de Lehwald le fuivit pour la forme jufqu'à Tilfit, moins dans le deffein d'engager quelque affaire d'ar-rière-garde, que pour en impofer au public. La difproportion des forces étoit trop grande

entre ces deux armées, & l'échec qu'il avoit
reçu étoit trop récent ; d'ailleurs, il obtenoit son
but sans courir de risques ; car l'ennemi se retirant de soi-même en Pologne., il n'y avoit
qu'à le laisser tranquillement poursuivre sa marche : Mr. d'Apraxin évacua toute la Prusse, à
l'exception de Mémel, dont les Russes demeurèrent en possession. L'armée Prussienne s'arrêta aux environs de Tilsit, trop heureuse de
s'être débarrassée d'un ennemi aussi formidable,
à si bon marché. Mais si elle avoit échappé aux
malheurs qui la menaçoient dans cette campagne, il n'étoit pas probable qu'elle jouît à la
longue de la même fortune. Le maréchal de
Lehwald eût-il possédé tous les talens du prince
Eugène, comment pouvoit-il dans la suite de la
guerre résister avec 24,000 Prussiens à 100,000
Russes ? Le Roi avoit tant d'ennemis à combattre, & ses troupes étoient si considérable-
ment fondues, qu'il lui étoit impossible d'envoyer des secours à son armée de Prusse ; il
étoit à craindre, & l'on pouvoit même le prévoir, que les Russes étendant leurs connois-
sances & leurs vues, ne corrigeassent les fautes
qu'ils avoient faites, & ne détachassent, en
ouvrant la campagne suivante, un corps considérable vers la Vistule, qui exposeroit Mr.
de Lehwald au risque d'être coupé de la Poméranie. On avoit tout lieu de croire qu'étant
entouré par des ennemis aussi nombreux, il

auroit le même fort que le duc de Cumberland ;
avec la différence, que les Ruffes, moins polis
que les François, l'auroient contraint de mettre
les armes bas.

D'une autre part, les Suédois n'avoient fait
des progrès en Poméranie, que parce qu'ils
n'avoient rencontré aucune réfiftance ; ils étoient
en poffeffion d'Anclam, de Demmin, & du
fort de Peenamunde, qu'ils avoient pris après
un fiège de quinze jours. La garnifon de Stettin
confiftoit en 10 bataillons de milice, que les
états de la Poméranie avoient levés. Mr. de
Manteufel, à la tête de 4 bataillons, n'étoit
pas en état de former de grandes entreprifes.
En laiffant la diftribution des armées telle qu'elle
étoit alors, le Roi couroit les plus grands ha-
fards pour celle de Pruffe ; & rifquoit en même
temps de voir la Poméranie envahie par les
Suédois: Il réfolut donc de concentrer davantage fes forces, pour procéder avec plus de
fûreté ; & d'abandonner les extrêmités de fes
états, que le nombre de fes ennemis ne lui permettoit plus de défendre. Ces motifs firent rappeller de Tilfit, Mr. de Lehwald avec fon
armée ; il marcha d'abord en Poméranie contre
les Suédois, qu'il délogea promptement d'Anclam & de Demmin ; il les pouffa bientôt fous
le canon de Stralfund, où ces troupes ne fe
croyant pas en fûreté, fe réfugièrent dans l'ifle de
Rugen. Une grande gelée qui furvint enfuite,

fit prendre tout-le bras de mer qui fépare la
Poméranie de cette ifle. Le maréchal de Lehwald auroit pu profiter de l'occafion, fi fon
grand âge ne l'en eût empêché, pour paffer avec
fon armée fur la glace dans l'ifle, où il auroit
détruit toutes ces troupes Suédoifes : au moins
un coup pareil auroit-il délivré le Roi pour un
temps, d'un ennemi qui faifoit une diverfion
fâcheufe. Quoique le maréchal de Lehwald n'eût
pas entrepris tout ce qui étoit faifable, il fit
toutefois dans cette courte expédition trois mille
prifonniers fur les Suédois. Un détachement
qu'il envoya affiéger le fort de Peenamunde,
ne le reprit qu'au mois de mars de l'année
fuivante.

La multitude d'objets qu'il y avoit à remplir pendant cette campagne, étoit immenfe ; &
comme on fe trouvoit preffé de faire de tous
les côtés des efforts, on ne pouvoit y réuffir
qu'en employant les mêmes troupes en différens
endroits. Le prince Ferdinand de Brunfwick
avoit trop peu de cavalerie dans fon armée ; il
lui en falloit néceffairement pour l'entreprife
qu'il méditoit. Comme il importoit au Roi que
les François fuffent chaffés de la baffe Saxe &
du bas Rhin, pour y contribuer de fa part,
autant que fa fituation le lui permettoit, il détacha 10 efcadrons de dragons & 5 efcadrons
de houfards de l'armée du maréchal de Lehwald,
avec ordre de joindre le prince Ferdinand de

Brunſwick à Stade. Ce prince tenta d'abord une entrepriſe ſur Zell, qui ne réuſſit pas ; d'un côté, parce que le maréchal de Richelieu l'ayant prévenu, l'empêcha de paſſer l'Aller ; & de l'autre, parce que ce pays aride, où il n'y a que des bruyères, ne put fournir à ſa ſubſiſtance. Nonobſtant cette entrepriſe manquée, il ſe rendit peu après maître de Harbourg. Le Roi convint enſuite avec lui du projet de ſa campagne. Son avis alloit à ce que les alliés ſe portaſſent ſur le Wéſer, par deux raiſons, dont la première étoit de ne point ruiner les capitales de l'électorat de Hanovre & du duché de Brunſwick, par les ſièges qu'il faudroit faire pour les reprendre ; la ſeconde étoit la crainte d'être coupés du Rhin, qui porteroit les François à évacuer d'eux-mêmes ces provinces, ſur-tout ſi un détachement des troupes Pruſſiennes ſe montroit en même temps du côté de Brunſwick. Le prince Henri, qui étoit demeuré en Saxe pour ſe faire guérir d'une bleſſure qu'il avoit reçue à Rosbach, devoit commander ce détachement. Tout fut bien concerté ; & nous verrons au commencement de la campagne ſuivante, les ſuccès qui accompagnèrent le prince Ferdinand dans l'exécution de cette entrepriſe.

CHAPITRE VII.

De l'hiver de 1757 à 1758.

Jamais campagne n'avoit été plus féconde en révolutions fubites de la fortune, que celle que nous venons de décrire. Cette efpèce de hafard qui préfide aux événemens de la guerre, s'étoit infolemment joué du deftin des parties belligérantes; tantôt il avoit favorifé les Pruffiens de fuccès brillans, & tantôt il les avoit précipités dans un abyme de malheurs. Les Ruffes avoient gagné une bataille en Pruffe, & fe retiroient de ce royaume comme s'ils avoient été battus. Les François, fur le point de défarmer le duc de Cumberland, paroiffoient les arbitres de l'Allemagne; mais à peine cette nouvelle a-t-elle le temps de fe répandre en Europe, qu'on apprend la défaite d'une de leurs armées, & qu'on voit comme reffufciter cette armée du duc de Cumberland, qu'on croyoit n'exifter déjà plus. Cette fuite d'événemens décififs & contraires avoit comme étourdi l'Europe; on voyoit de l'incertitude dans les projets, des deffeins renverfés auffi-tôt que conçus, & de nombreux corps de troupes prefque détruits en un feul jour. Il fallut quelques momens

de tranquillité pour que les efprits fe recueilliſ-
fent, & que chaque puiſſance pût confidérer de
fang-froid la fituation où elle fe trouvoit. D'un
côté, l'ardent défir de la vengeance, l'ambition
bleffée, le dépit, le défefpoir remirent les
armes à la main aux empereurs & aux rois qui
formoient la grande alliance ; de l'autre, la
néceffité de continuer la guerre & quelques
rayons d'efpérance portèrent la Pruffe à faire
les plus grands efforts pour fe foutenir. Un
nouveau ferment donna un nouveau degré
d'activité à la politique, & les cours, chacune
de fon côté, fe préparèrent à pouffer la guerre
avec plus d'acharnement, de fureur & d'opiniâtreté que par le paffé. Voilà en général le
tableau des paffions qui agitoient les princes &
leurs miniftres. La nature de cet ouvrage exige
que nous entrions dans de plus grands détails,
& que nous parcourions fucceffivement toutes
les cours de l'Europe, pour nous repréfenter
diftinctement ce qui fe paffoit dans chacune.

Il s'étoit fait dès l'automne dernière un changement dans le miniftère britannique. Mr. Fox,
qui s'y étoit intrus par les intrigues du duc de
Cumberland, s'apperçut qu'il ne pouvoit plus
fe foutenir dans ce pofte contre la cabale qui lui
étoit oppofée ; il réfolut de fe démettre volon-
tairement de fes charges, & fut remplacé par
Mr. Pitt, que fon éloquence & fon génie élevé
rendoient l'idole de la nation ; c'étoit la meil-

leure tête de l'Angleterre. Il avoit fubjugué
la chambre baffe par la force de la parole, il y
régnoit, il en étoit pour ainfi dire l'ame. Parvenu
au timon des affaires, il appliqua toute l'étendue
de fon génie à rendre fa patrie la dominatrice
des mers, & penfant en grand homme, il fut
indigné de la convention de Clofter-Seven, qu'il
regardoit comme l'opprobre des Anglois. Ses
premiers pas dans fa nouvelle carrière tendirent
tous à faire abolir jufqu'à la mémoire de ce traité
honteux; ce fut lui qui perfuada au roi d'Angleterre de mettre le prince Ferdinand de Brunfwick à la tête de l'armée des alliés, & de le
demander au Roi de Pruffe; ce fut lui qui propofa de renforcer les troupes d'Allemagne par
un corps d'Anglois, qui les joignit effectivement
dans l'année 1758. De plus, il jugea convenable à
la gloire de fa nation, de renouveller les alliances
qu'elle avoit contractées tant avec le Roi de
Pruffe qu'avec divers princes d'Allemagne. Il
conclut un traité avec le Roi; par l'un des articles, le roi d'Angleterre s'engageoit à payer au
Roi de Pruffe un fubfide annuel de 4 millions d'é-
cus, lequel fut continué jufqu'en 1761. Le Roi
fe trouvoit dans la néceffité d'accepter ce fubfide, qui d'ailleurs répugnoit à fa façon de penfer; mais les François l'avoient dépouillé des provinces qu'il poffédoit dans le bas Rhin; il étoit
à la veille de voir envahir la Pruffe par les Ruffes;
ce qui pouvoit d'autant moins s'empêcher, que

le maréchal Lehwald avoit été contraint d'accourir en Poméranie, pour s'oppofer aux Suédois. Après tout, ce fubfide étoit le feul fecours qu'on pût tirer de l'Angleterre, puifqu'elle avoit décliné à plufieurs reprifes la demande qu'on lui avoit faite d'envoyer une efcadre dans la Baltique. Mr. Pitt envoya dans ce temps le chevalier Keith en Ruffie, pour balancer par fes intrigues celles du parti françois & autrichien, & pour tenter de deffiller les yeux à l'impératrice, aveuglée par les préventions qu'on lui avoit infpirées contre le Roi de Pruffe. Mr. Goderick partit dans une vue à peu près femblable pour la Suède; mais le parti françois, qui dominoit defpotiquement dans le fénat de Stockholm, fit jouer tous fes refforts pour interdire à cet Anglois l'entrée du royaume; Mr. Goderick refta en Danemarck, & les fénateurs s'applaudirent d'avoir empêché que l'argent de l'Angleterre ne culbutât leur fyftême. Tandis que Mr. Pitt prenoit de fi juftes mefures pour la politique, les ports de la Grande-Bretagne fe rempliffoient de vaiffeaux; les projets pour la campagne de mer & de terre étoient arrêtés, & une activité nouvelle ranimoit toutes les branches du gouvernement.

Le chevalier Keith, qui pendant ces entrefaites étoit arrivé à Pétersbourg, n'y trouva point la cour dans une difpofition favorable aux commiffions dont il étoit chargé; les mi-

niſtres d'Autriche, de France, de Saxe y étoient
tout - puiſſans par le moyen de leurs intrigues
& de leurs profuſions ; ils avoient gagné le
favori d'Éliſabeth, qui gouvernoit alors l'impératrice, & par conſéquent l'empire. Les miniſtres, mécontens du peu de progrès de l'armée Ruſſe, ſur-tout de ſa retraite à la fin de la
campagne dernière, tâchoient de faire paſſer
leur enthouſiaſme guerrier dans l'eſprit de l'impératrice, & l'excitoient à faire dans la campagne prochaine de plus grands efforts que par
le paſſé ; ils s'apperçurent que leurs menées
étoient ſecrètement traverſées par le grand-
chancelier Beſtuchew, & réſolurent de le cul-
buter, comme en effet ils y réuſſirent. Nous
avons dépeint dans cet ouvrage ce comte Beſtuchew, comme un homme qui par paſſion s'étoit
fait un principe d'être l'ennemi juré des Pruſſiens ; mais il changea de ſyſtême, pour plaire
au grand-duc, qu'il prévoyoit devoir bientôt
parvenir au trône ; il dreſſa l'inſtruction du maréchal Apraxin d'une manière auſſi favorable
aux intérêts du Roi, que les conjonctures le
permettoient, & fut l'unique cauſe de ce que
les Ruſſes évacuèrent les états du Roi à la fin
de la campagne. Mr. de Beſtuchew fut encouragé dans cette conduite par les conſeils du
grand-duc & de la grande-ducheſſe de Ruſſie,
qui tous les deux avoient les ſentimens les plus
favorables à la cauſe du Roi. Le grand-duc,

prince de Holſtein par ſa naiſſance , avoit puiſé dans l'hiſtoire de ſes ancêtres une haine implacable contre les Danois, cauſée par les injuſtices que les rois de Danemarck avoient faites à ſa famille ; craignant alors que les affaires du Roi ne priſſent une tournure qui l'obligeât à ſe lier avec les Danois , il lui offrit ſon crédit & tous les ſervices qu'il pourroit lui rendre en Ruſſie, pourvu qu'il n'entrât en aucun engagement avec ces ennemis conſtans du Holſtein. Le Roi accepta l'offre ; il promit de ne faire aucun traité avec le Danemarck , & quoique cette condeſcendance ne lui valût pas d'avantages actuels , on verra par la ſuite de cet ouvrage , que cette liaiſon étroite avec le grand-duc de Ruſſie, bouleverſa les grands projets des Autrichiens. Avec quelque ſecret que toutes ces affaires ſe traitaſſent , il en perça cependant quelque choſe ; les miniſtres de France & d'Autriche s'apperçurent d'une variation de conduite du côté du grand-chancelier ; ils eurent connoiſſance des ordres qu'il avoit expédiés pour le maréchal Apraxin, & ſe ſervirent du favori de l'impératrice pour faire diſgracier ce miniſtre , & cauſer toutes ſortes de déſagrémens à la jeune cour Depuis ce moment tout plia devant ces ambaſſadeurs en Ruſſie, & ils entraînèrent l'impératrice Éliſabeth dans des meſures violentes & peu conformes aux véritables intérêts de ſon empire.

La

La cour de Vienne avoit reçu des fecouffes
fi fortes à la fin de la dernière campagne,
que fa conftance en fut ébranlée. Elle s'étoit
crue fur le point de terminer la guerre, & regardoit comme faite la conquête de la Siléfie;
déchue tout-à-coup de ces idées flatteufes,
elle avoit vu fon armée ruinée, & les débris
s'en fauver avec peine en Bohème. Ces malheurs inattendus rallentirent fon ardeur pour la
guerre, & tant de projets avortés diminuèrent
fon éloignement; ou plutôt fon averfion infur-
montable pour la paix. Le ftyle de fa chancellerie & les écrits de Ratisbonne s'adoucirent.
Cependant l'aigreur & la groffiéreté y reparurent
auffi-tôt que les efpérances revinrent. Tant que
dura la première impreffion de l'infortune, l'impératrice-reine voulut fe rapprocher du Roi,
foit pour entamer une négociation, foit pour
fe faire une réputation de magnanimité. Le
comte de Kaunitz avertit le Roi d'une confpiration imaginaire formée contre lui, dans laquelle deux Napolitains & un Milanois avoient
trempé. Le Roi lui fit répondre, qu'il étoit
obligé à l'impératrice de l'avis qu'elle vouloit
bien lui donner, mais que comme il y avoit
deux manières d'affaffiner, l'une par le poi-
gnard, l'autre par des écrits injurieux & dés-
honorans, il affuroit l'impératrice qu'il faifoit
peu de cas de la première, & qu'il étoit infi-
niment plus fenfible à la feconde. Cela n'em-

pêcha pas que l'indécence & le scandale de ces écrits ne continuassent, & ne s'accrussent même selon que les succès de la guerre favorisèrent les armes autrichiennes. La France apprit avec un sensible chagrin les dispositions pacifiques de l'impératrice-reine, parce que la défection de cette princesse auroit porté un préjudice considérable à ses affaires, tant qu'elle demeuroit en guerre avec les Anglois sur mer & en Allemagne. Louis XV, piqué de la tache que l'affaire de Rosbach avoit imprimée à ses armes, espéroit de trouver dans la continuation de la guerre, l'occasion de prendre sa revanche ; & les ministres de la France travaillèrent à Vienne avec une application infinie à ranimer toutes les passions calmées de cette cour. La honte pour une grande puissance d'être abattue par un petit prince, fit le plus d'impression sur l'esprit de l'impératrice ; l'ancienne animosité contre la Prusse se réveilla, les dispositions pour la paix s'évanouirent, & les liaisons d'amitié & d'intelligence entre les cours de Vienne & de Versailles se resserrèrent plus intimement : ainsi, bien loin que les succès des Prussiens rebutassent les puissances avec lesquelles ils étoient en guerre, ils les engagèrent à redoubler leurs efforts pour paroître plus redoutables & plus dangereux que jamais à l'ouverture de la campagne prochaine.

Le Roi prenoit de son côté des mesures

femblables pour rétablir pendant l'hiver l'armée, & la remettre en état d'agir avec vigueur. Il s'agiſſoit de réparer les pertes qu'avoient entraînées ſept batailles rangées, que les Pruſſiens avoient livrées à leurs ennemis ; mais les ravages de la guerre n'approchoient pas des ravages que les maladies épidémiques faiſoient dans les hôpitaux ; c'étoient des eſpèces de fièvres chaudes, accompagnées de tous les ſymptômes de la peſte ; les malades tomboient en délire le premier jour de la maladie ; il leur vénoit des charbons au cou ou bien aux aiſſelles ; que les médecins ſaignaſſent, ou ne ſaignaſſent point, cela étoit égal ; la mort emportoit indifféremment tous ceux qui ſe trouvoient atteints de ce mal ; le poiſon étoit même ſi violent, ſes progrès ſi rapides, ſes effets ſi prompts, que dans trois jours il mettoit un homme au tombeau. On ſe ſervit ſans effet de toutes ſortes de remèdes ; enfin on eut recours à l'émétique, qui réuſſit ; on en délaya trois grains dans une meſure d'eau, on en fit boire au malade juſqu'à ce que le remède commençât d'opérer, & ce fut un ſpécifique ſouverain contre cette maladie ; car depuis que l'on s'en ſervit, de cent perſonnes à qui on le fit prendre, il en périt à peine trois. Sans doute que les cauſes de la maladie n'étoient qu'une tranſpiration arrêtée par le froid, & des indigeſtions cauſées par de mauvaiſes nourritures ; il n'y avoit que

P 2

de fortes évacuations qui puffent y remédier.

Quoique les pertes de l'armée dans les hôpitaux fuffent confidérables, on parvint cependant à raffembler pendant l'hiver la plupart des recrues dont on avoit befoin pour la recompléter ; mais il fut impoffible de s'en fervir dès le printemps, parce que c'étoient la plupart des payfans, qu'il falloit exercer & difcipliner, & que la campagne commença de très-bonne heure.

La maifon royale perdit cette année la reine-mère. Le Roi reçut cette funefte nouvelle après la bataille de Kolin, & dans un temps où la fortune s'étoit le plus déclarée contre les Pruffiens ; il en fut vivement touché ; il avoit vénéré & adoré cette princeffe comme une tendre mère, dont les vertus & les grandes qualités faifoient l'admiration de ceux qui avoient le bonheur de l'approcher. Sa mort n'occafionna pas un deuil de cérémonie, mais fut une calamité publique ; les grands regrettèrent fon abord facile & gracieux, les petits fa débonnaireté, les pauvres leur refuge, les malheureux leur reffource, les gens-de-lettres leur protectrice, & tous ceux de fa famille qui avoient l'honneur de lui appartenir de plus près, croyoient avoir perdu une partie d'eux-mêmes, & fe fentoient plus frappés qu'elle du coup qui venoit de l'emporter.

Dans cette même année, le fultan Osman

finit fes jours ; fon fuccelleur palla pour un prince plus hardi & plus entreprenant que lui. Le bruit de fa réputation réchauffa dès fon avénement au trône les intrigues du miniftre de Pruffe à la Porte. Il s'agiffoit d'être admis aux audiences du grand-feigneur. Il y avoit plus d'un an que le Sr. de Rexin poftuloit cette faveur, & il falloit l'obtenir pour enta- mer les négociations dont il étoit chargé avec le grand-vifir, & avec les principaux officiers de la couronne. Nous verrons dans la fuite de cet ouvrage les différentes formes que prit cette négociation ; & nous aurons lieu de remarquer fouvent, combien peu les nations orientales font propres à fuivre les principes d'une bonne & faine politique. Ce défaut vient fur-tout de leur grande ignorance fur les intérêts des princes de l'Europe, de la vénalité de ces peuples, & du vice du gouvernement, qui affujettit tout ce qui eft relatif à la paix & à la guerre aux décifions du mufti, fans le fetfa duquel il feroit impoffible de mettre en mouvement les troupes Ottomanes.

CHAPITRE VIII.

Campagne de 1758.

Février. LE prince Ferdinand de Brunfwick fût cette année le premier qui ouvrit la campagne ; il avoit une forte tâche à remplir ; il ne s'agiſſoit pas de moins que de chaſſer 80,000 François de la baſſe Saxe & de la Weſtphalie , avec 30,000 Hanovriens, qui trois mois auparavant avoient été près de mettre les armes bas , & de ſigner un traité honteux. Il détacha un corps ſur le Wéſer, qui ſe rendit maître de Verden , & un autre ſous le prince héréditaire , qui marcha des deux côtés de ce fleuve , pour gagner Hoya, dont ce jeune héros s'empara par ſa valeur & par ſa bonne conduite. Mr. de St-Germain fut à peine inſtruit de ces progrès , qu'il évacua Brème , où il avoit une garniſon de 12 bataillons ; avec 14 autres qui hivernoient dans le voiſinage , il prit le chemin de la Weſtpha-

Mars. lie. Tandis que le prince héréditaire prenoit Hoya , dont le pont ſur le Wéſer devenoit important pour les alliés , le prince Ferdinand de Brunſwick paſſoit l'Aller avec le gros de ſes troupes. Mr. de Beuſt , qui faiſoit ſon avant-garde , ſurprit aux environs de Hanovre le régi-

ment de Poleresky, & le fit prisonnier. Cet
accident joint à la marche du prince Henri,
qui par le Mansfeld & le Hildesheim s'étoit
approché de la ville de Brunswick, déconcerta
les généraux François, & détermina Mr. de
Clermont, qui venoit de relever le maréchal de
Richelieu, à évacuer Brunswick, Wolfenbuttel, & Hanovre en même temps. L'armée
du prince Ferdinand marcha droit à Minden,
où s'étant jointe aux détachemens du Wéser,
elle assiégea d'abord cette ville. Le comte de
Clermont ayant passé le Wéser à Hameln, envoya Mr. de Broglio aux environs de Bucke-
bourg, pour secourir Minden ; mais ce général ne trouvant pas l'occasion de rien entreprendre contre les alliés, ne fut que spectateur
de la prise de cette ville, dont la garnison se
rendit prisonnière de guerre. Après cet événement, Mr. de Broglio tourna vers Paderborn,
pour rejoindre le prince de Clermont, & l'armée des alliés marcha à Bielefeld ; sur quoi les
François, étourdis de cette révolution subite
dans leurs affaires, évacuèrent Lippstadt, Hamm
& Munster. Le comte de Clermont, qui n'a-
voit plus de pied en Allemagne, repassa le
Rhin à Wésel, & cantonna son armée à l'autre
bord de ce fleuve. Le prince Ferdinand s'ar- Avril.
rêta à Munster, & répandit ses troupes aux
environs, pour leur donner le temps de se
refaire des fatigues qu'elles avoient souffertes

par des opérations continuelles dans une faifon
rude & peu avancée. Les alliés prirent 11,000
François prifonniers dans cette courte expédition, qui peut être comparée à cette belle campagne du maréchal de Turenne, lorfque pénétrant par Thann & Béfort, il furprit les impériaux répandus dans leurs quartiers en Alface,
& les força de repaffer le Rhin. Ce fut le 2
de juin que le prince Ferdinand paffa ce fleuve
avec fon armée au-deffous d'Emmerich ; il
avoit gagné des bateliers Hollandois, qu'il ne
put engager néanmoins à conftruire le pont que
fur le territoire de la république ; delà il s'avança
bientôt dans le pays de Clèves. Quelques troupes Françoifes furent furprifes dans leurs quartiers ; mais le gros joignit l'armée, qui s'étoit
affemblée proche de Créfeld. Le prince Ferdinand occupa la ville de Clèves ; il laiffa quelques troupes aux ordres de Mr. d'Imhof pour
couvrir fon pont d'Emmerich, & avec l'armée
alliée il remonta la rive gauche du Rhin, où
il fe trouva vers le 20 du mois à une marche
du comte de Clermont ; il réfolut d'attaquer
l'armée Françoife, dans l'efpérance que s'il
gagnoit fur elle une victoire complète, il pourroit reprendre Wéfel, & retranfporter le théâtre
de la guerre au-delà du Rhin. Le prince fe fit
joindre pour cet effet par Mr. de Wangenheim,
qui avoit été du côté de Kaiferswerth, & fe
porta fur Clofter-Camp. A fon approche, Mr.

de St-Germain abandonna la ville de Créfeld, & fe retira à un mille en arrière, pour fe rapprocher du comte de Clermont, qui campoit alors à Nuys ; Mr. de Clermont le joignit à Vifchern.

Ce fut le 23 juin que le prince Ferdinand quitta fon camp de Haft & de Kempen, pour attaquer Mr. de Clermont ; il divifa fon armée en trois corps, dont l'un, commandé par Mr. de Wangenheim, fe préfenta fur le front de l'ennemi, pour le contenir, pendant que le gros des alliés, tournant la gauche des François, fe préfenta fur leur flanc, entre Vifchern & Anrodt ; il y avoit dans cette partie, derrière un ruiffeau, un boulevard ou *landwehr*, dont les François avoient profité pour fe pofter ; l'infanterie des alliés les en délogea, après un combat affez rude. Les carabiniers François volèrent alors au fecours de cette infanterie, & le comte de Gifors, qui les menoit, attaqua vivement l'infanterie du prince Ferdinand ; le comte fut tué, & fa troupe découragée prit la fuite ; alors le prince de Hölftein donna deffus avec les dragons Pruffiens, & acheva de la diffiper. Pendant ce choc, le prince héréditaire, avec une partie de la droite des alliés, avoit gagné fur les derrières de la pofition des François ; ce qui acheva de décontenancer le comte de Clermont, qui fe croyant fur le point d'être entamé fur fon front par Mr. de Wangenheim,

fe voyant pris en flanc par le prince Ferdinand,
& près d'être entiérement tourné par le prince
héréditaire, abandonna le champ de bataille ;
il fe retira à Nuys, puis à Weringhen, & enfuite à Cologne. Le prince Ferdinand, pour
profiter de fa victoire, détacha le prince héréditaire, qui prit Ruremonde par capitulation, &
pouffa des partis jufqu'aux portes de Bruxelles,
tandis que Mr. de Wangenheim, qui avoit
été envoyé avec 4 bataillons dans le duché de
Bergen, affiégea Duffeldorf, où il y en avoit
huit, & la ville fe rendit par capitulation le 8
de juillet. On y trouva un magafin confidérable, établi pour l'armée Françoife. Cependant
le prince Ferdinand apprenant que l'ennemi raf-
fembloit des forces contre lui, fe fit rejoindre
par le corps du prince héréditaire au couvent
de S. Nicolas, où il campoit. Le début de
Mr. de Clermont engagea la cour de Verfailles
à le rappeller, & il fut remplacé par Mr. de
Contades. Ce maréchal fit inceffamment avancer l'armée, pour lui rendre la confiance qu'elle
avoit perdue ; pendant ce temps-là, Mr. de
Chevert, qui étoit à Wéfel, où les François
avoient laiffé une nombreufe garnifon, fortit de
cette place avec un corps confidérable pour
battre Mr. d'Imhof, qui gardoit le pont des
alliés proche d'Emmerich. Ce général en eut
vent : il fe mit avec tout fon corps en embufcade
fur le chemin que Mr. de Chevert devoit tenir.

Juillet.

le battit & lui prit beaucoup de monde. Ces
heureux fuccès du prince Ferdinand auroient
empêché les François de repaffer le Rhin, &
l'auroient enfin mené à la prife de Wéfel fur la
fin de la campagne, fi une diverfion ne l'avoit
obligé lui-même à repaffer ce fleuve, pour
rétablir les affaires en Heffe & dans la baffe
Saxe. Dès le 11 de juillet, Mr. de Soubife s'étoit
mis en marche; il avoit été joint à Hanau par
15,000 Wurtembergeois Le prince Ferdinand
avoit laiffé dans le pays de Heffe le prince
d'Yfenbourg avec environ 7,000 hommes; celui-
ci fe retira de Marbourg à l'approche de
l'avant-garde Françoife, commandée par Mr.
de Broglio, & paffa la Fulde; les François
l'attaquèrent dans la pofition qu'il avoit prife,
près de Sangerhaufen, & il fut obligé de céder
au nombre, après un combat qui dura 6 heures;
il fe retira à Eimbeck, & s'établit dans les montagnes, fe bornant à conferver fa communication avec Hanovre. Le prince de Soubife
alors ne trouvant nulle part aucune réfiftance,
occupa Nordheim, Munden & Gœttingue.
Cependant Mr. de Contades, qui jugeoit que la
diverfion de Mr. de Soubife obligeroit bientôt
les alliés à rétrograder, s'avança fur eux, &
occupa même le pofte de Brugen, qui étoit
fur leur gauche; mais le prince Ferdinand, qui
ne pouvoit fouffrir ce voifinage dangereux, en
fit déloger les François par le prince héréditaire;

Août.

il réfolut en même temps de fe replier fur la
Niers, pour s'approcher des fecours qui lui
venoient d'Angleterre. Les François firent la
même marche, & furent cependant prévenus
par les alliés. Le prince Ferdinand, qui fentoit que le feul moyen de fe foutenir au-delà
du Rhin, étoit de battre Mr. de Contades, fit
des difpofitions pour engager une affaire ; mais
Mr. de Contades ne trouva pas à propos de
rifquer le combat, & fe retira à Dalen ; fur quoi
le prince Ferdinand fe porta fur Wachtendonk ;
le prince héréditaire, qui conduifoit l'avant-
garde, en chaffa les François, & toute l'armée
repaffa la Niers. Le prince Ferdinand ne pouvant plus fe foutenir avec fon armée au-delà du
Rhin, retira la garnifon de Ruremonde, qui
trouva le moyen de fe dérober dans le temps
même que l'ennemi fommoit la place. Toute
cette armée repaffa le Rhin fur fon pont de
Griethaufen, entre le 8 & le 10 d'août. On fut
obligé d'évacuer Duffeldorf en même temps, &
Mr. de Hardenberg, qui y commandoit, fe rendit en diligence à Lippftadt, pour mettre en
défenfe ce pofte important. Peu de jours après,
les François paffèrent le Rhin, & s'étendirent
jufqu'à Dorften, en fe couvrant de la Lippe.

Le 14, le prince Ferdinand fut joint à
Beckholt par 12,000 Anglois, que lui amenoit
mylord Marlborough. Mr. de Contades fut en
même temps renforcé dans fon camp de Hal-

teren , par 5 à 6,000 Saxons, que les Autrichiens avoient raffemblés en Hongrie , & dont le prince Xavier , fecond fils du roi de Pologne , avoit pris le commandement. Le prince Ferdinand détacha Mr. d'Imhof à Créfeld , & Mr. de Poft à Dalmen ; mais fur les mouvemens que firent les ennemis vers Lunen , le prince héréditaire fut détaché pour renforcer le corps de Dalmen. Le prince Ferdinand le fuivit promptement avec l'armée , & le prince héréditaire repouffa les François jufques à Halteren. Dans ces circonftances , on trouva bon de détacher Mr. d'Oberg avec un corps de 9,000 hommes , pour paffer la Lippe , & fe porter dans l'évêché de Paderborn , tant pour interrompre la communication des deux armées Françoifes , que pour être à portée dans le befoin de prêter la main au prince d'Yfenbourg. Sur ces entrefaites, & pendant que le prince d'Yfenbourg s'étoit tenu près d'Eimbeck , Mr. de Soubife avoit occupé Caffel , Gœttingue , & quelques places fur la Werra ; alors il forma le deffein de s'emparer de Hameln ; mais il fut obligé de s'en défifter , lorfqu'il apprit que le prince Ferdinand avoit repaffé le Rhin ; il évacua enfuite Münden , Gœttingue , & tout ce qu'il avoit occupé dans le pays de Hanovre , pour fe renforcer fur la Diemel ; il refta dans cette pofition jufqu'au 5 de feptembre , & n'oppofant à Mr. d'Oberg que Mr. du Mesnil, qu'il laiffa fur la Diemel,

Sept.

il s'avança succeſſivement de Munden , Gœttingue , à Nordheim. Le prince d'Yſenbourg fut
obligé de quitter Eimbeck à l'approche des
François , & ſe retira à Coppenbrug , où il fut
joint par quelques régimens de l'armée des
alliés ; alors il s'avança en même temps que Mr.
d'Oberg ſur Holzmunden. Ce mouvement fit
craindre à Mr. de Soubiſe , qui étoit à Gœttingue , qu'on ne le coupât de Caſſel , & repliant
auſſi-tôt ſes corps , il ſe rendit en diligence dans
la Heſſe. Les troupes des alliés & des François
arrivèrent preſque en même temps devant Caſſel,
où elles ſe campèrent vis - à - vis les uns des
autres. Tous ces mouvemens n'avoient pas
influé ſur les opérations du prince Ferdinand ;
il ſuivoit ſon objet , qui étoit d'obſerver l'armée
de Mr. de Contades. Les François ayant vai-
nement tenté de ſurprendre le prince héréditaire à Halteren , & y ayant été repouſſés avec
une perte conſidérable , tournèrent leurs vues
d'un autre côté. Mr. de Contades détacha Mr.
de Chevert avec 20,000 hommes , pour joindre
Mr. de Soubiſe , & lui donner par ce renfort
aſſez de ſupériorité pour pouvoir accabler le
prince d'Yſenbourg , & pour occuper en
même temps le prince Ferdinand de manière à
l'empêcher de faire des détachemens pour la
Heſſe ; il ſe porta à Hamm avec ſon armée , &
pouſſa Mr. de Chevreuſe juſqu'à Sœſt. Sur ce
mouvement, les alliés ſe replièrent ſur Munſter,

d'où le prince héréditaire fut détaché à Waren-
dorff sur l'Ems, & le prince de Holstein à Tel-
gade. Mr. de Soubise ayant sur ces entrefaites
reçu son renfort, ne perdit point de temps pour
s'en servir. Le prince d'Yfenbourg, informé de
l'arrivée de Mr. de Chevert, repassa la Fulde,
& se retira successivement devant l'ennemi, jusqu'à Lutterberg, pour ne point être coupé de
Munden; les ennemis l'y attaquèrent avec une
si grande supériorité, qu'il fut obligé de leur
céder le champ de bataille, avec une perte de
16 canons, & d'environ 2,000 hommes; il se
retira par Dransfeld & Gœttingue à Mœringue.
Cet événement obligea le prince Ferdinand à
quitter Munster; il y laissa une bonne garnison,
& arriva le 17 avec son armée à Lippstadt. Le
prince héréditaire marcha le lendemain pour
surprendre Mr. de Chevreufe, qui étoit à Sœst;
la surprise n'eut pas lieu, parce que les François
furent avertis de la marche des alliés; néanmoins
après un léger combat, les François se retirèrent,
& abandonnèrent toutes les provisions qu'ils
avoient amassées à Sœst. Le prince Ferdinand
prit incontinent son camp auprès de cette ville,
ce qui engagea Mr. de Chevert à changer de
route; il avoit quitté Mr. de Soubise après
l'affaire de Lutterberg, & ne put joindre Mr. de
Contades qu'en prenant un grand détour. Aussi-
tôt que Mr. de Chevert eut quitté l'armée de
Hesse, Mr. d'Oberg passa le Wéser à Holzmun-

den , & pourſuivant ſa marche , il joignit le 21 d'octobre à Sœſt l'armée des alliés. La poſition où ſe trouvoit le prince Ferdinand interrompit la communication des deux armées Françoiſes, & quelques ſupérieures qu'elles fuſſent en nombre à celles des alliés, cela n'empêcha pas que Mr. de Soubiſe ne crût ſa poſition aventurée ; il évacua en conſéquence Caſſel & toute la Heſſe, & repaſſa le Mein à Hanau avec toutes ſes troupes. La campagne auroit été finie, ſi Mr. de Contades n'eût encore eſſayé de ſurprendre Munſter ; Mr. d'Armentières s'étoit approché de cette ville à la tête de 15,000 François, & avoit pris un camp proche de la place pour ouvrir inceſſamment la tranchée ; mais Mr. d'Imhof arriva le 26 à Warendorf, ſuivi du duc de Holſtein, en même temps que Mr. de Wangenheim avec un gros détachement occupa le camp de Rhéda. Tous ces mouvemens, qui menaçoient de couper Mr. d'Armentières de Wéſel, & une petite affaire qu'engagea le major Bulow, le firent réſoudre à renoncer à ſon projet ; il repaſſa la Lippe le 2 de novembre, & bientôt après l'armée Françoiſe prit le chemin de Wéſel , pour entrer dans ſes quartiers d'hiver à l'autre bord du Rhin. Il ne reſtoit plus en Heſſe que Marbourg , où les François euſſent pied ; le prince héréditaire y fut envoyé , & n'employa que peu de jours à cette expédition. Après la priſe de cette

place ,

Novembre.

22.

place, les alliés, maîtres de toute la Weftphalie & de la baffe Saxe, entrèrent dans leurs
quartiers.

Durant cette belle campagne du prince Ferdinand, le Roi n'étoit pas demeuré oifif contre
les Autrichiens ; il fe préparoit à tirer tout le
parti poflible de la bataille de Leuthen, & des
fuites que cette bataille avoit eues. Dès le mois
de janvier, Mr. de Werner avoit été détaché
dans la haute Siléfie. Quelque fupériorité qu'eût
l'ennemi fur fa troupe, il l'avoit contraint de
fe replier en Moravie, de forte que les Pruffiens occupoient dès-lors Troppau & Jægerndorf. Le Roi jugeoit cette avance néceffaire
pour pouvoir exécuter fes projets ; l'expédition, qui fe fit au mois de janvier, ne parut
à l'ennemi qu'une fuite de la bataille de Leuthen, & fervit à nettoyer toute la Siléfie des
troupes Autrichiennes. Les chofes en reftèrent
là jufqu'au 14 de mars, que l'armée fe mit en
marche pour commencer les opérations de la
campagne. On favoit que les ennemis n'étoient
pas affez avancés dans leurs arrangemens, pour
s'oppofer aux deffeins que le Roi formoit ; de
forte que ce temps fut jugé le plus propre
à changer en fiège régulier le blocus de
Schweidnitz. Le Roi fe mit à la tête de l'armée
d'obfervation, & fe cantonna depuis Landshut
jufqu'à Friedland ; le prince Maurice eut le
commandement de cette gauche, d'où il com-

Tome I.   Q

Janvier.

9.

Mars.

muniquoit par Wuftengiersdorf à Braunau, &
Mr. de Fouquet commandoit le corps qui couvroit cette gorge de la Siléfie. Le Roi établit
fon quartier général à Griffau, qui étoit au
centre de la pofition que fes troupes occupoient. Le gros de l'armée ennemie étoit encore dans fes cantonnemens aux environs de
Kœnigsgrætz & de Jaromirs ; le maréchal
Daun, qui en avoit feul le commandement ,
avoit pouffé en avant le corps de Laudon à
Trautenau , & celui de Beck à Nachod. Les
armées étant dans cette pofition, Mr. de Treskow inveftit de plus près la ville de Schweidnitz. La tranchée ne put être ouverte que la
nuit du 1 au 2 d'avril ; l'attaque fut dirigée fur
le fort de la Potence, comme l'endroit le moins
bien fortifié , & le plus commode pour y conduire les munitions de guerre. Bientôt 24 canons , 20 mortiers & 16 obufiers furent mis
en batterie. Cet ouvrage, fouvent dérangé par
l'artillerie des affiégés , ne put être entiérement
perfectionné que le 8 , & dès le 10 on occupa
une flèche que l'ennemi fut obligé d'abandonner ; cette flèche, qui nous approchoit à 100
pas du fort de la Potence, donna lieu au coup
de main qu'on tenta fur cet ouvrage, pour terminer d'autant plus promptement le fiège ; les
canons du fort de l'Eau & de celui de la Potence ayant été démontés dès le 15 , on donna
l'affaut à l'ouvrage après minuit ; on le tourna

par la gorge, & 1000 grenadiers l'emportèrent avec une perte si légère, qu'elle ne mérite pas d'être rapportée. Le commandant décontenancé par une action aussi vigoureuse, battit la chamade ; il se rendit prisonnier de guerre avec la garnison ; le comte de Thierhaimb évacua la ville le 18, & sa troupe, forte de 5,000 hommes, fut disperfée dans les différentes places de la Siléfie & de la Marche électorale.

Ce siège si heureufement & si promptément terminé, fournit au Roi la facilité d'exécuter de plus grands projets ; son deffein étoit de pénétrer dans la Moravie, & de prendre Olmutz ; non pas pour conferver cette place, car on prévoyoit dès-lors la diverfion que les Ruffes, qui s'étoient emparés de la Pruffe, fe préparoient à faire en Poméranie & dans les Marches de Brandebourg ; mais afin d'amufer durant toute la campagne les Autrichiens dans cette partie éloignée des états du Roi, pour avoir le temps & la facilité de s'oppofer en attendant, avec des forces confidérables, à l'armée Ruffe. Pour exécuter ce plan, il falloit de néceffité en impofer au maréchal Daun, afin de gagner fur lui quelques marches, & le temps de s'établir aux environs d'Olmutz avant son arrivée. Dans cette intention, l'armée du Roi fe retira des montagnes dans les plaines de Schweidnitz & de Reichenbach, fous prétexte d'y refaire les troupes des fatigues du fiège, & d'attendre les recrues qui devoient la joindre. Mr. de Ziethen avec un corps demeura dans les environs de Landshut, d'où il tira un cordon jufques à Friedland, & Mr. de Fouquet entra dans le comté de Glatz, pour en garder tous les débouchés. Ces deux corps, qui mafquoient les mouvemens de l'armée derrière les montagnes, avoient encore l'avantage d'empêcher les Autrichiens de recevoir des nouvelles qui puffent les éclairer fur les intentions des Prüffiens. Pendant que ces difpofitions donnoient le change à l'ennemi, l'armée du Roi marcha à Neifse, où elle fe fépara en deux colonnes, dont une, où le Roi fe trouvoit en perfonne, prit le chemin de Troppau ; & l'autre, que conduifoit le maréchal Keith, celui de Jægerndorf. Ces deux colonnes débouchèrent le 3 de mai dans les plaines d'Olmutz, l'une par Gibau, & l'autre par Sternberg ; Mr. de Fouquet les fuivit auffi-tôt qu'il remarqua que l'ennemi ayant pris l'alarme, quittoit les environs de Kœnigsgrætz, pour fe porter fur Hohemaut. Il prit le chemin de Neifse, d'où il convoya nos munitions de guerre & de bouche pour le fiège jufqu'à Olmutz. C'étoit le 12, & le même jour l'armée d'obfervation paffa la Morava à Littau ; le Roi s'avança jufqu'à Holefchau ; Mr. de Ville y campoit avec 7 régimens de cavalerie ; il fut

attaqué par le prince de Wurtemberg, & pouffé
au-delà de Proftnitz vers Wifchau. Le prince
campa fon corps à Proftnitz, & il y demeura
pour obferver l'ennemi du côté de Wifchau &
de Brunn, ayant fous lui 4 régimens de dragons, 1 de houfards & 4 bataillons. Le maréchal Keith ayant fait l'inveftiffement d'Olmutz,
ouvrit la tranchée le 27 de mai ; il plaça de
l'autre côté de la Morava les 10 efcadrons de
Bareuth, 500 houfards, & quélques bataill-
lons francs, qui fe campèrent proche d'un village nommé Dolein. Pour que le maréchal
Keith & l'armée du fiège fuffent plus en fûreté,
on jugea qu'il falloit éloigner davantage Mr. de
Ville ; il penfa être furpris dans fon camp, &
ne crut trouver de fûreté qu'en fe retirant près
des ouvrages de Braunn. L'armée d'obfervation occupa en même temps toutes les pofitions
qu'on avoit eu le temps de lui choifir ; en conféquence de quoi le margrave Charles prit le
camp de Neuftadt, le prince Maurice celui
de Littau, Mr. de Wédel celui de Namieft,
& le Roi occupa cette partie des hauteurs qui
règnent entre Proftnitz & Holefchau, depuis
Namieft jufqu'à Studenitz. Mr. de Puttkammer arriva le 10 de juin à l'armée, fans avoir Juin.
été inquiété dans fa route, avec le convoi
qu'il conduifoit. Mr. de Ziethen, qui fut attaqué à Griflau par l'ennemi, le repouffa ; &
remarquant que toutes les forces des Autri-

chiens tiroient vers la Moravie, il quitta les montagnes, & joignit prefque en même temps que Mr. de Puttkammer l'armée du Roi. Cependant les munitions de guerre & de bouche n'étant pas fuffifantes pour le fiège, on fit préparer un nouveau convoi en Siléfie, tant pour pouffer les attaques que pour renforcer l'armée. Il y a apparence que ce fiège auroit mieux réuffi, fi l'on n'avoit pas ouvert les tranchées de trop loin, & qu'on n'eût pas été obligé d'abandonner les premières batteries, parce qu'elles tiroient fans effet ; ce qui confuma beaucoup de munitions inutilement. Sur ces entrefaites, l'avant-garde du maréchal Daun, aux ordres de Mr. de Harfch, entra en Moravie, & fe campa vis-à-vis du prince Maurice fur les côteaux d'Allerheiligen, non loin de Littau. Mr. de Harfch tenta, mais fans fuccès, de furprendre cette ville. Le maréchal Daun, qui le fuivoit, s'étoit porté fur Géwitfch, d'où il détacha un corps de 6,000 hommes, qui s'établit à Prérau. Cette pofition obligea le maréchal Keith à placer fes dragons à Wifternitz, & fes compagnies franches à Biftrovann & à Kofutchan. Les vues du maréchal Daun alloient à jeter du fecours dans la ville affiégée, fans s'expofer à une action, dont la perte auroit entraîné la réduction d'Olmutz. Il fit attaquer de nuit le village de Kofutchan, défendu par un bataillon franc, & l'obligea de

lui céder le terrein ; les dragons de Bareuth ,
qui avoient paffé la nuit au bivouac , par une
négligence du colonel Meyer , qui les commandoit , n'attendirent pas pour deffeller , le retour
des partis qu'ils avoient envoyés à la découverte ; l'ennemi arriva en pouffant leurs pa-
trouilles avec impétuofité ; il fondit fur leurs
tentes , ne leur donnant pas le temps d'en fortir. Le régiment perdit 300 hommes , & auroit
été totalement ruiné , fi le bataillon de Nim-
fchewsky ne fût arrivé à temps pour forcer
l'ennemi à précipiter fa retraite. Ce fuccès des
Autrichiens leur fit prendre goût aux expéditions noƈturnes ; ils attaquèrent trois fois le
régiment de Ziethen à Koftelitz , & furent
toutes les trois fois repouffés avec une perte
affez confidérable. Les bataillons francs de le
Noble & de Rapin ne furent pas auffi heureux ;
le margrave Charles les avoit envoyés à Sternberg , d'où ils devoient fe rendre à Bahrn pour
couvrir un convoi , qui arriva le 10 ; ils furent
affez maltraités par les pandours , & perdirent
500 hommes dans cette affaire. Mais revenons
à des objets plus confidérables : la pofition
de l'armée Autrichienne , & principalement le
corps qu'elle avoit détaché à Prérau , exigeoit
que la ville d'Olmutz fût mieux enfermée au-
delà de la Morava ; il fembloit que le corps
du margrave à Neuftadt n'y fut pas effentiel-
lement néceffaire , & comme on n'avoit pas

trop de troupes, le margrave alla se poster de façon, que sa gauche occupoit un pont que nous avions à Commothau sur la Morava, & que sa droite s'étendoit jusqu'à notre pont de Holitz. Cependant, tandis que les Prussiens changeoient leur position, Mr. de Bulau, colonel Autrichien, avoit trouvé le moyen de se glisser dans la ville, & d'amener à Mr. de Marshall, qui en étoit gouverneur, un secours de 1200 hommes.

Le maréchal Daun vint peu de jours après déboucher dans la plaine, & se camper à Prettlitz, entre Prostnitz & Wischau ; il y fut informé que les Prussiens attendoient un grand convoi, dont dépendoit la réussite du siège, parce que les munitions commençoient à manquer. Ce convoi étoit couvert par 8 bataillons & 4,000 convalescens, tant de la cavalerie que de l'infanterie, qu'on avoit enrégimentés pour s'en servir durant cette marche. Le tout partit le 25 de juin de Troppau. Le maréchal Daun tourna ses vues sur ce convoi ; il envoya Mr. de Janus à Bahrn, & Mr. de Laudon à Liebe pour l'intercepter. Sur cela, le Roi détacha Mr. de Ziethen avec 20 escadrons & 3 bataillons ; il rencontra ce convoi près de Gibau. Le général Laudon l'attaqua le lendemain ; après un combat de 5 heures il fut obligé de se replier. Le transport avançoit très-lentement à cause des chemins rompus, & le ma-

réchal Daun profita de ce temps pour renforcer Mrs. Janus & Laudon de 8,000 hommes.
Le 30, le convoi fut attaqué de nouveau entre
Bautſch & Domſtadt; à peine 1000 hommes
de cavalerie, 4 bataillons, & 400 chariots
eurent-ils ouvert la marche, & paſſé le défilé
de Domſtadt, que l'ennemi ſe porta avec
toutes ſes forces de Bahrn & de Liebe ſur ce
convoi; de ſorte que ces deux colonnes de
l'ennemi venant à ſe joindre, coupèrent l'avant-
garde qui venoit de paſſer le défilé, du reſte
du corps qui ſuivoit. Mr. de Ziethen, qui
étoit avec le gros du convoi, fit charger vi-
goureuſement une des aîles de l'ennemi; mais
le nombre étoit trop diſproportionné pour qu'il
pût réuſſir; de ſorte qu'après avoir vaillam-
ment combattu, il fut contraint de ſe retirer
avec la plus grande partie de ſon monde ſur
Troppau; il y perdit le général Puttkammer
& 800 hommes, ſans compter tout le convoi
& le tréſor de l'armée, qui tomba entre les
mains de l'ennemi. Ce malheur fut cauſe de
la levée du ſiège. Si ce convoi eût pu arriver,
la ville étoit priſe en moins de quinze jours,
parce que l'on avoit achevé la troiſième parallèle, & que l'on commençoit d'en déboucher avec les ſappes. Mais quelque apparentes
que fuſſent ces eſpérances, il fallut y renoncer, pour ſauver l'armée, qui en prolongeant
ſon ſéjour en Moravie, auroit manqué de ſub-

fiftance. Il y avoit deux chemins pour le retour ; l'un qui mène dans la haute Siléfie, par
lequel l'armée étoit venue, & l'autre qui tra-
verfe la Bohème, & mène ou dans le comté
de Glatz, ou par Braunau en Siléfie. L'ennemi
s'étoit préparé à rendre la première route difficile. Laudon, Janus & St-Ignon y étoient demeurés depuis l'affaire des convois ; le maré-
chal Daun s'étoit porté même avec fon armée
à Tobifchau, de forte qu'on avoit à craindre,
en prenant ce chemin, d'avoir deux corps ennemis fur les flancs, & fans cefle le maréchal
Daun derrière l'arrière-garde qui la harcéleroit.
En un mot, cette marche n'auroit été qu'une
bataille perpétuelle, dans laquelle l'armée auroit perdu l'artillerie du fiège, fes équipages,
fes bleffés, peut-être même y auroit-elle rencontré fa ruine entière au paffage de la Morava,
que l'ennemi pouvoit lui rendre funefte. Ces
confidérations déterminèrent promptement le
Roi à fe tourner vers la Bohème, parce que
l'ennemi n'étant pas préparé de ce côté-là, on
pouvoit gagner deux marches fur lui ; ce qui
étoit un article important pour l'artillerie & le
bagage dont l'armée étoit chargée.

Juillet. La nuit du 1 au 2 de juillet le Roi quitta
fon camp & partit avec toutes fes troupes, par-
tagées en deux colonnes. Le prince Maurice
fit l'avant-garde de celle où fe trouvoit le Roi,
qui paffa par Konitz, Tribau, Zwittau, & vint

à Leitomifchel , où elle s'empara d'un dépôt
des ennemis ; la feconde, fous la conduite du
maréchal Keith, en fe retirant de fes tranchées,
n'abandonna que 4 mortiers & un canon in-
tranfportables , parce que les affuts en étoient
caffés ; elle prit le chemin de Littau , Muglitz
& Tribau. Toute cette marche jufques-là ne
fut point troublée par l'ennemi, par la raifon
que le maréchal Daun ayant fait toutes fes difpofitions pour les chemins de la haute Siléfie,
ne put pas retirer affez promptement fes troupes
pour agir en force du côté de la Bohème ; néanmoins Mr. de Lafcy, qui campoit à Gibau,
voulut entreprendre fur l'arrière-garde, obligée
de paffer le défilé de Krenau, pour marcher à
Zwittau. Il fe faifit de ce village avec fes grenadiers ; mais il en fut promptement délogé par
Mr. de Wied , & les troupes continuèrent
leur chemin fans être inquiétées. Le maréchal
Keith avoit partagé fa colonne en trois corps,
dont celui de Mr. de Retzow ayant traverfé
Hohemaut , & s'approchant des collines de
Holitz, trouva ces hauteurs occupées par l'ennemi ; il fe faifit d'une chapelle qui eft fur une
hauteur vis-à-vis de celle que l'ennemi tenoit ;
on commença par fe canonner réciproquement,
Mr. de Retzow continuant à faire filer fon
convoi & fon efcorte en même temps. Le général de St-Ignon, qui commandoit les ennemis, crut ce moment propre pour attaquer les

Pruffiens ; il fondit avec 1100 chevaux fur le régiment de Brédow, cuiraffiers, qu'il obligea de fe replier ; fur ces entrefaites arriva un lieutenant, avec 50 houfards, que le Roi avoit chargé de dépêches pour le maréchal Keith ; ce brave officier, nommé Kurzhagen, donna avec fon peu de monde fi à propos fur le flanc de Mr. de St-Ignon, qu'il ramena les cuiraffiers ; la cavalerie Pruffienne accourut auffi, & rechaffa les Autrichiens avec perte de 6 officiers & de 300 hommes. Le maréchal Keith arrivant avec fa colonne, précifément lorfque l'ennemi étoit en déroute, fit prendre à revers l'infanterie ennemié, qui fe maintenoit encore fur les hauteurs ; ce qui précipita fa fuite par des forêts épaiffes qui protégeoient fa retraite. Pendant que le maréchal Keith étoit occupé avec les ennemis & fes convois, le Roi ayant pris les devans étoit arrivé dès le 11 près de Kœnigsgrætz. Mr. de Buccow couvroit cette ville avec environ 7,000 hommes, qu'il avoit campés derrière l'Elbe, & dans des retranchemens qui entouroient les fauxbourgs. Dès que les troupes furent arrivées, on plaça quelques bataillons vers Hota fur l'Adler, & l'on y conftruifit une batterie, pour prendre à revers Mr. de Buccow dans fes retranchemens ; en même temps un autre corps paffa l'Adler plus haut, qui devoit attaquer le lendemain dès la pointe du jour ce retranchement. On vouloit auffi faire paſſer l'Elbe à un gros corps de cavalerie, pour couper toute retraite aux Autrichiens ; mais les ponts ne purent être achevés que le 13 au matin. Mr. de Buccow n'attendit pas que cet ouvrage fût achevé ; il évacua la nuit même ſes retranchemens & la ville, & ſe retira vers Clumetz. Le même jour le Roi étant averti que Mr. de Retzow étoit attaqué à Holitz, y marcha avec un corps de cavalerie ; mais l'affaire étoit déjà décidée, & le maréchal Keith conduiſit heureuſement juſqu'à Kœnigsgrætz toute l'artillerie du ſiège d'Olmutz, 1500 bleſſés & malades, outre toutes les munitions de guerre & de bouche qui appartenoient à l'armée du Roi. Dès que toutes les troupes furent raſſemblées, elles ſe campèrent au confluent de l'Adler & de l'Elbe, ayant devant leur front la ville de Kœnigsgrætz occupée par 6 bataillons.

14.

Le premier ſoin du Roi fut de ſe débarraſſer du gros bagage qu'on avoit traîné d'Olmutz à Kœnigsgrætz, & Mr. de Fouquet fut commandé avec 16 bataillons, & autant d'eſcadrons, pour conduire à Glatz l'artillerie, les bleſſés & les chariots ſuperflus. L'ennemi avoit déjà quelque deſſein de harceler les Pruſſiens dans ces paſſages ; le même jour, Mr. de Laudon s'étoit poſté avec 4,000 hommes dans le bois d'Opotſchna. Comme on en étoit inſtruit, & que le Roi vouloit aſſurer la marche de Mr. de Fouquet ſur Neuſtadt, il prit quelques troupes avec lui, &

marcha droit fur Mr. de Laudon ; l'Autrichien
penfa être furpris ; mais comme le bois favorifoit
fa retraite , on ne put lui enlever que 100 cravates ; il fe retira vers Holitz , & le Roi tint le
pofte d'Opotfchna , jufqu'à ce que Mr. de Fouquet eût paifiblement conduit à Glatz fon convoi. D'abord après fon arrivée il détacha Mr.
de Schenkendorf l'aîné à Reinerz , Mr. de
Golze au Hunulberg , & lui-même il occupa
le camp de Nachod , pour couvrir le dos de
l'armée. La promptitude de la marche avoit
donné affez d'avance pour prendre tous ces
arrangemens avant que le maréchal Daun pût
s'approcher de l'armée Pruffienne ; il arriva le
22 , & prit fon camp fur les hauteurs de Clum
& de Libitfchau , au-delà de l'Elbe , en même
temps que le Roi revint d'Opotfchna rejoindre
le gros de fes troupes. S'il ne fe fût agi que
des Autrichiens , on auroit fini la campagne ,
fans quitter la Bohème que pour prendre des
quartiers d'hiver ; mais l'invafion dont les Ruffes
menaçoient la Poméranie & la nouvelle Marche ,
obligeoit le Roi de ramener fes troupes en Siléfie , pour pouvoir delà porter des fecours aux
endroits qui en auroient le plus befoin. On fit
entrer dans ce projet toutes les mefures qui
pouvoient affurer les frontières de la Siléfie ;
en conféquence on eut foin d'enlever tous les
fourrages & toutes les provifions du cercle de
Kœnigsgrætz , pour empêcher le maréchal

Daun, faute de magafins, d'agir de ce côté
contre la Siléfie. Cela lui devint en effet impoffible, parce qu'il avoit été obligé au commencement de la campagne, de diriger toutes
fes fubfiftances du côté de Brunn, qu'enfuite
l'armée Pruffienne lui avoit enlevé dans fa marche tous les dépôts qu'il avoit en Bohème, &
qu'enfin on avoit confumé les fourrages du cercle de Kœnigsgrætz. On quitta donc la nuit du
25 le camp de Kœnigsgrætz. Les pandours
attaquèrent les fauxbourgs de la ville dans le
temps qu'on vouloit l'évacuer ; le général Sal-
dern & le colonel Blankenfée y furent tués ;
on perdit 70 hommes. L'armée du Roi fe replia
par Caravalhotta fur Rochonitz ; Mrs. Laudon,
St-Ignon & Lafcy fuivirent l'arrière-garde avec
environ 15,000 hommes, & quoiqu'ils effayaf-
fent de l'entamer, ils ne purent point y réuffir,
& furent vigoureufement repouffés par les houfards de Puttkammer. Pour faire paffer à l'ennemi l'envie de harceler les arrière-gardes, on
prépara le lendemain une embufcade ; ce fut au
paffage de la Métau ; on occupa avec 10 bataillons & 20 efcadrons, un bois qui fe trouve
fur ce chemin, & qui tire de Jaromirs à la
Métau ; après quoi l'armée fe mit en marche,
& ne préfenta à l'ennemi qu'une foible arrière-
garde de houfards ; Mr. de Laudon, qui s'é-
chauffoit facilement, voulut donner deffus ; alors
la cavalerie, en fortant de l'embufcade, le prit

dans tous les fens ; il fut fort maltraité, & perdit 300 hommes ; après cette petite correction, l'armée du Roi pourfuivit paifiblement fa marche, & fe campa entre Boruslawitz & Geffnitz, & l'on détacha Mr. de Retzow, pour couvrir la droite de l'armée au paffage des montagnes.

Août. Mr. de Retzow délogea Mr. Janus de Studenitz, & le Roi occupa le camp de Skalitz. Dans l'emplacement où l'armée étoit campée, il fe troúvoit üne hauteur fur la droite dont il falloit néceffairement fe mettre en poffeffion ; le Roi y plaça les volontaires de le Noble, comme un appât qu'il préfentoit à l'ennemi, & 6 bataillons, campés dans une efpèce de ravin, avoient ordre de foutenir ce pofte en cas d'attaque. Ce qu'on

2. avoit prévu arriva ; Mr. de Laudon vint de nuit, pour furprendre le Noble ; il fut reçu autrement qu'il ne s'y attendoit ; on le mit en fuite, & fans cómpter les morts & les bleffés, il y perdit 6 officiers & 70 hommes. Le maréchal Daun avoit cependant fait longer à fon armée le cours de l'Elbe, de forte qu'elle s'étendoit depuis Kœnigsgrætz jufqu'à Jaromirs, vers Kœnigshof. Le Roi fe campa le lendemain à Wifoka,

3. & Mr. de Retzow à Starkftadt. La marche fe pourfuivit de Wifoka à Politz & Wernersdorf, fans qu'on fût fuivi par les ennemis. Le 8, toutes les troupes reprirent le camp de Griffau & de Landshut.

La diverfion, à laquelle on s'étoit attendu

de

dé la part des Ruffes, se fit pendant ce retour
de Bohème. Mr. Fermor s'étoit avancé en plusieurs corps, de la Pruffe, sur les frontières dé
la Poméranie & de la nouvelle Marche; Mr. de
Platen avoit obfervé les ennemis de Stolpe; où
il avoit été tout l'hiver en détachement. Sur
ces avis, le comte de Dohna avoit reçu l'ordre
dès le mois de juin de lever le blodus de Stralfund, pour s'approcher de l'Oder, afin de s'oppofer aux Ruffes de quelque côté qu'ils vou-
luffent péhétrer dans les états du Roi. Mr. de
Fermor s'étoit avancé de Pofen à Kœnigswald,
Méferitz & Clofter-Paradies, où il campoit en
trois corps. Le comte de Dohna détacha Mr.
de Kanitz à Reppen, pour obferver l'ennemi,
d'où Mr. de Malachowsky fit une courfe jufqu'à Sternberg, & en délogea les Ruffes. Le
comte de Dohna, qui n'étoit pas affez en force
pour répandre des détachemens, attira à lui
Mr. de Platen, & fe borna à difputer aux ennemis le paffage de l'Oder; il fe campa pour cet
effet à Francfort. Là partie cependant n'étoit
pas égale; comme le moindre échec qu'auroit
fouffert le corps du comte de Dohna, devenoit
préjudiciable à l'état, & pouvoit entraîner après
foi la ruine totale de la Marche électorale, le
Roi prit le parti de s'y rendre en perfonne avec
un renfort affez confidérable, pour donner aux
troupes Pruffiennes une efpèce d'égalité avec
celles des ennemis; ce renfort confiftoit en 16

bataillons & 28 efcadrons. La plus grande partie
de l'armée aux ordres du maréchal Keith & du
margrave Charles , demeura dans le camp de
Landshut , pour garder les frontières de la
Siléfie. Le Roi dirigea fa marche par Ronftock ,
Lignitz , Hinzendorf , Dakau , Wartenberg ,
Schertendorf , Croffen , Ziebingen à Francfort ,
où il apprit que Mr. de Fermor s'étant avancé
par Landsberg à Cammin & à Tamfel , avoit fait
bombarder la ville de Kuftrin , qui avoit été mife
en cendres , après avoir rejeté toutes les propofitions de capitulation que le général Stoffel
avoit faites à Mr. de Schack , qui en étoit commandant. Ces entreprifes de l'ennemi avoient engagé le comte de Dohna à rapprocher fon corps
de cette fortereffe , pour la mieux foutenir. Ce
fut dans ce camp près de Gorgaft , le 22 août ,
que le Roi joignit le comte de Dohna. Les
Ruffes avoient établi leurs parallèles précifément au déboucher de la chauffée qui conduit
de Kuftrin à Tamfel , & leurs batteries étoient
conftruites de manière que l'armée n'auroit pu
déboucher de la place , fans s'expofer à faire
des pertes confidérables , mais inutiles. Le Roi
réfolut cependant d'attaquer l'ennemi ; il falloit
fe battre , afin de fe débarraffer pour un temps
d'une armée , & gagner celui de fe tourner d'un
autre côté. Le Roi pouvoit donc employer
trois femaines à cette expédition ; mais comment
la terminer fi vîte fans en venir aux mains ? Le

maréchal Daun, qu'on avoit quitté à Jaromirs, pouvoit dans cet intervalle fe tourner, ou vers la Siléfie, ou vers la Saxe, & il falloit pouvoir s'y rendre dans les différens cas, felon que le befoin le demanderoit. Le Roi jugea donc qu'il falloit en impofer à l'ennemi par de fauffes démonftrations ; on fit des batteries vis-à-vis de Dréwitz, & l'on occupa les digues de l'Oder, comme fi effectivement on avoit deffein de paffer ce fleuve dans les environs ; en même temps le Roi renforça la garnifon de Kuftrin de 4 bataillons. Il avoit envoyé Mr. de Kanitz à Wrietzen, pour raffembler tous les bateaux qui fe trouvoient dans cette partie fur l'Oder. Tandis que l'armée marchoit la nuit du 23 en remontant l'Oder jufqu'à Guftebiefe, où elle fut jointe par Mr. de Kanitz, qui amena fuffifamment de bateaux pour la conftruction du pont, on fe donna tant de foins pour l'achever, que toute l'armée l'eut paffé à midi ; elle continua fa marche jufqu'au village de Cloffow, où elle fe campa, & par cette pofition, elle coupa déjà le corps de Mr de Fermor de celui de Mr. Romanzow, qui étoit du côté de Schwedt, où il avoit deffein de paffer l'Oder. Le 24, l'armée fe campa à Dermitzel, vis-à-vis de Mr. de Fermor, qui fur les mouvemens des Pruffiens, avoit levé le fiège de Kuftrin, & s'étoit fait joindre par la divifion de Mr. Czernichef, avec laquelle & le gros de fes troupes, il prit une pofition

entre les villages de Quartíchen & de Zicker,
ayant un ruisseau marécageux devant son front;
ces troupes campoient en quarré, selon l'usage
que le maréchal Munnich avoit suivi, en faisant
la guerre aux Turcs dans la petite Tartarie.

25. Le même jour que l'armée Prussienne arriva,
le Roi s'empara du moulin de Damm, & du
pont qui passe le ruisseau; son avant garde prit
possession de la forêt de Massin, par laquelle
il falloit passer pour tourner le camp des ennemis. Le lendemain, l'armée déboucha sur 4
colonnes dans la plaine, près du village de
Batzelow; les ennemis avoient laissé entre ce
village & Cammin le gros de leur bagage sous
une petite escorte; si l'on avoit été moins pressé,
on auroit pu le leur enlever sans peine, & les
obliger par quelques marches à quitter le pays;
mais il falloit en venir à une décision, dont on
devoit tout attendre, vu la disposition bizarre
que l'ennemi avoit donnée à sa bataille. La
marche de l'armée continua donc sur Zorndorf,
où le Roi se proposoit d'attaquer la face opposée
du quarré vis-à-vis de laquelle on avoit été à
Dermitzel. Les Cosaques mirent le feu à Zorndorf; ce qui embarrassa un peu, parce que la
grosse artillerie devoit passer ce village, pour
former des batteries vis-à-vis de l'ennemi. La
gauche, destinée à faire la première attaque,
s'appuyoit à un fond qui tire vers Wilkersdorf.
Mr. de Manteufel commandoit là première

attaque, confiſtant en 10 bataillons ; il étoit
ſoutenu par la gauche de la première ligne,
commandée par Mr. de Kanitz , & par la
ſeconde ligne de l'armée. On ſe ſervit de quelques ravins , à l'abri deſquels on mit la cavalerie de la gauche contre l'artillerie de l'ennemi,
& où toutefois elle étoit à portée d'agir dès
que cela ſeroit trouvé néceſſaire. Les ordres
du Roi portoient que la première attaque, en
avançant conſtamment, s'appuyât à ce ravin,
qui la conduiſoit directement ſur la droite des
Ruſſes ; mais par des contretemps & des méſen-
tendus, il arriva qu'elle s'en écarta en approchant de l'ennemi, de façon que Mr. de Kanitz,
qui devoit être derrière Mr. de Manteufel , ſe
trouva à ſa droite. L'attaque fut repouſſée, &
l'infanterie revint en aſſez grande confuſion ;
mais comme l'ennemi étoit auſſi en déſordre,
le Roi fit ordonner à Mr. de Seidlitz de le
charger incontinent ; il forma trois colonnes, qui
percèrent en même temps le quarré ; & en
moins d'un quart d'heure tout le champ de bataille fut nettoyé d'ennemis ; ce qui ſe ſauva
de l'armée Ruſſe, paſſa ce fond qu'elle avoit à
ſa droite , & commença de ſe reformer vers
Quartſchen. Le Roi prit alors l'infanterie de
ſa droite, avec laquelle il fit un quart de converſion, & la forma vis-à-vis de ce fond. On
voulut le faire paſſer aux troupes à différentes
repriſes ; mais elle revenoit après un court

eſpace de temps, ſans qu'on en comprît d'abord
la raiſon. C'eſt que la caiſſe militaire des Ruſſes
& tout l'équipage de leurs généraux étoient
dans ce fond ; les troupes, au-lieu de le paſſer,
comme elles le pouvoient, s'amuſoient à piller,
& revenoient dès qu'elles étoient bien chargées de butin. La cavalerie ne pouvoit agir
dans cette partie à cauſe des marais dont ce
fond étoit rempli ; cela réduiſit les Pruſſiens
à canonner l'ennemi , ce qu'ils continuèrent
juſqu'à nuit cloſe. La bataille avoit commencé
à 9 heures du matin, & ne finit qu'à 8 heures
& demie du ſoir. Les Ruſſes ſe retirèrent dans
le bois de Tamſel , où toutes leurs troupes ſe
mirent en peloton , la cavalerie au centre , entourée de l'infanterie. Ils perdirent à cette action
103 canons , 27 drapeaux & étendards , 82
officiers, parmi leſquels 5 généraux ; environ
2,000 priſonniers , & pour le moins 15,000
hommes qu'ils laiſſèrent ſur la place, parce que
la cavalerie ne leur fit point quartier. L'armée
du Roi y perdit Mr. de Ziethen , général des
cuiraſſiers , 60 officiers morts ou bleſſés , & environ 1200 hommes , avec 20 pièces de canon.
Le lendemain 26, l'armée du Roi prit une poſition très-voiſine de l'armée Ruſſe ; on n'étoit
qu'à 1200 pas les uns des autres. Si l'on avoit
eu ſuffiſamment de munitions , on les auroit
attaqués ; on fut obligé de ſe contenter d'une
canonnade , qui ne fut pas même auſſi vive

qu'on l'auroit défiré, à caufe qu'il falloit ménager la poudre. Il n'y eut point de tentes dref-
fées de part ni d'autre. Les dragons Ruffes
effayèrent d'attaquer l'infanterie Pruflienne ; ils
furent vivement repouffés par le régiment de
Kreytzen. Pendant l'action de la veille & durant cette journée, c'étoit un fpectacle affreux
que de voir tous les villages voifins, auxquels
les Cofaques avoient mis le feu, & qui raffembloient dans ces environs toutes les calamités
dont l'humanité peut être affligée. Cependant
les canons pruffiens tiroient avec fuccès, parce
qu'il étoit prefque impoffible aux artilleurs de
manquer la groffe maffe que l'ennemi formoit ;
au-lieu que les leurs tiroient fans le moindre
effet. On reçut vers le foir quelque peu de
munitions, dont les batteries firent un fi bon
ufage, que la place devenant dès-lors infou-
tenable pour les Ruffes, ils la quittèrent la
nuit même, & allèrent fe camper à Cammin.
Le Roi les fuivit ; on fit encore quelques centaines de prifonniers fur leur arrière-garde, &
l'on fe campa devant Tamfel, proche des ennemis. La perte de cette bataille obligea Mr.
de Romanzow à quitter en hâte les environs
de l'Oder & de Stargard, pour accélérer fa
jonction avec Mr. de Fermor, qui bientôt fe
retira à Vietz, puis à Landsberg, où il raffembla toutes fes troupes. Le Roi le pourfuivit jufqu'à Blumberg.

Pendant que l'armée Pruffienne étoit occupée contre les Ruffes , Mr. de Laudon avoit
traverfé la Luface , dans l'intention de les joindre , & ce qu'il auroit fait s'il n'avoit trouvé le
prince François de Brunfwick dans fon chemin ;
le Roi l'avoit détaché à Beesko du camp de
Tamfel. Ce prince, après lui avoir enlevé différens partis , obligea l'ennemi à fe replier fur
Lubben. Des raifons plus fortes que celle - là
empêchèrent le Roi de pouffer plus loin les
avantages qu'il avoit remportés fur les Ruffes ;
il falloit accourir en Saxe au fecours de S. A. R.
le prince Henri. Mr. de Dohna , en conféquence de ce nouvel arrangement, refta vis-à-
vis des Ruffes , & le Roi partit, pour fe joindre au prince fon frère , avec le même corps
qu'il avoit amené dans l'électorat. L'éclair-
eiffement des faits demande que nous rappor-
tions fuccinctement ce qui s'étoit paffé jufqu'a-
Juillet. lors en Saxe. Dès le mois de juillet , S. A. R.
avoit occupé le camp de Tfchopa , pour s'oppofer aux troupes des cercles commandées par
le prince de Deux-Ponts , auquel étoit joint un
corps d'Autrichiens aux ordres de Mr. de Haddick. S. A. R. fit chaffer un détachement des
ennemis qui occupoit le Basberg ; & comme le
gros corps des cercles ne s'étoit pas encore
avancé , on fe borna à la petite guerre , dans laquelle les Pruffiens eurent l'avantage , faifant
en différentes rencontres des prifonniers fur les

ennemis , du nombre defquels Mr. de Mitrows-
ky, général des Autrichiens, fut le plus confidérable. S. A. R. ayant des nouvelles de l'ap- Août.
proche d'un corps d'ennemis commandé par 2.
Mr. Dombale, qui s'avançoit fur Zwickau, détacha Mr. de Finck pour le déloger de la Saxe ;
ce qui réuffit au point, qu'on l'obligea de fe replier fur Reichenbach. Bientôt après, la préfence
du prince devenant néceffaire aux environs de
Dresde, à caufe que le prince de Deux-Ponts 6.
prenoit par la Bohème le chemin de Tœplitz,
l'armée marcha par Chemnitz, & s'établit à Dippoldiswalda , tenant Mr. de Hulfen avec un
détachement à Freyberg, & Mr. de Knobloch
à Maxen. Pendant ce temps, un autre corps des 20.
cercles s'étant pofté à Waldkirchen, il fut attaqué & battu par Mr. de Kleift. Mais comme
Mr. de Haddick s'avançoit vers Cotta, S. A. R.
changea fa pofition ; elle prit le camp de Sedelitz
proche de Pirna, & garnit devant elle les villages de Zehifta & de Zufchendorf ; delà l'armée prit le camp de Gamig, qui lui étoit plus
convenable. Bientôt le prince de Deux-Ponts
parut ; il occupa les hauteurs de Struppen,
tenant à fa gauche Mr. de Haddick, qui s'é-
tendoit de Rothwernsdorf à Cotta. Il réfolut
de prendre le Sonnenftein, qui incommodoit
fa pofition ; il y fit avancer quelques mortiers,
& Mr. de Grape, qui y commandoit, fe rendit mal à propos, & fut fait prifonnier de guerre.

En même temps le maréchal Daun s'étoit avancé en Luface ; il avoit laiffé un détachement de 20,000 hommes aux ordres de Mrs. de Harfch & de Ville, qui campoit entre Jægerndorf & Troppau. L'intention du maréchal étoit de fe fervir de ce corps pour faire le fiège de Neifse, dès que l'éloignement de l'armée Pruffienne pourroit permettre de tenter cette entreprife ; il avoit efpéré que l'invafion des Ruffes attireroit vers eux toutes les forces du Roi ; & comme fes efpérances fe trouvèrent trompées de ce côté-là, il s'avança en Luface, pour y attirer les Pruffiens, & donner à Mr. de Harfch le temps d'achever fon fiège. Il s'étoit d'abord avancé jufqu'à Kœnigsbruck, où il apprit la défaite des Ruffes ; fur quoi abandonnant les deffeins qu'il pouvoit avoir fur Meiffen ou fur Torgau, il fe replia fur Stolpen. Bientôt il borda l'Elbe de différens détachemens, dans l'intention de paffer ce fleuve à Pilnitz, & de prendre à dos la pofition des Pruffiens à Gamig, pendant que le prince de Deux-Ponts, & Mr. de Haddick les entameroient de front. Le prince Henri, qui étoit informé de ces projets, en donna avis au Roi ; ce qui occafionna la marche rapide de celui-ci, pour fe Sept. joindre au prince fon frère. D'abord le maréchal de Keith & le prince Charles eurent ordre de quitter la Siléfie, pour fe joindre en Luface aux troupes du Roi. Mr. de Fouquet demeura à Landshut, & on lui commit la garde des débouchés de la Bohème. Le corps du Roi partit le 2 de Blumberg, & paffant par Manchenau, Mulrofe, Trebatz, Lubben, Doberbek, Elfterwerda, arriva le 9 à Dobritz, près de Groffenhayn, où le maréchal Keith & le margrave le joignirent, dont le corps avoit paffé par Hartmansdorf, Priebus, Moska, Spremberg, Senftenberg. Mrs. de Werner & de Mœring avoient battu chemin faifant, l'un à Priebus & l'autre à Spremberg, deux détachemens Autrichiens, & leur avoient fait au-delà de 500 prifonniers. L'armée fe campa le 12 entre Boksdorf & Reichenberg, d'où le Roi s'aboucha avec le prince fon frère, pour prendre enfemble les mefures convenables aux circonftances préfentes. Le même foir l'armée fe mit en marche; il s'agiffoit d'occuper les hauteurs de Weiffig avant l'ennemi. Les Autrichiens avoient au Cerf blanc un pofte qu'il falloit déloger; le Roi y marcha tout droit, & Mr. de Wédel par un chemin qui vient de Radeberg, & qui tourne cette pofition; les Autrichiens furent forcés de fe retirer; & dès que les têtes de l'armée eurent gagné les hauteurs de Weiffig, elles donnèrent fur des houfards & des dragons qui s'y étoient rendus, dans l'intention de protéger le campement du maréchal Daun; celui-ci s'y étoit avancé, pour y tracer la pofition des troupes. Tous ces corps furent repliés, & l'armée du Roi prit le camp de Schœnfeld, vis-à-vis du camp du maréchal Daun, qui s'étendoit de Lohmen par Stolpen vers Bifchofswerder. On affura auffi-tôt la communication des deux armées Pruffiennes par des ponts fur l'Elbe. L'armée du Roi étoit arrivée à propos, car Mr. de Lafcy étoit commandé avec tous les grenadiers Autrichiens pour conftruire le pont de Pilnitz; & il faut avouer que le maréchal Daun auroit eu tout le temps d'exécuter ce deffein avant l'arrivée du Roi, s'il avoit été dans fon caractère d'agir avec plus de vivacité & de promptitude. Le même jour que l'armée prit la pofition de Schœnfeld, le général de Retzow fut envoyé avec un détachement pour déloger Mr. Laudon de Radeberg; l'Autrichien fe retira fur Arnsdorf & Fifchbach. On réfolut de l'entamer de nouveau dans ce pofte; pour cet effet, le prince François avec quelques bataillons fe préfenta fur fon front; Mr. de Retzow le tourna par fa droite & le Roi par la gauche. Il eft à préfumer que ce corps auroit été ruiné, fi tous les refforts euffent bien joué en même temps; mais il arrive d'ordinaire que de femblables projets ne réuffiffent qu'en partie; Laudon perdit cependant au-delà de 500 hommes dans cette affaire; il fe fauva par le bois, & occupa les monticules de Harta, où il campa fous la protection du canon du maré-

chal Daun. Ces petits avantages ne décidoient
rien ; un des objets principaux dans les circonftances où fe trouvoient les armées , étoit
d'éloigner l'armée impériale des bords de l'Elbe.
Il étoit difficile d'y réuflir autrement qu'en lui
donnant de la jaloufie fur les convois qu'elle
tiroit de Zittau , afin d'obliger le maréchal
Daun à faire les mouvemens qu'on défiroit.
Le Roi quitta fon camp de Schœnberg , & fe
porta avec fon armée fur Ramnau; par cette
pofition les Pruffiens s'approchoient du flanc
de l'ennemi ; & pour lui caufer plus d'inquiétudes , Mr. de Retzow fe rendit à Bautzen , &
s'y établit avec fon corps. Laudon occupoit
encore vis-à-vis de notre gauche , proche de
Bifchofswerder, une hauteur dont on réfolut
de fe rendre maître. Pour cet effet , le prince de
Wurtemberg tourna les Autrichiens à dos , &
le Roi fe préfenta fur leur front. Mr. de Laudon
n'attendit point que l'affaire s'engageât , mais
fe replia en grande confufion au-delà de Bifchofswerder ; nous occupâmes fon camp & la
ville. Le maréchal Daun craignit à fon tour
que la pofition des Pruffiens ne lui portât préjudice ; il avoit renoncé dans ce moment aux
projets qu'il avoit formés fur l'armée du prince
Henri ; il fut obligé de fe rapprocher de fes
vivres , & fe propofa en même temps de
choifir un pofte par lequel il pût couper les
Pruffiens de la Siléfie , pour donner à Mr.

de Harfch le temps d'affiéger & de prendre Neifse. Ce fut enfin le 5 d'octobre que le maréchal abandonna les environs de l'Elbe, & que paffant par Krufe & Neukirch, il fe campa à Kitlitz, fur les hauteurs de Lœbau, jufqu'au Stremberg. Le prince de Durlach fut pofté avec fa réferve de Reichenbach & Arnsdorf vers Doberfchutz. Sur ce mouvement de l'ennemi, Mr. de Retzow fut envoyé occuper le Weiffenberg. L'armée marcha à Bautzen, d'où Mr. de Wédel fut détaché avec 6 bataillons & quelque cavalerie, pour s'oppofer aux Suédois, qui s'étoient avancés jufqu'à Pafewalk. De Bautzen, l'armée du Roi s'avança vers l'ennemi, & prit fa pofition entre Hochkirchen & Kottitz, le quartier général à Radewitz. L'armée fe trouvoit alors affoiblie par le départ du détachement de Mr. de Wédel, & par la groffe garnifon qu'il falloit tenir dans Bautzen, pour couvrir la boulangerie contre les entreprifes de l'ennemi. Le projet du Roi étoit, en prenant le camp de Hochkirchen, de cacher aux Autrichiens fon véritable deffein, qui étoit de fe joindre à Mr. de Retzow, pofté à côté de notre flanc gauche, & de tomber conjointement fur le prince de Durlach du côté de Débitfch, ce qui ne pouvoit s'exécuter que la nuit du 14 au 15, à caufe que l'approvifionnement des vivres pour l'armée, ne pouvoit pas être arrangé plutôt. Cependant une partie du convoi nous joignit le 12. Le maréchal Keith, qui en étoit, fut attaqué en chemin par Laudon ; l'ennemi fut repouffé avec perte de 80 hommes. Un prince de Lichtenftein, lieutenant-colonel au régiment de Lœwenftein, fut du nombre des prifonniers. Après cette affaire, Laudon ayant raffemblé fes troupes difperfées, s'établit avec elles dans un bois qui étoit à un gros quart de lieue d'Allemagne au-delà de notre droite, vis-à-vis du village de Hochkirchen ; un fond marécageux féparoit notre flanc droit de ces hauteurs. La bataille dont nous allons parler inceffamment, nous oblige d'entrer dans un détail plus circonftancié du terrein que les deux armées occupoient. Le village de Hochkirchen, où s'appuyoit la droite du Roi, eft fitué fur une éminence ; un cimetière d'une maçonnerie épaiffe, capable de contenir un bataillon, domine fur toute la contrée ; le village s'étend en long, & formoit le flanc naturel de l'armée ; il étoit garni de 6 bataillons ; une batterie de 15 canons étoit conftruite à l'angle du front & du flanc ; devant la ligne du front, coule un ruiffeau entre des bords de rochers ; aux pieds de la hauteur de Hochkirchen, fe trouvent un moulin & quelques cabanes, où l'on avoit placé un bataillon franc, pour défendre le paffage ; ce qui étoit d'autant plus fûr, qu'il fe trouvoit fous la protection de notre canon vers Radewitz, où étoit le quartier général. Une

partie du camp paſſoit le ruiſſeau , à cauſe des
hauteurs qu'il falloit néceſſairement occuper , &
de la communication avec le corps de Mr. de
Retzow , qu'on aſſuroit & dont on abrégeoit
le chemin par cette poſition. La droite du
maréchal Daun , comme nous l'avons dit , s'appuyoit ſur le Stremberg ; ſon centre étoit ſur
des hauteurs inexpugnables ; ſa gauche tiroit
vers Jauernick & Sornitz. Il fit préparer en
ſecret des chemins pour 4 colonnes , qui con-
duiſoient au bois , dont Mr. Laudon avoit pris
poſſeſſion. Son projet étoit d'attaquer l'armée
Pruſſienne par quatre endroits à la fois , ſavoir ,
par le poſte de Laudon , par le moulin qu'occupoit le bataillon franc , par cette partie vers Kottitz , qui ſe trouvoit au-delà du ruiſſeau , & la qua-
trième attaque devoit ſe faire par le prince de
Durlach ſur le poſte du Weiſſenberg , où commandoit Mr. de Retzow. Ce fut la nuit du 13
au 14 d'octobre que le maréchal Daun exécuta
ſon deſſein. L'attaque du moulin , gardé par le
bataillon franc , fut la première ; les ennemis
l'emportèrent ſans grande peine. En même temps
Laudon ayant trouvé le moyen de ſe gliſſer avec
ſes pandours à dos de l'armée , mit le feu au
village de Hochkirchen ; ce qui obligea les
bataillons qui le gardoient à l'abandonner. L'ennemi ſe ſaiſit dans cette confuſion de la batterie
qui étoit à la pointe du village ; en même temps
le brave major Lange ſe jeta avec un bataillon

du

du margrave Charles dans le cimetière de Hochkirchen. L'armée n'eut que le temps de prendre
les armes, & non celui d'abattre les tentes. Le
Roi entendit tirer le canon, & quoiqu'il ne fût
averti de rien, il prit d'abord trois brigades du
centre, avec lefquelles il marcha à la droite ; les
ténebres étoient fi épaiffes, qu'on ne voyoit pas
à un pas devant foi. On s'apperçut d'abord que
l'ennemi étoit maître de notre grande batterie,
parce que les boulets de canon voloient dans
le camp, & qu'il auroit été impoffible qu'ils
euffent pu y parvenir des batteries de l'ennemi.
Le village de Hochkirchen en flammes fut le
fanal qui éclaira nos difpofitions. Le Roi prit
par le derrière de fon camp pour tourner ce
village ; dans la marche, on donna fur un corps
de grenadiers Autrichiens, dont 300 furent
pris ; mais dans la confufion du combat, n'ayant
pas du monde de refte pour les garder, la plupart s'échappèrent. Notre infanterie tourna
Hochkirchen, & commençoit à pouffer les
Autrichiens, lorfque quelques efcadrons ennemis, qu'on ne pouvoit pas diftinguer dans l'obfcurité, la ramenèrent ; les gendarmes & le régiment de Vafold firent une charge fort vive ;
tout ce qu'ils rencontrèrent, plia devant eux ;
mais ne pouvant pas fe diriger dans l'obfcurité,
ils donnèrent fur de l'infanterie, poftée à ce bois
que Laudon avoit occupé dès la veille ; tout le
canon des Autrichiens y étoit, & l'infanterie

bien & avantageusement établie ; ce canon tirant à mitraille, força la cavalerie Pruffienne à fe retirer auprès de fon infanterie. D'un autre côté, le maréchal Keith & le prince Maurice d'Anhalt voulurent reprendre la batterie qui étoit perdue ; ils fe mirent à la tête de quelques bataillons, pour traverfer le village de Hoch-kirchen ; le chemin qui paffe le village eft étroit ; à peine fept hommes de front pouvoient-ils y tenir, & ils trouvèrent, en voulant déboucher delà, que les Autrichiens les débordoient fi confidérablement, qu'ils ne purent jamais fe former, pour mener leurs troupes à la charge ; ils furent auffi-tôt contraints de fe replier. Le maréchal Keith y fut tué, Mr. de Geift mor-tellement bleffé, & le prince Maurice dangereu-fement. Quoiqu'à différentes reprifes on tentât de paffer le village, il n'y eut pas moyen de réuffir ; l'incendie étoit trop confidérable, & la bataille fut perdue. Pour couvrir la retraite, le Roi envoya des ordres à Mr. de Retzow de le joindre inceffamment. Ce général avoit trois fois repouffé le prince de Durlach. Comme ce der-nier ne pouvoit venir à lui qu'en traverfant un défilé, Mr. de Retzow y laiffa entrer le nombre d'ennemis qu'il lui plut ; après quoi il les chargea & les culbuta avec une perte confidérable dans le lieu dont ils avoient débouché ; cette manœu-vre s'étoit répétée à trois reprifes, lorfqu'il fut obligé de rejoindre l'armée. Il vint à propos à

notre gauche. Le Roi avoit été contraint de la
dégarnir, pour porter des fecours à fa droite;
cependant il ne put pas arriver affez à temps,
pour empêcher que le bataillon de Kleift ne fût
entouré par l'ennemi, & contraint de mettre les
armes bas. La droite de l'armée fe foutenoit,
quelque effort que fît l'ennemi pour dépaffer
le village de Hochkirchen. La bataille avoit commencé à 4 heures, à 10 le cimetière fut emporté; le village & la batterie étoient déjà perdus; l'ennemi fe trouvoit trop bien établi, pour
qu'on pût le déloger; un gros corps de cavalerie venoit à dos de l'armée; Mr. de Retzow
avoit abandonné le Weiffenberg : dans ces circonftances, la pofition de l'armée n'étoit plus
foutenable, & il ne reftoit d'autre parti à prendre, que celui de la retraite. La cavalerie def-
cendit la première des hauteurs dans la plaine,
pour couvrir la marche de l'infanterie. La droite
de l'infanterie prit alors le chemin de Doberfchutz, où l'on marqua le camp, & le corps de
Mr. de Retzow fit l'arrière-garde de l'armée.
La cavalerie Autrichienne attaqua la nôtre à
différentes reprifes; mais elle fut vigoureufemènt
repouffée par Mr. de Seidlitz & par le prince
de Wurtemberg. Le camp que l'armée prit
étoit bon, proche de Bautzen, entouré d'un
double foffé marécageux, & fur des collines qui
n'étoient dominées d'aucun côté. Le maréchal
Daun retourna le même jour dans fon ancien

camp, & il ne parut pas qu'il eût gagné la victoire. Les Pruffiens perdirent , comme nous
en avons touché quelque chofe, des perfonnes
dignes par leur grand mérite d'être regrettées,
le maréchal Keith , le prince François de Brunfwick , & Mr. de Geift ; prefque tous les généraux eurent des contufions ou des bleffures ,
ainfi que le Roi , le margrave Charles , & tant
d'autres qu'il feroit trop long de nommer. Nous
perdîmes 3,000 hommes , la plupart d'infanterie ; & il ne nous refta du nombre des prifonniers
que nous avions faits , qu'un général nommé
Vittelefchi , & 700 hommes.

Pendant que tout ceci fe paffoit en Luface , Mrs. de Ville & de Harfch tenoient
Neifse étroitement bloqué ; on étoit informé
qu'un train d'artillerie de 100 canons & de
40 mortiers devoit partir d'Olmutz pour fe
rendre en Siléfie. En combinant avec ces préparatifs l'effet qu'une victoire gagnée devoit
produire fur l'efprit des Autrichiens , il étoit
facile de prévoir que le fiège de Neifse en feroit
la fuite. Cette place étoit trop importante pour
que le Roi n'employât pas tous les moyens
imaginables de la fauver ; cependant on ne
pouvoit en faire lever le fiège qu'en marchant
en Siléfie avec une armée. La difficulté étoit
de ne point déranger les affaires d'un côté pour
les rétablir de l'autre. Enfin fur la nouvelle que
les Ruffes avoient abandonné Stargard , & diri-

geoient leur marche par Reez & Calies fur la
Pologne, le Roi prit les mefures fuivantes : il
attira à lui le prince fon frère avec 10 bataillons, & du canon, pour remplacer celui que
l'on avoit perdu : le comte de Dohna reçut
ordre de fe rendre en Saxe & de ne laiffer en
Poméranie qu'un corps fous Mr. de Platen,
pour fecourir Colberg, que Mr. de Palmbach
affiégeoit avec 15,000 Ruffes : il fut averti de
diriger fa marche fur Torgau, pour pouvoir
delà fe tourner du côté qui auroit le plus befoin
de fa préfence ; Mr. de Fink prit le commandement du refte du corps du prince Henri,
qui tenoit le camp de Gamig. Tandis que ces
ordres partoient, le maréchal Daun s'avança,
& vint fe camper proche de l'armée du Roi. Un
détachement couvroit fon flanc à Buchwald ;
fa droite s'appuyoit à Cannewitz, d'où la ligne
prenoit par Belgern, Wurchen, Dreffa, en
forme de demi-cintre convexe par Grubfchutz
& Strela ; fa réferve prit le pofte de Hochkirchen. Quelque formidable que fût l'afpect de
ces troupes, les Pruffiens en avoient d'autant
moins à craindre, qu'à peine les Autrichiens
eurent-ils pris cette pofition, qu'ils fe retran-
chèrent jufqu'aux dents. Les deux points qui
méritoient une attention férieufe, étoit la confervation de Bautzen, où fe trouvoient les vivres
& la boulangerie de l'armée, & le moulin de
Malfchwitz, qui eft fur une hauteur, dont il

ne falloit pas fouffrir que l'ennemi s'emparât.
Le Roi garantit la ville de Bautzen contre les
entreprifes des Autrichiens par un corps inter-
médiaire , qu'il plaça entre cette ville & fa
droite ; & pour le moulin à l'extrêmité de la
gauche , il n'y mit que des vedettes de houf-
fards, pour que l'ennemi ne s'apperçût point
de l'importance dont nous étoit ce pofte. La
raifon d'en ufer ainfi étoit que le moulin fe
trouvoit à la diftance d'un quart de mille de la
gauche ; de forte qu'en gardant la pofition de
l'armée, on ne pouvoit pas le foutenir à caufe
de fon éloignement ; & l'importance de ce moulin confiftoit en ce que dans la marche que le
Roi méditoit de faire , il ne pouvoit pas gagner
Gœrlitz avant le maréchal Daun , fi les colonnes ne paffoient au pied de ce moulin ; de
forte qu'au cas que l'ennemi y eût placé des
troupes , il falloit paffer la Sprée derrière le
camp & la repaffer plus bas , ce qui faifoit un
circuit de deux milles de détour pour les troupes.
Le maréchal Daun de fon côté fuppofoit que
le Roi , lorfqu'il apprendroit le fiège de Neifse,
ne trouveroit aucun autre expédient pour fe
rendre en Siléfie, que celui de l'attaquer , &
ce fut-là la raifon qui lui fit prendre cette pofition de Cannewitz & de Wurchen , & qui
lui donna l'idée de fe retrancher. Cela parut
même par une lettre qu'il écrivit à Mr. de
Harfch, dans laquelle il dit : » Faites votre fiège

» tranquillement ; je tiens le Roi ; il eſt coupé
» de la Siléſie, & s'il m'attaque, je vous en
» rendrai bon compte », Il en arriva tout dif-
féremment de ce que le maréchal imaginoit. Le
prince Henri partit avec ſon détachement de
Gamig ; il paſſa par Marienſchein, & arriva
le 2,1 à l'armée du Roi, ſans rencontrer d'ennemis ſur ſa route. Tous les préparatifs de la
marche ne purent être achevés que le 24, & le
même ſoir l'armée ſe mit en mouvement. La
garniſon de Bautzen ſervit d'eſcorte aux vivres
de l'armée ; ce corps prit les devans dès la nuit
précédente, & paſſa par Kumerau, Neudorf,
Trauben & Culmen. L'armée marcha ſur deux
colonnes. On forma l'arrière-garde ſur la hauteur du moulin à vent, d'où l'on prit par Leich-
nau, Iſchmitz, tournant entiérement la droite
de l'ennemi ; enſuite on ſe porta ſur Weyersdorf, & delà ſur Ullersdorf, où l'armée campa.
Mr. de Mœring, qui avoit eu l'avant-garde du
bagage, ſurpris près d'Ullersdorf 300 cavaliers
Autrichiens, dont peu ſe ſauvèrent, & la colonne du Roi ayant donné près de Weyersdorf
ſur un bataillon de pandours qui ne ſe croyoit 25.
pas expoſé à l'ennemi, ce bataillon fut totalement détruit. Le lendemain 26, l'armée devança
le jour, pour gagner Gœrlitz avant le maréchal Daun. L'avant-garde, compoſée de houſards & de dragons, y arriva la première ; elle
trouva d'abord un corps de cavalerie poſté der-

S 4

rière un défilé du côté de Rauchertswalde ; il
n'étoit pas poffible de l'attaquer dans cette pofition avantageufe ; on fit en efcarmouchant ce
que l'on put pour l'engager à combattre, mais
inutilement. On apprit enfin par un transfuge,
que c'étoit le corps des carabiniers & grenadiers à cheval, commandé par un général Ef-
pagnol, nommé d'Ayaffas ; & fur cet éclairciffe-
ment, on réfolut de choquer la fierté efpagnole,
pour engager ce général à paffer le défilé & à
fe laiffer battre ; pour cet effet, des houfards le
provoquèrent ; il paffa le défilé en fureur, &
fondit fur ceux dont il fe croyoit infulté. Auffi-
tôt les dragons le chargèrent & culbutèrent fa
troupe dans le même défilé qu'il avoit paffé
avec tant d'imprudence. Il y perdit 800 hommes, que les Pruffiens firent prifonniers ; d'Ayaffas fe fauva fous la montagne de Landskron,
où le prince de Durlach venoit d'arriver avec
la réferve qu'il commandoit. L'infanterie de
l'avant-garde Pruffienne arriva en même temps ;
on s'en fervit pour s'emparer de Gœrlitz, qui
fe rendit fans grandes difficultés. L'armée du
Roi y appuya fa gauche ; fa droite fut pouffée
à Girbiesdorf & Ebersbach. Ce flanc étoit couvert par un ruiffeau bourbeux, qui coule dans
un fond, dont le revers du côté des Pruffiens
étoit efcarpé. Les Autrichiens arrivèrent l'a-
près-midi ; le maréchal Daun étendit fon armée
derrière la Landskron, d'Offeg vers Marckers-

dorf. Le Roi fut obligé de refter dans ce camp,
pour donner quelques jours à l'arrangement des
vivres, de forte que l'armée ne put fe mettre
en marche que le 30. Les troupes décampèrent
de nuit, pour paffer la Neifse avant que l'ennemi en pût être informé. On trouva Mr. de
Laudon embufqué dans le bois de Schœnberg,
Les Pruffiens faifoient cette marche légérement,
parce que les bagages & les vivres avoient pris
la route de Naumbourg-Am-Queis. L'arrière-
garde fut toutefois attaquée proche de Schœnberg, & ce ne fut qu'une bataille durant toute
la route ; Mr. de Laudon y étoit encouragé par
un renfort de 12,000 hommes, que le maréchal
Daun lui avoit envoyé ; de fon côté, S. A. R.
le prince Henri, qui commandoit cette arrière-
garde, fit de fi bonnes difpofitions en foutenant
les brigades réciproquement, en pofta d'autres fi
à propos, afin de recevoir celles qui fe retiroient
pour continuer leur chemin, qu'il n'y eut que
du temps de perdu. A la vérité, Mr. de Bulow,
lieutenant-général, & environ 200 foldats furent
bleffés ; il n'y eut d'ailleurs de tués que 15
hommes tout au plus. A Lauban, il fallut préparer des ponts fur le Queis ; ce qui fit perdre un jour. Le premier de novembre, l'armée Novem-
prit la route de la Siléfie ; on fe prépara fur-tout bre.
à bien recevoir l'ennemi à l'arrière-garde ; car fa
force fe trouvoit affez confidérable pour mériter
cette attention. Le camp Pruffien avoit fes

deux aîles fur deux croupes de montagnes, qui
aboutiffoient chacune vers le Queis ; plus on
approchoit de Lauban, plus les hauteurs domi-
noient celle du camp. On forma fur chacune
de ces hauteurs une arrière-garde féparée. Le
Roi fe trouvoit à la croupe de la droite, le
margrave à celle de la gauche, des houfards
furent placés dans le fond entre ces deux corps
d'infanterie pour agir felon le befoin. Derrière
ces premiers corps, des brigades d'infanterie
& d'artillerie en échelons occupoient les hauteurs dominantes, pour que chaque corps qui
fe replioit, pût fe retirer fous la protection d'un
autre. Au premier mouvement rétrograde que
firent les troupes Prufliennes, Mr. de Laudon
accourut plein d'ardeur pour entamer cette
arrière-garde ; il ne s'en fallut prefque rien que
les houfards ne le fiffent prifonnier. Il voulut
occuper le premier emplacement que le Roi
venoit de quitter ; il y menoit déjà fon artillerie ;
mais le feu préparé des batteries Prufliennes
démonta fon canon, mit fon infanterie en défordre, & l'obligea de s'enfuir. Il tâcha de
renouveller cette manœuvre à trois reprifes, &
toujours inutilement ; car des feux préparés,
de même que le premier, lui firent effuyer la
même chofe. Les houfards de Puttkammer,
embufqués dans un bois, donnèrent enfin fur
fon monde, & le dégoûtèrent pour ce jour-là
d'inquiéter la marche des Prufliens. S. A. R.,

qui s'étoit poflée à l'autre bord du Queis , y
reçut l'arrière-garde , après quoi le Roi & fon
frère fe féparèrent ; le Roi marcha par Lœwenberg , Pombfen , Jauernick & Girelsdorf à
Noffen ; le prince Henri fe rendit à Landshut ,
où il releva Mr. de Fouquet , qui vint joindre
le Roi fur la route de Neifse.

Mr. de Harfch affiégeoit Neifse depuis le
20 d'octobre. Son attaque étoit dirigée fur le
fort de Pruffe , du côté de Heidersdorf. La feconde parallèle achevée fe trouvoit à 30 toifes
du chemin couvert , & toutes les batteries
étoient montées. Quoique le maréchal Daun y
eût envoyé des fecours par le chemin de Sil-
berberg , fur le bruit répandu de l'approche
du Roi , les Autrichiens levèrent le fiège. Mr.
de Treskow , commandant de la place , faifit
ce moment , & fit une fortie où l'ennemi perdit
800 hommes ; Mrs. de Harfch & de Ville fe
retirèrent en hâte , ils pafsèrent la Neifse & fe
replièrent par Ziegenhals à Jægerndorf , en
abandonnant aux environs de Neifse des amas
confidérables de munitions de guerre , qu'on
ne leur donna pas le temps de tranfporter.

Mr. de Fouquet fuivit les ennemis dans la
haute Siléfie , & s'établit à Neuftadt , d'où il
pouvoit le mieux les obferver. A peine les
troupes furent-elles arrivées près de Neifse ,
que le Roi entreprit une nouvelle expédition.
Après le départ des Prufliens de la Luface ,

le maréchal Daun avoit pris le 4 d'octobre le chemin de l'Elbe ; le 7 il paffa cette rivière à Lohmen , & prit le camp de Pirna ; Mr. de Finck , qui étoit demeuré à Gémich (Gamig) depuis l'abfence de S. A. R. , ne put maintenir cette pofition contre un nombre auffi fupérieur d'ennemis ; il fe replia fur le Windberg, & delà fur Keffelsdorf , pendant que le maréchal Daun détacha les troupes des cercles vers Eulenbourg, Torgau & Leipfick. Le comte de Dohna étoit en marche de ce côté-là. Les Ruffes , comme nous l'avons dit , avoient pris le chemin de la Pologne , à l'exception de Mr. de Palmbach , qui avec un détachement de quelques milliers d'hommes avoit entrepris le fiège de Colberg. Ce général Ruffe avoit pouffé fes travaux avec force le 26 & le 27 d'octobre ; il donna des affauts confécutifs au chemin couvert de la place , & fut chaque fois vigoureufement repouffé ; il préparoit un nouvel affaut pour le 29 , & les Ruffes avoient même arrangé des bateaux , au moyen defquels ils fe flattoient de paffer le foffé capital , pour emporter la place d'emblée. Le comte de Dohna ayant envoyé Mr. de Platen au fecours de Colberg , ce général battit auprès de Greiffenberg un corps d'obfervation que les Ruffes y avoient placé ; après quoi il s'avança jufqu'à Treptow. Son arrivée dégoûta Mr. de Palmbach de fièges & d'affauts ; il fe retira par Cœfslin & par

Bublitz en Pologne. La tranchée fut ouverte
le 3 , & la place dégagée le 29 d'octobre. Le
Sr. de Heyden , commandant de la place , se
diftingua durant ce fiège par fes bonnes difpofitions , fa vigilance & fa fermeté. Le comte
de Dohna attira à lui Mr. de Wédel , qui avoit
agi contre les Suédois , qui les avoit battus
à Fehrbellin, pouffé par Ruppin au-delà de
Prenzlow , qui avoit enlevé le détachement
entier de Heffenftein , dans la feigneurie de Mr.
d'Arnim , & que la victoire avoit fuivi par-tout.
Mr. de Manteufel le releva avec moins de
troupes , & pendant la marche de la Saxe, Mr.
de Wédel conduifit l'avant - garde du comte
de Dohna. Lorfque Mr. de Haddick arriva
près de Torgau , l'avant - garde Pruffienne y
parut en même temps ; Mr. de Haddick fe replia par le bois fur Eulenbourg ; Mr. de Wédel
le fuivit à la trace ; & quoique les ponts de
l'Elfter fuffent rompus, la cavalerie Pruffienne
paffa la rivière à gué , & donna fi à propos fur
l'ennemi , que Mr. de Haddick perdit 200
hommes & 3 canons. Le comte de Dohna fuivit Mr. de Wédel d'Eulenbourg ; il s'avança
vers Leipfick , que l'armée des cercles avoit
invefti. Le prince de Deux - Ponts , intimidé
par l'échec que Mr. de Haddick venoit d'effuyer , n'attendit pas l'approche des Pruffiens ;
le fiège fut levé ; il fe retira en hâte fur Colditz ;
delà il tourna vers Plauen , & alla prendre dans

l'Empire des quartiers du côté de Hof & de Bareuth.

Pendant que le prince de Deux-Ponts & Mr. de Haddick fuyoient vers l'Empire, le maréchal Daun s'approchoit de Dresde. Le corps Pruſſien, trop expoſé à Keſſelsdorf, paſſa l'Elbe, & ſe campa au fauxbourg du nouveau Dresde, entre le Fiſchhaus & les Scheunen. Mr. de Schmettau, qui étoit commandant de Dresde, voyant que les Autrichiens ſe préparoient à s'emparer du fauxbourg de Pirna, y fit mettre le feu. Le maréchal Daun ménageoit la jeune cour qui étoit dans la ville; il eſt à préſumer que ſans elle il auroit été plus entreprenant; cependant les foſſés de la place étoient bons. Le Roi avoit quitté la Siléſie; ſon avantgarde ſe trouvoit au Weiſſenberg; de ſorte que le commandant pouvoit en toute ſûreté attendre l'arrivée de ce ſecours. Le retour du Roi acheva de déranger les projets du maréchal Daun. Le comte de Dohna avoit expédié l'armée des cercles; la ſaiſon étoit avancée, & l'armée du Roi pouvoit dans trois marches être à Dresde; toutes ces conſidérations inſpirèrent au maréchal Daun le deſſein de ſe retirer. Il décampa le 15 de Grunau & de Leibnitz, & rentra en Bohème, où il mit ſes troupes en quartiers d'hiver. Sur la nouvelle de ſon départ, le margrave Charles, qui étoit avec le gros de l'armée à Gœrlitz, reçut ordre de ramener les

troupes en Siléfie. Le Roi, qui étoit au Weiffenberg, pouffà jufqu'à Dresde, où les arrangemens fe firent pour les quartiers d'hiver. Le
comte de Dohna retourna dans la Poméranie
& le Mecklenbourg ; Mr. de Hulfen s'établit
à Freyberg fur les frontières de la Bohème ;
Mr. d'Itzenplitz commanda à Zwickau, & en
Siléfie on tira un cordon le long des frontières
de la Bohème, de Greifenberg à Glatz ; pour
Mr. de Fouquet , il occupa Jægerndorf ;
Léobfchutz, Neuftadt & les environs.

Nous n'avons fait qu'une légère mention de
la campagne des Suédois, auxquels on n'avoit
oppofé que des détachemens de la garnifon de
Stettin, jufqu'à ce que le Roi détacha Mr.
de Wédel du camp de Ramnau en Luface.
Les prouefles des Suédois confiftoient à pénétrer dans le plat pays, lorfqu'ils n'y trouvoient aucune oppofition ; un foible détachement les réduifoit à la défenfive ; & bien loin
d'avoir fait des conquêtes, ils fe trouvèrent
trop heureux qu'on leur permît pendant l'hiver
de fe cantonner aux environs de Stralfund. Nous
avons également paffé fous filence quelques détachemens que S. A. R. fit au commencement
du printemps vers Barcuth & Bamberg; Mrs.
de Driefen & Meyer furent chargés de ces
petites expéditions, dont le but étoit de ra-
lentir les opérations de l'armée des cercles,
& de répandre la terreur chez les princes d'Al-

lemagne qui s'étoient déclarés contre le Roi.

Vous trouverez, en confidérant le total de cette campagne, qu'elle fe diftingue des autres par la quantité des fièges qui furent levés ; il n'y eut que deux places de prifes, Schweidnitz par les Pruffiens, & le Sonnenftein par les troupes de l'Empire. D'ailleurs le Roi leva le fiège d'Olmutz ; les Ruffes, ceux de Kuftrin & de Colberg ; les Autrichiens, ceux de Neifse & de Dresde ; & les troupes des cercles, ceux de Torgau & de Leipfick.

Après la fin de cette longue & fatigante campagne, le Roi ayant fait rafer les ouvrages du Sonnenftein, retourna en Siléfie, où il établit fon quartier général à Breslau.

CHAPITRE IX.

De l'hiver de 1758 à 1759.

LA famille royale perdit cette année deux perfonnes illuftres ; l'une fut le prince de Pruffe, tombé en langueur, qui fut emporté dès le commençement de juin par un catarre fuffocatif, dans le temps que les Pruffiens affiégeoient Olmutz. Son bon cœur & fes connoiffances, qui annonçoient pour l'avenir un gouvernement doux & heureux, le firent regretter. La

margrave

margrave de Bareuth fut la feconde. C'étoit
une princeffe d'un rare mérite ; elle avoit l'efprit cultivé, & orné des plus belles connoiffances, un génie propre à tout, & un talent
fingulier pour tous les arts. Ces heureux dons
de la nature faifoient cependant la moindre
partie de fon éloge. La bonté de fon cœur, fes
inclinations généreufes & bienfaifantes, la no-
bleffe & l'élévation de fon ame, la douceur de
fon caractère, réuniffoient en elle les avantages
brillans de l'efprit à un fond de vertu folide,
qui ne fe démentit jamais. Elle éprouva fouvent l'ingratitude de ceux qu'elle avoit com-
blés de biens & de faveurs, fans qu'on pût
citer un exemple qu'elle eût jamais manqué à
perfonne. La plus tendre, la plus conftante
amitié uniffoit le Roi & cette digne fœur. Ces
liens s'étoient formés dès leur première enfance ;
la même éducation & les mêmes fentimens les
avoient refferrés ; une fidélité à toute épreuve
des deux parts les rendit indiffolubles. Cette
princeffe, dont la fanté étoit foible, prit fi
fort à cœur les dangers qui menaçoient fa
famille, que le chagrin acheva de ruiner fon
tempérament. Son mal fe déclara bientôt ; les
médecins reconnurent que c'étoit une hydro-
pifie formée ; leurs remèdes ne purent point
la fauver ; elle mourut le 14 d'octobre avec 1758.
un courage & une fermeté d'ame dignes des
plus intrépides philofophes. Ce fut le jour même

où le Roi fut battu à Hochkirchen par les Autrichiens. Les Romains n'auroient pas manqué d'attribuer à ce jour une fatalité, à cause
de deux coups aussi sensibles, dont le Roi fut
frappé en même temps. Dans ce siècle éclairé,
on est revenu de ces stupides erreurs qui fai-
soient croire à des jours heureux ou sinistres.
La vie des hommes ne tient qu'à un cheveu;
le gain ou la perte d'une bataille ne dépend
que d'une bagatelle. Nos destins sont une suite
de l'enchaînement général des causes secon-
des, qui dans la foule des événemens qu'elles
amènent, en doivent nécessairement produire
d'avantageux & de funestes. La même année termina le pontificat du pape Bénoît XIV, le moins
superstitieux & le plus éclairé des pontifes qui
depuis long-temps eussent occupé le siège de
Rome. Les factions françoise, espagnole &
autrichienne lui donnèrent pour successeur le
Vénitien Rezzonico, qui prit le nom de Clément XIII. La différence du génie de ces
deux papes frappa d'autant plus le public,
que Clément, peut-être bon prêtre, manquoit
des talens nécessaires aux souverains de Rome
pour gouverner leurs états & l'église univer-
selle. Ses premiers pas dans le gouvernement
pontifical furent de fausses démarches; il envoya au maréchal Daun une toque & une
épée bénites, pour avoir battu les Prussiens
à Hochkirchen, quoique de tels présens, se-

lon l'ufage de la cour Romaine, ne fe faffent qu'à des généraux qui ont vaincu des nations infidelles, ou dompté des peuples barbares. Cette conduite le brouilloit donc néceffaire-ment avec le Roi de Pruffe, qu'il devoit ména-ger à caufe du grand nombre des fujets catholiques, établis dans les états de fa domina-tion. Ce pape eut avec le roi de Portugal des démêlés plus importans au fujet des Jéfuites. Ces pères avoient fait la guerre aux Efpagnols & aux Portugais dans le Paraguay, & les avoient même battus. Depuis ces brouilleries, le roi de Portugal ne jugea plus convenable de con-fier les fecrets de fa confcience & de fon gou-vernement, à des membres d'une fociété qui avoit agi comme ennemie de fon royaume. Il renvoya le Jéfuite dont il s'étoit fervi, & choifit un confeffeur d'un autre ordre de reli-gieux. Les Jéfuites, pour fe venger de cet affront, qui tiroit d'autant plus à conféquence, que la conduite du Roi pouvoit être imitée par d'autres fouverains, cabalèrent dans l'état, & excitèrent contre le gouvernement, tous les grands du royaume fur lefquels ils avoient du crédit. Le père Malagrida, animé d'un zèle plus ardent, d'une haine théologale plus vive que fes confrères, parvint par fes intrigues à tramer une confpiration contre la perfonne du roi, dont le duc d'Aveiros fe déclara le chef. Ce duc fachant que le roi devoit fe promener

en carroffe , embufqua des conjurés fur le
chemin où le prince devoit paffer. Le cocher
fut tué du premier coup, & du fecond le roi
eut le bras caffé. Long-temps après, le fecret
de la conjuration fut découvert par des lettres,
que les chefs du parti écrivoient au Bréfil pour
y caufer un foulèvement. Le duc d'Aveiros &
fes complices furent arrêtés ; ils dépoférent
unanimement que cet attentat leur avoit été
fuggéré par les Jéfuites, inftigateurs de tout
ce qui venoit d'arriver. Le roi voulut faire
une punition exemplaire des auteurs de cet
abominable complot. Son jufte reffentiment ,
armé des loix, foutenu par les tribunaux, devoit éclater contre les Jéfuites. Le pape prit
leur défenfe , & s'y oppofa ouvertement. Toutefois ces pères furent bannis du royaume ; ils
allèrent à Rome , où ils furent recueillis non
comme des rebelles & des traîtres , mais comme
des martyrs qui avoient fouffert héroïquement
pour la foi. Jamais la cour de Rome n'avoit
donné un tel fcandale. Quelque vicieux que
fuffent les pontifes que les fiècles précédens
avoient déteftés, aucun d'eux cependant ne
s'étoit ouvertement déclaré le protecteur du
crime & des affaffinats. La conduite peu judi-
cieufe du pape parut influer fur tout le clergé ;
la toque bénite qu'il avoit envoyée au maréchal Daun , excita une effervefcence de zèle
bizarre, chez les fouverains eccléfiaftiques d'Al-

lemagne. L'électeur de Cologne entr'autres
publia un édit dans fes états, par lequel il
défendoit à fes fujets proteftans, fous de grièves
peines, de fe réjouir des avantages que les
Pruffiens ou les alliés pourroient remporter fur
leurs ennemis. Ce fait, qui par lui-même mérite peu d'être rapporté, doit pourtant être
cité, parce qu'il caractérife l'abfurdité des
mœurs d'un fiècle, dans lequel la raifon a fait
d'ailleurs tant de progrès. Mais ces farces, qui
fe paffoient aux petites cours, n'attiroient fur
elles que les fifflets du public; au-lieu que les
paffions qui agitoient les grandes cours de l'Europe, produifoient des fcènes plus funeftes &
plus tragiques. Nous avons vu il n'y a pas long-
temps à Verfailles, l'abbé de Bernis devenir
miniftre des affaires étrangères, & bientôt cardinal, pour avoir figné le traité de Vienne.
Tant qu'il fut queftion d'établir fa fortune,
toutes les voies lui furent égales pour y parvenir; mais auffi-tôt qu'il fe vit établi, il tâcha
de fe maintenir dans fes emplois, en fe condui-
fant par des principes moins variables & plus
conformes aux intérêts permanans de l'état.
Ses vues fe tournèrent toutes du côté de la
paix, afin de terminer d'une part une guerre,
dont il ne prévoyoit que des défavantages, &
d'une autre, pour tirer fa nation d'une alliance
contrainte & forcée, dont la France portoit le
fardeau, & dont la maifon d'Autriche devoit

feule retirer tout le fruit & toute l'utilité.
S'adreffant à l'Angleterre par des voies fourdes
& fecrètes, il y entama une négociation pour la
paix; mais la marquife de Pompadour étoit d'un
fentiment contraire, & auffi-tôt il fe vit arrêté
dans fes mefures. Ses actions imprudentes l'éle-
vèrent, fes vues fages le perdirent; il fut difgracié pour avoir parlé de paix, & envoyé en
exil dans l'évêché d'Aix. Mr. de Choifeul,
Lorrain de nation, ambaffadeur de France à la
cour de Vienne, fils de Mr. de Stainville, ambaffadeur de l'empereur à Paris, devint miniftre
des affaires étrangères à la place du cardinal
difgracié. Il fignala fon entrée dans le miniftère
par un nouveau traité d'alliance qu'il conclut
avec la cour de Vienne, & dont nous donnons
la copie à la fin de ce chapitre, pour ne point
interrompre le tableau général que nous offrons
au lecteur. En le parcourant, vous vous apper-
cevrez de l'afcendant que la cour de Vienne
avoit pris fur celle de Verfailles, & qui n'alla
depuis qu'en augmentant. Mr. de Choifeul, non
content du traité défavantageux qu'il venoit de
conclure avec l'impératrice-reine, ordonna au
nom du roi, à l'académie des infcriptions, de
frapper une médaille qui éternifât la mémoire
de cet événement. Ces deux cours ne s'en
tinrent pas là; elles employèrent leur commun
crédit à la cour de Pétersbourg, pour ranimer
la haine de l'impératrice Élifabeth contre le Roi

de Pruſſe ; elles lui repréſentèrent qu'il convenoit
de laver la tache que ſes troupes avoient reçue
à Zorndorf, en mettant le printemps prochain
une armée plus nombreuſe en campagne. Son
favori ne ceſſoit de lui répéter, que pour changer en terreur le mépris des Pruſſiens pour les
Ruſſes, il falloit ordonner aux généraux qui
commanderoient ces troupes, d'agir avec la plus
grande vigueur, & de ſuivre en tout les impul-
ſions qu'ils recevroient des puiſſances alliées.
Toutes ces inſinuations menoient au but qu'a-
voit la cour de Vienne, de charger ſes alliés
des haſards de la guerre, & de ſe ménager pour
en retirer ſeule l'avantage. ·

Le roi de Pologne étoit mêlé dans toutes ces
intrigues ; non-ſeulement il aigriſſoit la cour de
Pétersbourg contre celle de Berlin, mais voulant encore tirer de l'amitié de l'impératrice
Éliſabeth des avantages pour ſa famille, il la ſol-
licita de procurer par ſon aſſiſtance le duché de
Courlande à ſon troiſième fils, le prince Charles.
L'impératrice, favorable aux Saxons, conſentit
à cet établiſſement, & Auguſte II inveſtit ſon fils
de ce duché. Le nouveau duc alla à Pétersbourg
pour remercier l'impératrice de cette faveur. Ce
prince inquiet & ardent prit part à toutes les
intrigues de la cour ; ſes procédés le brouillè-
rent avec le grand-duc & ſon épouſe ; il s'attira
leur inimitié, & cette haine le perdit dans la ſuite.

Tandis que l'impératrice de Ruſſie donnoit

des duchés , & s'approprioit des royaumes , elle n'étoit pas elle-même fans appréhenfion ; elle craignoit que les Anglois , alliés des Pruffiens , & mécontens de la conduite des Ruffes envers eux , depuis le commencement de la guerre , n'envoyaffent une flotte dans la Baltique , pour brûler le port de Cronfchlott. Pour prévenir de pareilles entreprifes , fes miniftres négocièrent un traité d'affociation avec les couronnes de Suède & de Danemarck , afin d'interdire le paffage du Sund aux flottes étrangères. Cette convention , où les Suédois trouvoient leur compte , & à laquelle les fubfides de la France obligeoient les Danois de fe conformer , fut promptement conclue entre ces trois puiffances. L'Angleterre ne s'embarraffoit guère des mefures que prenoient les puiffances du Nord , pour défendre à fes efcadres l'entrée de la Baltique ; elle dominoit fur l'Océan & fur toutes les autres mers , fans s'inquiéter de la Baltique , ni du Sund. Ses amiraux Bofcawen & Amhorft avoient pris le Cap-Breton : le Sr. Keppel s'étoit rendu maître de l'ifle de Gorée fur les côtes d'Afrique. Les Indes leur offroient des conquêtes ; les côtes du Danemarck , de la Suède , de la Ruffie ne leur en offroient aucune. Ces grands progrès des Anglois ne foulageoient point le Roi du fardeau qu'il portoit , & des rifques que fa couronne avoit à courir. Il avoit demandé en vain aux Anglois une efcadre , pour couvrir fes ports de la Baltique, menacés par les armemens des flottes Ruffes & Suédoifes. Le Sr. de Rexin, miniftre du Roi à la Porte, fut fans ceffe traverfé dans fa négociation par le Sr. Porter, miniftre de la Grande-Bretagne. D'ailleurs, le nouvel empereur des Turcs, fans éducation, étoit ignorant dans les affaires, & d'une timidité extrême, tant par la crainte d'être détrôné, que par celle du mauvais fuccès de fes armes, s'il s'engageoit dans une guerre avec la maifon d'Autriche. Quelque grandes que fuffent les fommes qui paffoient à cette cour, quelque voie de corruption qu'on tentât, les affaires n'en furent guère avancées, à caufe que les Autrichiens & les François répandoient de l'argent, & faifoient des largeffes avec la même profufion, & que les Turcs trouvoient plus leur compte à recevoir des récompenfes pour ne rien faire, que pour entrer en action. Les efforts inutiles que le Roi avoit faits à la Porte, le perfuadèrent de plus en plus, que n'ayant aucun fecours étranger à attendre, il ne devoit recourir qu'à fes propres reffources. Son attention fe tourna uniquement fur fon armée ; on leva autant de monde que l'on put, on arma, on remonta, on approvifionna les troupes, afin de s'oppofer dans la campagne prochaine avec une armée bien conditionnée, & nombreufe, à la multitude d'ennemis que les Pruffiens auroient à combattre.

Extrait du traité d'alliance, conclu à Verfailles le 30 décembre 1758, entre l'Impératrice-Reine & le Roi de France.

Ce traité paroît avoir été conclu, en oppofition de la convention de fubfides qui avoit été fignée le 11 d'avril de la même année, entre les cours de Pruffe & d'Angleterre. Il en eft fait mention dans le préambule, & il y eft dit en autant de termes : *Que comme on ne pouvoit efpérer de rétablir la tranquillité de l'Allemagne, que par l'affoibliffement de la puiffance pernicieufe du Roi de Pruffe, le roi très-chrétien & l'impératrice - reine avoient jugé à propos de refferrer les nœuds de leur union, par un traité confirmatif du traité de Verfailles, du premier de mai 1756, & de convenir des moyens les plus propres pour forcer l'agreffeur de donner fatisfaction aux léfés & fûreté pour l'avenir, & pour établir folidement le repos de l'Allemagne, en réduifant le Roi de Pruffe dans des bornes qui ne lui permiffent plus de troubler au gré de fon ambition & de celle de l'Angleterre, la tranquil-*

lité générale & celle de ses voisins. On passa
enfuite au traité même, qui contient les articles
fuivans :

Art. I. Les deux parties confirment le traité
de Verfailles, du premier mai 1756, & le
prennent pour bafe de la préfente convention.

II. Le roi de France promet de fournir à
l'impératrice-reine, pendant tout le cours de
la préfente guerre, un fecours de 18,000 hommes d'infanterie, & de 6,000 hommes de cavalerie , foit en troupes, foit en argent, au
choix de l'impératrice-reine.

III. Ce fecours en argent eft évalué à 3 millions 456,000 florins par an.

IV. Le roi de France fe charge feul du fubfide à payer à la Suède.

V. Il promet de foudoyer le corps des troupes Saxonnes, & de le renvoyer à la difpofition de l'impératrice-reine, dès qu'elle le de-
mandera.

VI. Les deux parties s'engagent de procurer
au roi de Pologne, électeur de Saxe, non-
feulement la reftitution de fes états, mais auffi
un dédommagement proportionné.

VII. Le roi de France promet d'employer
cent mille hommes en Allemagne, pour couvrir les Pays-Bas Autrichiens & les états de
l'Empire.

VIII. La fûreté des côtes de Flandres ayant
exigé que les places d'Oftende & de Nieuport

fuſſent miſes à l'abri de toute inſultè, & le roi très-chrétien ayant voulu ſe charger de la défenſe de ces deux places, elles demeureront confiées à la garde de ſes troupes, pendant tout le temps que durera la préſente guerre entre la France & l'Angleterre ; mais cet arrangement, uniquement relatif à la ſûreté deſdites places, ne doit porter aucun préjudice au droit de ſouveraineté de l'impératrice-reine.

IX. Le roi de France promet cependant de reſtituer les places de Nieuport & d'Oſtende, même avant ſa paix avec l'Angleterre, ſi on en convenoit ultérieurement.

X. Les pays conquis ſur le Roi de Pruſſe ſeront gouvernés & adminiſtrés au nom, & par les commiſſaires de l'impératrice-reine ; mais les revenus publics appartiendront au roi très-chrétien, à l'exception de 40,000 florins prélevables pour les frais de l'adminiſtration.

XI. Les deux parties s'engagent à terminer à l'amiable les diſcuſſions particulières qu'elles pourroient avoir.

XII. Le roi très-chrétien promet de faire tous ſes efforts pendant la guerre, & d'employer aux conférences pour la paix ſes bons offices les plus efficaces, pour qu'au traité à conclure entre l'impératrice-reine & le Roi de Pruſſe, le duché de Siléſie & le comté de Glatz ſoient cédés & aſſurés à la maiſon d'Autriche, & il

fe charge d'avance de la garantie de tout ce
qui fera ftipulé à cet égard entre l'impératrice-
reine & le Roi de Pruffe.

XIII. Les deux parties s'engagent à ne faire
ni paix ni trève avec leurs ennemis communs,
que d'un parfait concert. Le roi de France
promet de ne faire ni paix ni trève avec le roi
d'Angleterre, fans convenir avec lui qu'il fera
tous fes efforts pour engager le Roi de Pruffe
à accorder à fa majefté impériale des conditions juftes & honorables, ou du moins fans
obliger le roi d'Angleterre à promettre qu'il
ne donnera plus de fecours au Roi de Pruffe,
& l'impératrice-reine s'engage à ne faire ni
paix ni trève avec le Roi de Pruffe qu'aux
mêmes conditions.

XIV. Pour raffurer les états proteftans, on
confirme le traité de Weftphalie, & on s'ac-
corde d'inviter la couronne de Suède d'accéder
au préfent traité.

XV. L'impératrice reine renonce à fon droit
de réverfion des duchés de Parme, de Plai-
fance & de Guaftalle, en faveur des defcen-
dans mâles de l'infant Dom Philippe.

XVI. Les deux parties s'engagent d'agir de
concert avec le duc de Parme auprès du roi
des deux Siciles, pour fixer l'ordre de fucceffion dans le royaume des deux Siciles.

XVII. En retour de la renonciation énoncée
dans l'article XV, le roi très-chrétien promet

d'employer fes bons offices pour déterminer le roi de Naples à céder à l'empereur fes prétentions fur les biens allodiaux des maifons de Médicis & de Farnèfe.

XVIII. L'infant duc de Parme renonce à fes prétentions fur les biens allodiaux des maifons de Médicis & de Farnèfe, auffi-bien que fur les villes de Bozzolo & de Sabionetta.

XIX. Le roi très-chrétien promet de concourir par fes bons offices, pour que l'archiduc Jofeph foit élu roi des Romains, d'une manière conforme aux conftitutions de l'Empire.

XX. Les deux parties conviennent de ne prendre aucunes mefures par rapport à la future élection d'un roi de Pologne, que d'un concert commun ; & leur but n'étant que de maintenir la liberté de la nation Polonoife, elles déclarent dès à préfent, que fi le choix libre de la république venoit à tomber fur un prince de la maifon de Saxe, elles l'appuyeront de leur mieux.

XXI. L'impératrice-reine étant convenue avec le duc de Modène du mariage de l'archiduc Léopold avec la princeffe de Modène, & voulant demander à l'empereur & à l'Empire l'expectative à la fucceffion féodale de Modène, en faveur de l'archiduc Léopold, à condition que les états de Modène ne foient jamais unis à la maffe des états de la maifon d'Autriche, le roi de France promet d'y concourir par ſes bons offices.

XXII. On invitera d'accéder à ce traité, l'empereur, l'impératrice de Ruſſie, & les rois de Suède & de Pologne.

Les deux derniers articles, ainſi que les trois articles ſéparés, ne roulent que ſur de ſimples formalités.

TABLE DES MATIÈRES
DE L'HISTOIRE
DE LA GUERRE DE SEPT ANS.

TOME I.

CHAPITRE IV.

CHAPITRE V.

CHAPITRE VI.

CHAPITRE VII.

Tome I.   V

CHAPITRE VIII.

CHAPITRE IX.